悦心管理

郭秀艳　范丛昕 —— 著

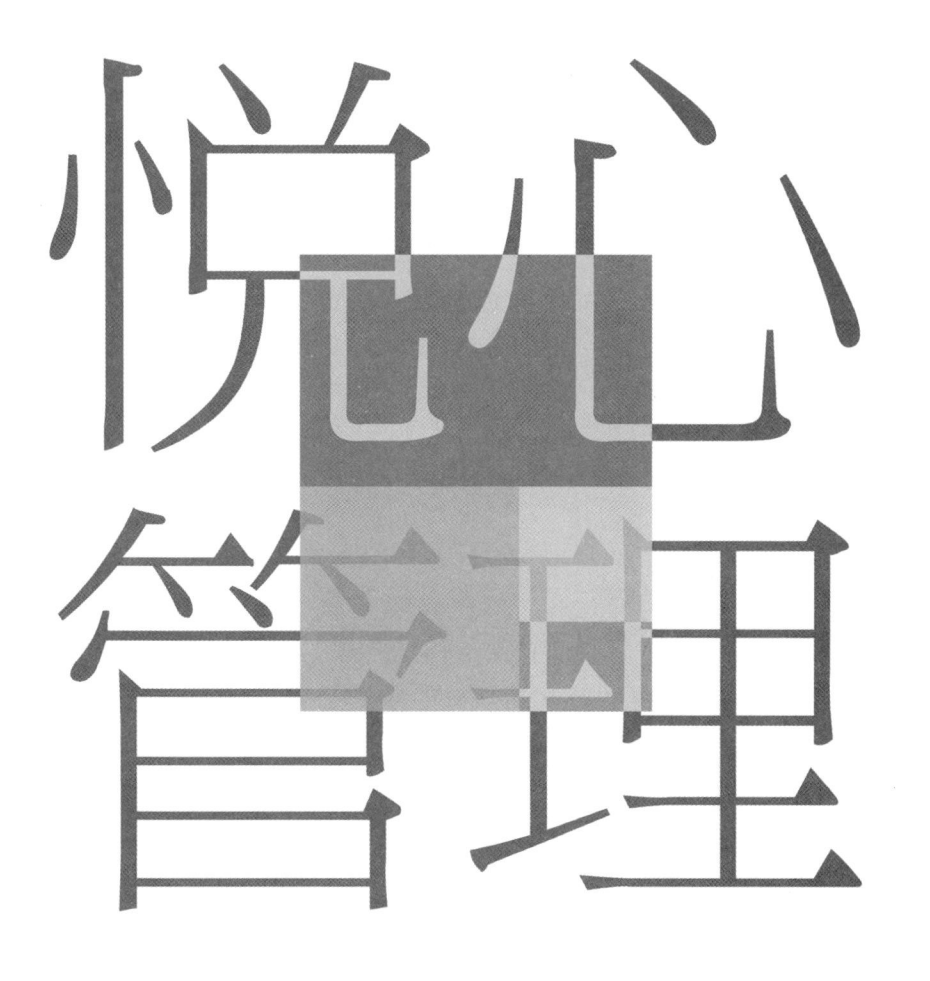

东方智慧的现代"心"应用

南方日报出版社
NANFANG DAILY PRESS
中国·广州

图书在版编目（CIP）数据

悦心管理：东方智慧的现代"心"应用 / 郭秀艳，范丛昕著. —广州：南方日报出版社，2023.1
ISBN 978-7-5491-2594-4

Ⅰ.①悦… Ⅱ.①郭…②范… Ⅲ.①教育管理—研究 Ⅳ.①G40-058

中国版本图书馆CIP数据核字（2022）第157468号

YUEXIN GUANLI DONGFANG ZHIHUI DE XIANDAI XIN YINGYONG

悦心管理：东方智慧的现代"心"应用

著　　者：	郭秀艳　范丛昕
出版发行：	南方日报出版社
地　　址：	广州市广州大道中289号
出 版 人：	周山丹
责任编辑：	方　明　刘淑桦
责任校对：	阮昌汉　朱晓娟
责任技编：	王　兰
封面设计：	南风生
经　　销：	全国新华书店
印　　刷：	广州市尚铭印刷股份有限公司
开　　本：	787 mm×1092 mm　1/16
印　　张：	12.5
字　　数：	293千字
版　　次：	2023年1月第1版
印　　次：	2023年1月第1次印刷
定　　价：	49.00元

投稿热线：（020）87360640　　　读者热线：（020）87363865
发现印装质量问题，影响阅读，请与承印厂联系调换。

前言

传承东方智慧、融合现代创新，构筑悦心管理模式

在古老的东方，中华文明源起于广袤无垠的黄河流域、长江流域，历经数千年的沧桑岁月，依然奔流不息，"与天地兮同寿，与日月兮同光"。先秦时期的儒家、道家、墨家、法家，还有汉末魏晋时期的佛学，汇聚成了源远流长的东方哲学智慧。

西汉时期，汉武帝刘彻下诏征求治国方略，当时的思想家、政治家、教育家董仲舒在著名的《举贤良对策》中提出"罢黜百家，独尊儒术"的治国思想，具体做法就是："罢黜百家，表章六经，设五经博士，在京师长安兴建太学"。董仲舒的主张被汉武帝悉数采纳，使儒学一举成为中国社会正统思想，影响长达两千多年。

在教育思想方面，孔子开创私学，提出并实施了"有教无类""因材施教""启发诱导"等教育主张，并不断被后世发扬光大、创新吸收。

本书所论述的悦心管理模式，传承东方智慧、融合现代创新，为现代基础教育、学校悦心管理、家庭悦心管理和个人悦心管理，提供翔实的理论基础和事实依据。

一、从本书能学到什么

如果您是学校管理者（校长），这本书会告诉您好校长都需要具备哪些能力，好校长如何治理学校，如何设计总体目标，如何做到以教师为本、以学生为本，如何实施制度化、精细化管理，如何修炼规划力、沟通力、督导力、感召力、反馈力。

如果您是一位教育行业投资人，这本书可以为您提供一个培养自己和培养未来校长的基本思路。

如果您是普通的教育工作者、国学爱好者、学生、家长，本书将告诉您如何以人为本，如何尊重自己、理解自己、发展自己，如何实现人生的终极目标。

除此之外，其他广大读者都可以从本书中学到本根教育办学思想中的悦心管理思想，即"一本三化五力"管理模式。全书用更多的笔墨阐述"道"（包括治校之道、治家之道、治己之道），以不变之"道"（思想），应对多变之"术"（方法），即以不变应万变，故而没有对"术"给予更多笔墨。

在本书中，我们提出的本根教育，是一种开放的探究式教育，它通过融合古今教育思想，积极探究人发展的本根、中国传统文化的本根，寻找出教育之本、教育之根、教育之魂，最终在教育主体上实现以人为本、在教育目标上实现以德为根、在教育手段上实现以爱为魂，具有传承化、内修化、多元化与现代化等多种特点。

本根教育从优秀中华传统文化中汲取教育内容，其中经历两千多年发展变化的儒家教育思想，就是其源头活水。在春秋时期，以孔子为代表的儒家以"五经六艺"教授弟子，要培养弟子的"五常"品德（仁、义、礼、智、信），目的是为了实施"仁爱、仁德、仁政"。发展到现代，我们开展社会主义核心价值观（富强、民主、文明、和谐、自由、平等、公正、法治、爱国、敬业、诚信、友善）教育，全国实施社会公德教育，使德育的内容更加丰富完善。

"本根教育"以"立德"为红线，一头对接传统德育，一头对接现代德育，实现了传承与创新。

悦心管理是本根教育办学思想中的一个管理思想，它遵循"以人为本"理念，在尊重人（学生、教师、家长）、理解人、发展人的人性化管理之下，实行"一本三化五力"的悦心管理模式。其中，一本，指以人为本；三化，指目标化、精细化、制度化；五力，指规划力、沟通力、督导力、感召力、反馈力。

下面简要阐述"一本三化五力"。

一本，就是以人为本。在学校悦心管理中，"人"主要指教师、学生、家长等。"以人为本"，就是要做到尊重人、理解人、发展人，给人以更大的发展空间，给人以更多的关爱。

三化，就是目标化、精细化、制度化。在学校悦心管理中，目标化，就是设定一系列的目标来指引人们的学习与工作，如学校的总体目标、老师的成长目标、学生的培养目标等。精细化，就是注重细节的执行，各项工作要从细处着眼，从小处着手，从实处着力，要努力做到专注于自己的领域、精耕细作、精益求精。制度化，就是通过民主参与、集体制定并实施一些学校管理制度，保证学校教育教学活动有序规范地进行。

五力，就是规划力、沟通力、督导力、感召力、反馈力。在学校悦心管理中，规划力，就是"上下同欲"的规划；沟通力，就是直击心灵的沟通；督导力，就是走动式监督、在一线示范引导；感召力，就是用精神领袖带动人；反馈力，就是在实践中多方听取群众意见，不断修正、持续优化管理方法，赢在终点。

可以说，一本是灵魂，三化是原则，五力是能力。

悦心管理是从"一本"开始，从人开始，从人的内心管理开始，通过直击心灵的沟通交流、通过触动心灵的正能量激励，让人由内而外地改变，从内心中激发出源源不断的潜能、斗志与意志力，让人能够主动、自觉、自愿地投入到工作与学习中去。正所谓，心悦而诚服。

在悦心管理的执行过程中，需要"三化"来保驾护航，才能让各项工作得到很好的落实与实施，要做到，事前有目标，事中重细节，事后有总结，全程有制度（规范）。

为了高效实施悦心管理，学校管理者（校长）需要培养"五力"，并懂得运用这些综合能力来解决各种问题。简而言之，"五力"就是"做人做事的能力"，要做好事前的规划与沟通，事中的督导，还有事后的反馈与感召（影响）。

悦心管理不同于其他管理思想的地方，就是管理要"走心"，要让人心悦诚服。具体而言，有四个方面。

一是直击心灵的"心"沟通，就是通过"灵魂对话"，弄清教师、学生、家长内心的主导需求，然后找动力、找方法，引导大家去实现需求、实现自我。

二是主动发展的"心"管理，就是对自我心理进行管理，包括自我心理建设、自我心态管理、自我心理疏导、自我情绪管理等。

三是东方智慧的"心"应用，就是应用中华传统哲学思想、中华传统智慧来修养心性，指导为人处事。

四是健全人格的"心"发展，就是努力促进教师、学生、家长人格正常和谐地发展。

二、具体应用到哪方面

辽宁省凌源市有这样一所学校，3600多人的校园中，楼内楼外不设垃圾桶；校园中，无论是学生教室还是教师办公室从来都没用过锁；孩子们喜欢读的书都放在学生随手可得的走廊里、过道中，至今一本都不曾丢失；在"教师不端"案例时有发生的背景下，这里的老师没有收费办班补课和乱订教辅的行为，更无'吃拿卡要'和其他违法乱纪行为；这里的家长为了做好家长义工教师，常常花费大量时间认真备课，甚至自费准备教具，争先恐后地参与；这里的小学毕业生，半数以上经典诗文积累量达到50万字以上……

这是在辽宁省凌源市实验小学跟岗实习的一位辽阳的校长写的一段感受。这些看似理想化的场景却真实地发生在凌源市实验小学的校园，这里的老师爱生如子、爱校如家、爱岗敬业，让所有人感受到团队一家亲的温暖；实验小学的家长们把对学校、教师的赞许转化为携手办学、共育学子的实际行动，每学期有数百名义工参与学校各类活动，优秀的家长义工教师走进校园、走进课堂，为学生开设了五花八门的个性化实践体验课堂；这里的孩子们爱校守法、知规守礼、孝亲尊师、明礼诚信、团结友善、勤俭自强，树立了正确的"三观"，形成了基本道德品质和良好习惯。学生的文明自律水平不断提高，形成了"人人彬彬有礼，处处干干净净"的靓丽风景。学校的每一处都流动着爱，以德铸根，用爱铸魂，成就着快乐学生、幸福教师、智慧家长。

这就是本根教育办学思想中的悦心管理思想，是"一本三化五力"管理模式在学校具体应用实践的良好效果。一个好校长，就是一所好学校。如果您是学校管理者（校长），只要认真运用这些理论知识指导各项工作，坚持不懈地付出，您也能收获非凡的成果。

儒家主张学以致用。子曰："诵《诗》三百，授之以政，不达；使于四方，不能专对。虽多，亦奚以为？"意思是，学生熟读《诗经》三百篇，让他们处理政务，却做不好；让他们当外交使节，不能独立地谈判交涉。即使诗背得再多，又有什么用呢？

本书在阐明"一本三化五力"悦心管理模式的同时，通过对大量古今应用案例和名言的分析，证明了"悦心管理"思想的广泛适应性。本书在学校悦心管理、家庭悦心管理和个人悦心管理三个方面，展开了具体的"应用与实践"。

在学校悦心管理中，学校管理者（校长）可以实施"目标化"管理，通过确立学校的发展目标，打造良好的舞台，以成就幸福师生。在发展教师方面，坚持"以人为本、以教师为本"，将教师个人的发展目标与学校的发展目标结合起来，让教师实现自我发展、自我超越。在成就学生方面，坚持"以人为本、以学生为本"，通过因材施教、因势利导，挖掘学生的潜质，成就学生的每一种可能。在服务家长方面，为家长提供多种服务项目（包括咨询服务、培训服务和家长课程等），充分挖掘家长资源，赋能家校共育，让家长成为教育的"合伙人"。

在家庭悦心管理中，学校管理者（校长）可以引导家长实施"制度化"管理，通过传承家训、订立家规、弘扬家风等方式"和谐治家、先礼后兵"。家长也可以发挥"沟通力"的作用，坚持长辈与晚辈双向和谐交流，努力破除心灵屏障。最终，让家庭成员心悦诚服地接受良好的家风家教。

在个人悦心管理中，学校管理者（校长）可以引导教师、学生、家长实施"精细化"管理和"目标化"管理。个人"精细化"管理，就是为人处事时注重细节，讲究对"天时、地利、人和"一系列综合细节的创造与利用，把事情做细、做精；还要敢于担当，在责任感的驱使下，充分发挥个人的聪明才智把事情做得尽善尽美；最终，让个人心悦诚服地接纳自己，发展自己，超越自我。个人"目标化"管理，就是努力实现人生的终极目标——修己、利他，让他人因我而感到幸福。

全书夹叙夹议，兼顾理论性、故事性、文学性，配有逻辑关系图，从理论知识点到案例解析，深入浅出、娓娓道来，带给读者根的教育、心的悦读、善的洗礼和美的历程。

目录 CONTENTS

第一章　悦心管理思想的起源与发展

第一节　悦心管理是本根教育的管理思想 ... 2
一、悦心管理的定义 ... 2
二、悦心管理的基本方法 ... 3
三、悦心管理的内涵 ... 4

第二节　悦心管理是东方智慧的现代"心"应用 ... 8
一、悦心管理始于"正心" ... 8
二、悦心管理的特点 ... 9

第三节　"本根教育"的缘起 ... 15
一、缘起事件：学生弑母案 ... 15
二、学生弑母，谁之过？ ... 16
三、本根教育理念源自传统文化 ... 17
四、学校教育：育人为本，立德为根 ... 18

第四节　"本根教育"提出的依据 ... 20
一、教育的本根：育人为本，立德为根 ... 20
二、本根教育的"三个依据" ... 21

第五节　本根教育的核心要素与特征 ... 25
一、本根教育要找根本 ... 25
二、本根教育的三个核心要素 ... 27
三、本根教育的四个特征 ... 31

第二章　悦心管理中的"一本"

第一节　悦心管理的核心 ... 34

　　　　一、以人为本的重要性 ·· 34
　　　　二、如何做到以人为本 ·· 36
　　第二节　悦心管理的理念 ··· 41
　　　　一、管理理念的由来 ·· 41
　　　　二、悦心管理的管理理念 ·· 43
　　第三节　悦心管理的对象 ··· 47
　　　　一、教师：激励自觉，成就幸福 ·································· 47
　　　　二、学生：唤醒主动，成就快乐 ·································· 50
　　　　三、家长：吸引参与，成就智慧 ·································· 52
　　第四节　悦心管理的本质 ··· 54
　　　　一、悦心管理的本质就是管心 ····································· 54
　　　　二、管心的方法 ··· 55

第三章　悦心管理中的"三化"

　　第一节　目标化是"悦心管理"的强劲引擎 ························· 62
　　　　一、什么是目标化 ··· 62
　　　　二、怎么制定目标 ··· 64
　　　　三、怎么实现目标 ··· 65
　　第二节　制度化是"悦心管理"的关键支撑 ························· 69
　　　　一、什么是制度化 ··· 69
　　　　二、怎么制定制度 ··· 71
　　　　三、怎么实施制度 ··· 73
　　第三节　精细化是"悦心管理"的根本保障 ························· 76
　　　　一、什么是精细化 ··· 76
　　　　二、怎么实现精细化 ·· 78

第四章　悦心管理中的"五力"

　　第一节　搭建成功阶梯的规划力 ·· 84
　　　　一、什么是规划力 ··· 84
　　　　二、怎么修炼规划力 ·· 86

第二节　倾听群众心声的沟通力 ········· **91**
一、什么是沟通力 ········· 91
二、怎么修炼沟通力 ········· 93

第三节　突出跟踪引导的督导力 ········· **98**
一、什么是督导力 ········· 98
二、怎么修炼督导力 ········· 99

第四节　发挥精神领袖的感召力 ········· **103**
一、什么是感召力 ········· 103
二、怎么修炼感召力 ········· 105

第五节　持续评价与修正的反馈力 ········· **109**
一、什么是反馈力 ········· 109
二、怎么修炼反馈力 ········· 110

第五章　学校悦心管理：凝聚人心，推动学校发展

第一节　确立目标，成就幸福师生 ········· **116**
一、学校总体目标要高远 ········· 116
二、学校总体目标的设计 ········· 117

第二节　双向反馈控制，持续调整优化 ········· **123**
一、什么是双向反馈控制 ········· 123
二、根据反馈优化管理 ········· 125

第三节　以师为本，引领教师主动发展 ········· **129**
一、以师为本的重要性 ········· 129
二、怎么引领教师主动发展 ········· 131

第四节　以生为本，促进自主成长 ········· **134**
一、以生为本的重要性 ········· 134
二、怎么促进学生自主成长 ········· 136

第五节　尊重人性、自主自治 ········· **140**
一、班级管理的类型 ········· 140
二、怎么实现班级悦心管理 ········· 142

第六章　家庭悦心管理：心灵沟通促进家庭和谐

第一节　尊重孩子的个性与潜能发展 … 148
一、什么是"以孩子为本" … 148
二、如何做到"以孩子为本" … 150

第二节　对子女持续进行品德教育 … 153
一、家庭品德教育的重要性 … 153
二、如何进行家庭品德教育 … 154

第三节　传承家训、订立家规、弘扬家风 … 159
一、家庭管理需要"制度化" … 159
二、家庭管理如何实现"制度化" … 160

第四节　长辈与晚辈双向和谐交流 … 164
一、家庭"沟通力"的重要性 … 164
二、如何修炼家庭"沟通力" … 166

第七章　个人悦心管理：修己利他实现自我价值

第一节　修身立德，完善人格，超越自我 … 170
一、"以自己为本" … 170
二、如何发展自己 … 171

第二节　注重细节、精益求精，奠定成功根基 … 176
一、个人"精细化"管理 … 176
二、如何实现个人"精细化"管理 … 177

第三节　利他，修己的终极目标 … 181
一、什么是人生的终极目标 … 181
二、如何实现人生的终极目标 … 183

第一章
悦心管理思想的起源与发展

自从人类有了组织的行为,就有了管理的活动。悦心管理是本根教育的管理思想,起源于本根教育的研究过程,发展于本根教育的具体应用。美国"科学管理之父"——弗雷德里克·温斯洛·泰勒,强调管理要科学化、标准化。所谓科学化,就是科学地选择工人、培训工人,形成标准操作方法、利益共同体与合作精神,以实现最高的工作效率。标准化,就是制定科学的工艺流程,使机器、设备、工艺、工具、材料、工作环境实现标准化。这是一种发展工业化的共性管理。与此不同的是,我们研究的悦心管理是满足人个性化发展的管理,强调的是走心、管心。

第一节　悦心管理是本根教育的管理思想

可以说，很多科学化、标准化的管理，都是对人进行从外而内的管理，通过外力使人改变；而悦心管理是从内而外的管理，通过内省使人改变，正是先管心，再管人，后管事，因为意识决定行为，行为决定结果。

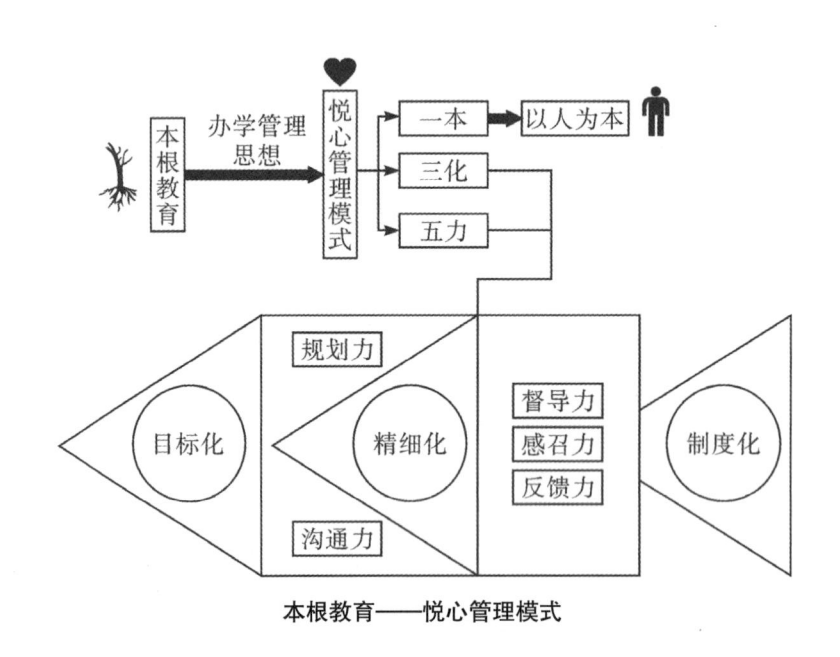

本根教育——悦心管理模式

一、悦心管理的定义

悦心，就是使人心悦而诚服，即让人心情愉快、高兴，并真心地佩服或服从。《孟子·公孙丑上》解释道："以力服人者，非心服也，力不赡也；以德服人者，中心悦而诚服也，如七十子之服孔子也。"意思是说，靠武力使别人服从，人家不是真心服从，而是力量不足以反抗而已；靠高尚的道德使人服从，人们内心欢愉、真心服从，就像孔门七十二位弟子敬服孔子那样。

管理，就是管理者通过发挥计划、组织、领导、协调、控制等职能，以实现既定的发展目标。宋代儒学集大成者朱熹曾经高度总结道："《大学》之修身、齐家、治国、平天下，基本只是正心、诚意而已。"就是说，《大学》所讲的管理自我、管理家庭、治理国家、使天下太平，这四项管理最基本的就是使心思端正，使意念真诚。

综合来说，悦心管理的定义，就是学校管理者（校长）通过走心、入心的管理，使人（即被管理者，包括教师、学生、家长等）心情愉快、真心信服、自觉服从。

二、悦心管理的基本方法

悦心管理的四个基本方法，就是以德服人、以正聚人、以诚待人、以情感人。

第一，以德服人，就是以良好的德行使人敬服。

第二，以正聚人，就是以正气（正大光明的作风、正能量）凝聚人的力量，使人团结起来。

第三，以诚待人，就是以真心、诚意对待别人，使别人反过来真诚对待自己。

第四，以情感人，就是以真情实感打动人、感染人，使人自觉、自愿、自发地开展相关活动。

下面举于令仪以德服人的例子，让大家更清楚地知道如何用良好的德行使人服从。

古代，山东曹州有个叫于令仪的商人，以贩卖货物为业，由于他为人善良、从不骗人，到晚年时积累了很多财物。一天晚上，有个小偷到他家里偷东西，结果被抓住了。于令仪出来一看，发现小偷居然是邻居家的孩子。

于令仪问："你为什么偷东西？"

小偷说："被贫穷所逼呀。"

于令仪又问："你想要什么东西？"

小偷说："如果我能得到十贯钱（相当于现在的几千元人民币），就够全家人穿衣吃饭了。"

于令仪听后，马上拿出十贯钱给他。

小偷拿了钱刚要走。于令仪又说："你这样贫困，夜里带着十贯钱回家，恐怕被人怀疑盘问。你今晚就在我家过夜，明天再走。"

小偷忐忑不安地过了一夜，生怕于令仪会去报官。第二天，于令仪竟然真的放他走了。小偷感动得涕泪交加，发誓再也不偷东西了，要做个好人。

故事中，于令仪以自己善良、诚信的良好德行，让小偷信服、感动，进而迷途知返、改邪归正。如果于令仪抓住小偷后不问明原因，直接报官将他抓起来，可能会导致他的家人全部饿死、冻死，这个小偷就会走上不归路。

一般来说，学校管理者（校长），只要能综合运用悦心管理的四个基本方法，就能达到让人心悦诚服的效果。

三、悦心管理的内涵

我们在对本根教育的长期研究与应用中，把悦心管理这四个基本方法进行了丰富发展，总结出"一本三化五力"的悦心管理模式，即悦心管理的内涵。其中，"一本"指人为本；"三化"指目标化、精细化、制度化；"五力"指规划力、沟通力、督导力、感召力、反馈力。

在悦心管理中，"一本"是贯穿始终的核心理念，"三化"是管理原则，"五力"是管理者自身应该修炼的五种能力。

1. 一本：以人为本

一本，就是以人为本，学校悦心管理的"人"主要包括教师、学生、家长等。

学校悦心管理的"一本"，就是要做到"以人为本"，做到尊重人、理解人、发展人，给人以更大的发展空间，给人以更多的关爱。

"以人为本"强调由内而外、全面改造自己，既不靠外力（发号施令）施压，也不靠强力（个人意志）推进，而是通过民主管理、和谐交流，激励人们从内而外地改变，激发每个人的内在潜力和创造精神，让教师自觉主动地要求"我要工作"，让学生自觉主动地要求"我要学习"，让家长自觉主动地要求"我要参与"。

那么如何做到尊重人、理解人、发展人呢？

我们可以先看看司马光以诗教子，使儿子心悦诚服的故事。

北宋时期，司马光对儿子司马康的教育十分重视。

有一次，司马光看到儿子不爱护书本，于是他就亲自给儿子做示范。在读书前，司马光先把桌子擦干净，铺上桌巾。看书时司马光坐得端端正正，翻书时先用右手食指轻轻压住，再用拇指把书的边缘翻起来。司马康见到父亲做出了示范，马上高兴地学起来。

儿子长大后，司马光又发现儿子喜欢吟诗作对，喜欢穿漂亮的衣服，有铺张浪费的情况。司马光就写了一篇《训俭示康》的文章给儿子。

司马光在文中指出："我们家本来就是世代清寒的，以清白的家风代代相传。而我自己呢，也从来不喜欢奢华。我小的时候，大人给我穿华丽的衣服，我都不愿穿。我认为，平时穿的只要能够御寒、吃的只要能够果腹，也就可以了，不必浪费。但是，很多人不懂这个道理，却老笑我寒酸。我自己是不会后悔的。以前的人都把节俭看作是美德，现在的人竟以为是可耻，真是奇怪啊……"

司马康看完文章后，发现父亲节俭了一辈子，而自己却随意浪费，从此心悦诚服，俭朴生活，潜心读书，后来高中进士、入朝做官。

尊重人，就是尊重人性，顺应天性，尊重个性差异和兴趣爱好，就像司马光尊重儿子的爱好那样（喜欢吟诗作对、喜欢穿漂亮的衣服）。只有尊重人，才能亲近人，才有交流沟通的机会。司马光用儿子喜爱的"诗文"来教育他，起到了良好的效果。如果司马光发现孩子有了毛病，马上实施"家暴"，实施"熔断"措施，断绝儿子的兴趣爱好，不仅会"矫枉过正"，还会伤孩子的心。

理解人，就是理解人们言行举止的来龙去脉。只有理解人，才能循循善诱，引导别人不断学习与改善。故事中司马光发现孩子不爱惜书本，没有展现"雷霆之怒"，也没有施加"惩戒"，而是通过"身教"，引导儿子学习正确的读书、爱书、翻书的方法。

发展人，就是因势利导成就人。司马光见儿子有浪费的苗头，马上写家训给他讲道理，说明"由俭入奢易，由奢返俭难"，读书人的重点是学习，而不是享受，最后让儿子心悦诚服地接受自己的观点，并最终让儿子学有所成，步入仕途以报效国家。

2. 三化：目标化、制度化、精细化

三化，就是目标化、制度化、精细化。

目标化，就是设定一定的目标来指引人们的工作与学习，如学校的发展目标、教学目标和教育目标，老师的成长目标，学生的培养目标等。

制度化，就是集体参与制定并实施一些学校管理制度，保证学校教育教学活动有序、规范地进行。

精细化，就是注重细节的执行，在工作与学习中要从细处着眼，从小处着手，从实处着力，要专注于自己的领域、精耕细作、精益求精，做到"人人有事干，事事有人干"。

之所以将目标化摆在前面，是因为学校如果没有发展目标，就如同"盲人骑瞎马"，学校管理者不知走向何方，师生也不知道要发展至何处。可以说，学校悦心管理要先有高远的目标，后有注重细节的执行。管理制度的制定，都是为了实现原先既定的目标。

如何制定目标呢？学校悦心管理的目标化，就是要激励师生从心出发，从自己内心的需求出发，自觉主动地树立发展目标，志存高远。

这里，我们分享一个魏晋时期医学家皇甫谧的故事。

三国时期，有个小孩叫皇甫谧，特别顽劣，根本不知道什么是"人生目标"，一直到20岁还是游手好闲、无所事事。

有一次，皇甫谧在路上摘了一些水果，拿回家献给叔母任氏。

没想到，叔母却骂道："如果你不好好学习的话，即使每天用牛肉、羊肉、猪肉来奉养父母，仍然是不孝顺的。你今年都20岁了，还没有读书，更是大不孝了！"

皇甫谧见叔母这般生气，大气不敢出。

叔母接着说："以前，孟子的母亲为了孟子的成长搬了三次家，使孟子成为贤德之人；曾参的父亲杀了自己家的猪来教育儿子要信守诺言。难道是因为我没有选择好的邻居，还是我的教育方法不对，要不然你怎么这样愚蠢呢？你读书学习，是你自己有收获，我能得到什么呀？！"

叔母任氏说完，就哭起来。皇甫谧深受触动。从此，皇甫谧痛改前非、专心读书，在心里树立起了崇高的人生目标——要做一个造福社会的人。后来皇甫谧撰写了中国第一部

针灸学专著《针灸甲乙经》，成为救死扶伤的针灸专家。

可见，由内而外的改变是惊人的，皇甫谧内心有了目标，才懂得要做什么，每天自觉阅读与写作，最终获得成就。学校管理者（校长）要引导师生制定发展目标，实现由内而外的改变，只有这种改变才能让他们蜕变升华，且不会让他们的心灵受伤。只有由从心出发设定发展目标，实现从内而外的改变，才能激发师生强大的动力。老师会说："这些工作是我想干的、我愿意干的。"学生会说："这些学习任务是我想学的、我愿意学的。"

如果学校管理者（校长）施以外力，直接布置任务和目标，强迫师生由外而内地改变，那么师生很容易心生埋怨。老师会说："这些不是我想要做的工作。"学生会说："这些不是我想要学习的东西。"家长会说："这些目标都不关我的事。"其结果就是，学校的一些目标在执行时大打折扣。

3. 五力：规划力、沟通力、督导力、感召力、反馈力

五力，就是规划力、沟通力、督导力、感召力、反馈力。

学校悦心管理的规划力，就是"上下同欲"、统一思想，形成共同愿望的规划；沟通力，就是直击心灵的沟通；督导力，就是走动式监督，在一线示范引导；感召力，就是用精神魅力带动人；反馈力，就是在实践中吸收各方面的建议，不断修正、持续优化，赢在终点。

这五种力，如同人的五指一样。五指，需要灵活协调的配合才能随意地抓取东西；五力，需要密切配合实施，才能发挥出学校悦心管理的最好效果。

陶行知先生是中国著名的教育家，有一次，他只用四块糖果，就成功解决了一场较为棘手的"学生纠纷"。

1927年，陶行知创办晓庄学校，自己出任校长。他对学校的规划就是要实施"平民教育"，全面提高国民素质，主张："知识为公，人人平等，不论男孩和女孩，男人和妇女，成人和儿童，不分宗教信仰、种族、财富及所属阶级有何不同，都一律平等享有受教育的机会。"

陶行知的"平民教育"思想与孔子的"有教无类"思想基本相通。可是，学生良莠不齐，难免会发生矛盾。

有一天，陶行知看到一位男生要用砖头砸同学，马上上前制止，并对他说："你到校长办公室去等我！"

当陶行知回到校长办公室时，发现那个男生正惶惶不安地等待着"校长的惩罚"。

没想到，陶行知居然掏出一颗糖给这位男生说："这是奖励你的，因为你比我先到办公室。"

那个男生紧张的心情终于缓和下来。

接着，陶行知又掏出一颗糖，说："这也是给你的，我不让你打同学，你立即住手了，说明你尊重我。"

那个男生半信半疑地接过第二颗糖。

陶先生又说道:"据我了解,你打同学是因为他欺负女生,说明你很有正义感,我再奖励你一颗糖。"

这时,男生感动得哭了,他抽泣地说道:"校长,我错了,同学再不对,我也不能打他。"

最后,陶先生又掏出一颗糖:"你已认错了,我再奖励你一颗。我的糖发完了,我们的谈话也结束了。"

后来,那个男生再也没有自行粗暴地解决问题,而是多向老师、校长请教解决问题的办法。

可以说,陶行知综合应用了"五力"来解决问题。

在规划力方面,陶行知做好了"平民教育"的规划,也做好了相关准备,各种各样的学生都进入校园,自然会出现矛盾与摩擦、出现"学生纠纷"。

在沟通力方面,陶行知校长进行了直击心灵的沟通,让学生甜在嘴里,更甜在心上。他一边奖励糖,一边把话说到学生的心坎上,指出男生的多个优点,如守时、尊重人、有正义感、主动认错等。

在反馈力方面,陶行知在回到办公室之前,先向周边的同学了解情况,得知男生打人是因为有人欺负女生。

在感召力方面,陶行知以爱来感召学生,化惩罚为奖励,化检讨为赞美,在挖掘学生闪光点的过程中,带动男生主动认错,让男生自我反省,知道自己身上不仅有优点,还有缺点。

在督导力方面,陶行知通过自己的"身教"与教育示范,告诉男生,以后遇到事情,不要马上"抢砖头"自行解决,而是要主动找人来沟通解决。

综上,悦心管理是走心、入心的管理,最终目标是使人心情愉快、真心信服。悦心管理是从"一本"开始,以人为本,从人的内心管理开始,通过直击心灵的沟通交流,通过触动心灵的正能量激励,让人由内而外地改变,从内心中激发出源源不断的潜能、斗志与意志力,能够让人主动、自觉、自愿、快乐地投入到工作与学习中去,就像司马光那样,通过诗文来激发儿子,让他自觉地由奢入俭。在悦心管理的执行过程中,需要通过"三化"来保驾护航,才能让各项工作得到很好的落实与实施,也就是,事前有目标,事中重细节,事后有总结,全程有制度规范。为了高效实施悦心管理,学校管理者(校长)需要培养"五力",并懂得综合运用这些能力来解决各种问题,就像陶行知校长那样运用五力来解决"学生纠纷"——以规划力备糖、以沟通力挖掘闪光点、以反馈力调查原因、以感召力带动学生认错、以督导力教育示范,三下五除二,糖发完了,问题也解决了。

第二节　悦心管理是东方智慧的现代"心"应用

本节主要探讨悦心管理的特点。悦心管理不同于其他管理思想的地方，在于它是从中华优秀传统文化提炼出来的管理思想。它通过直击心灵的"心"沟通、主动发展的"心"管理、东方智慧的"心"应用、健全人格的"心"发展，实现以正心带动人，以德心折服人。

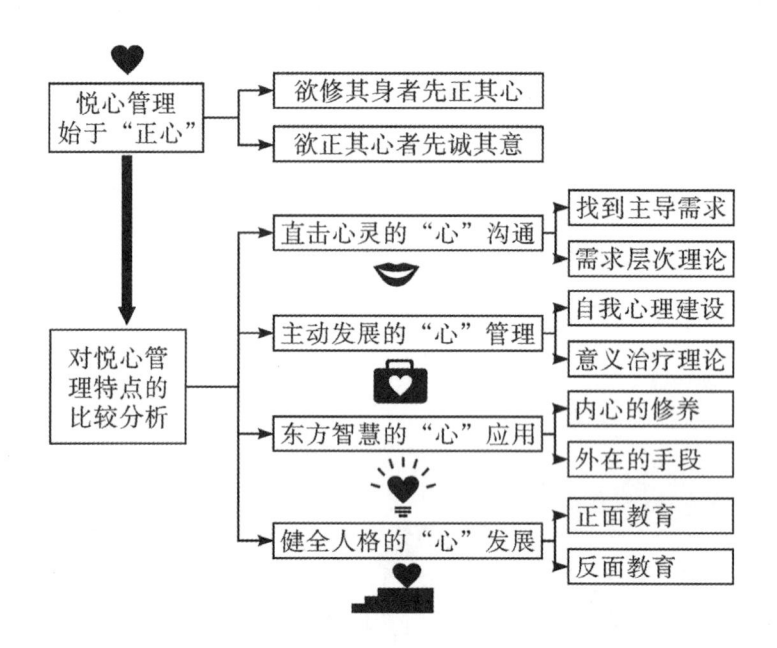

对悦心管理特点的比较分析

一、悦心管理始于"正心"

悦心管理就是要管心，而管心从"正心"开始。唐太宗治国，就是从端正自己的心思开始。

唐朝时，一天唐太宗李世民对太子少师（专门传授天子或太子知识的人）萧瑀说："我年少时喜欢弓箭，得到几十把好弓，我认为天下没有比这些更好的弓了，就把它们给造弓的工匠看。可是工匠说'这些弓都不是良好的木材'，我问其中的原因。工匠说：'这些弓所用的木材，中心不正，所以它的纹理都是歪斜的，弓虽然强劲，但射出的箭并不直。所以都算不上是好弓。'"

从这事件中，唐太宗恍然大悟，弓和人一样，只有心正，才能射出直箭、才能行走直路。为君之道、治国之道也一样，要想治理好国家，国君要先管好自己的心，端正自心。从此，唐太宗加强自身修养，诚心听取群臣意见，虚心纳谏，厉行节约，休养生息，终于开创了国泰民安的"贞观之治"。

悦心管理要以人为本，管人关键要管心，管心要从"正心"开始。那么，什么是"正心"呢？

《大学》指出："古之欲明明德于天下者，先治其国；欲治其国者，先齐其家；欲齐其家者，先修其身；欲修其身者，先正其心；欲正其心者，先诚其意；欲诚其意者，先致其知；致知在格物。物格而后知至，知至而后意诚，意诚而后心正，心正而后身修，身修而后家齐，家齐而后国治，国治而后天下平。"

意思是说，古代想要弘扬高尚的德行于天下的人，先要治理好自己的国家；想要治理好自己的国家，先要管理好自己的家庭（家族）；想要管理好自己的家庭（家族），先要修养自身的品性；想要修养自身的品性，先要端正自己的心思；要想端正自己的心思，先要使自己的意念真诚；想要使自己的意念真诚，先要使自己获得知识；获得知识的途径在于推究事物的原理。通过推究事物的原理才能获得知识，获得知识后才能意念真诚，意念真诚后才能心思端正，心思端正后才能修养品性，品性修养后才能管理好家庭（家族），家庭（家族）管理好了才能治理好国家，国家治理好后才能使天下太平。

可见，"正心"就是通过自身的道德修养，使心思端正。

二、悦心管理的特点

下面，我们结合西方心理学家的一些理论，对悦心管理的四个特点进行比较分析。

1. 直击心灵的"心"沟通

直击心灵的"心"沟通，就是通过交互式沟通交流，明白与理解师生的内心需求。

这种交互式的沟通，简单来说就是一问一答的对话。在《论语》中，孔子与弟子通过大量的问答辨明了天下道理。人与计算机的沟通也一样，计算机通过弹出各种交互式对话框，帮助人类高效处理很多事情。

直击心灵的沟通，也可以说是一种"灵魂对话"。如果学校管理者（校长）不沟通、不理解师生的内心需求，那么做起事来如同对牛弹琴，起不到什么效果。只有"懂人懂心"，才能"心心相吸"。

《诗经·王风·黍离》就描写了一个不被人理解的、被迫远行的人的苦闷："知我者，谓我心忧；不知我者，谓我何求。"意思是，理解我的人，知道我内心的忧愁；不理解我的人，问我内心有什么追求。

学校管理者通过直击心灵的沟通，找到师生们现阶段的主导需求，然后因势利导、循循善诱，找动力找方法，引导师生改进工作、加强学习，实现自我。

人的需求是多样化、多层次的。美国著名的社会心理学家马斯洛提出了"需求层次理论"，他将人的需求分为五种层次，即生理需求、安全需求、归属和爱的需求、尊重需求和自我实现需求。

生理需求，包括：食物、水、居住场所、睡眠等。

安全需求，包括：身体安全、经济安全、环境安全等。

归属和爱的需求，包括：情感、归属、被接纳、友谊等。

尊重需求，包括：内在尊重，如自尊、自主权、成就感等；外在尊重，如地位、认同、受重视等。

自我实现需求，包括：个人成长、潜能发挥、实现理想等。

马斯洛指出人们需要动力来实现某些需求，人在每一个时期，都有一种需求占主导地位，而其他需求处于从属地位。这对于悦心管理工作很有启发意义。

学校管理者（校长）通过"灵魂对话"，了解师生现阶段的主导需求，然后"对症下药"，设计动力、引导方法，让师生主动自觉地行动起来，努力去实现这些需求。实现这些需求之后，师生们就会心悦诚服。

例如，有些刚入学校的年轻老师，学校管理者（校长）通过"谈心"，明白他们现阶段的主导需求是安全需求：主要想找好一点的学校，想要教学环境安全一点；工资待遇高一点，让自己的经济安全一点；最好学校有体育场所与设施，可以在业余时间锻炼身体，让自己的身体更安全一点。了解这个主导需求之后，校长可以找动力（提出激励方案）、找方法（引入教师俱乐部），引导年轻老师实现这些需求。

还有一些转校的学生，校长通过"谈心"，明白他现阶段的主导需求是归属和爱的需求，他渴望被新的老师、新的同学接纳，获得新的友谊。这时校长可以找动力（提出"传帮带"方案、配小老师带动他适应新学校）、找方法（让他加入各种兴趣社团），以引导学生实现自己的需求。

2. 主动发展的"心"管理

主动发展的"心"管理，就是学校管理者（校长）要引导师生进行自我心理管理，包括自我心理建设、自我心态管理、自我心理疏导、自我情绪管理等。

自我心理建设，就是引导师生认知事物的本质，并形成特定的情感、意志，让师生的内心慢慢变得强大起来，实现自律与他律，实现主动发展。

孔子说："三军可夺帅也，匹夫不可夺志也。"意思是，军队的主帅可以改变，但是男子汉（有志向的人）的志向不可能被强迫改变。如果普通人的自我心理建设做得非常好，就不会轻易改变自己的意志。

古人强调的"慎独"也是一种心理建设、自我心理管理的方法。《大学》指出："所谓诚其意者，毋自欺也。如恶恶臭，如好好色，此之谓自谦。故君子必慎其独也。"意思是，所谓使自己的意念真诚，就是不要自己欺骗自己。如同厌恶腐臭的气味，喜爱美丽的女子，这就叫自求快意满足。所以，品德高尚的人哪怕是在独处的时候，也一定会十分小心谨慎。

拿破仑说："不想当将军的士兵不是好士兵。"这也是自我心理建设的表现。好士兵若一心想着将来当将军，就容易完成手头的任务，因为当不好士兵的士兵绝对当不好将军。同理，很多学生想当老师，很多老师想当校长，这种心思是端正的，因它的本质上就是为了学校的发展，因此校长可以安排个小助理，让他们体验一下做校长的感觉，以便发挥他们的潜能。

自我心态管理，就是学校管理者（校长）要引导师生调整出可持续的、稳定的心态，让稳定的心态压倒一切。"胜不骄败不馁"便是一种自我心态管理。《商君书·战法》指出："王者之兵，胜而不骄，败而不怨。胜而不骄者，术明也；败而不怨者，知所失也。"意思是，称霸天下的军队，打了胜仗不骄傲，打了败仗不抱怨。打了胜仗不骄傲，是因为战术高明，打了败仗不抱怨，是因为知道打败仗的原因。北宋文学家范仲淹在《岳阳楼记》中指出的"不以物喜，不以己悲"也是一种自我心态管理，意思是：不因外物的好坏和自己的得失而感到欢愉和沮丧。

自我心理疏导，就是学校管理者（校长）要引导师生通过自我放松、倾诉宣泄等方式，从消极情绪中解脱出来，不断提高心理承受能力，防止一触即溃的"玻璃心"。

自我情绪管理，就是学校管理者（校长）要引导师生通过情绪调整、"频道切换"，减轻负面情绪的影响，发挥正面情绪的价值。

道家提出"道法自然、无为而治"，有时也可以作为自我心理疏导的一种方法。我们一起来看一下，老子是如何开导郁郁不得志的孔子的。

春秋时期，孔子去拜访老子，孔子看到黄河水奔腾而去，感叹自己的青春如流水般流逝，而自己所主张的"仁政"却不能在各个诸侯国中实现，感到很烦恼。

孔子感叹说："逝者如斯夫，不舍昼夜！黄河之水奔腾不息，人之年华流逝不止，河水不知何处去，人生不知何处归！"

这时，老子就开导他说："天地无人推而自行，日月无人燃而自明，星辰无人列而自序，禽兽无人造而自生，此乃自然为之也，何劳人为乎？人之所以生、所以无、所以荣、所以辱，皆有自然之理、自然之道也。顺自然之理而趋，遵自然之道而行，国则自治，人则自正，何须津津于礼乐而倡仁义哉？"

可见，老子是自我心理疏导的专家。老子的总体思路就是，各个诸侯国顺应自然之道，就能生生不息，根本不用天天向他们推销"仁政"，人生的是非成败也要顺应自然之道，不可强求。一切事情要顺其自然，生死荣辱都是自然规律，孔子根本不用因为"仁政"不能实施而烦恼，因为那些不行"仁政"国家，自然有行"仁政"的国家来收服它。

在主动发展的"心"管理中，学校管理者（校长）要引导师生通过自我心理管理，做出各种各样的心理建设与心态调整，有效地指导自己的行动，正所谓"心想事成""随心而动"。若老师想成为"特级老师"，学生想成为"三好学生"，他们就会默默为心中所想的愿景而努力。

师生进行自我心理管理，不仅要认知事物的本质，还要领悟自己生命的意义。奥地利心理学家、精神病学教授弗兰克尔，曾提出意义治疗理论。所谓意义治疗，就是指协助患者从生活中领悟自己生命的意义，借以改变其人生观，进而勇敢面对现实，积极乐观地活下去，努力追求生命或生活的意义。

弗兰克尔认为生命的意义在于爱，在于爱人，这跟孔子的"仁爱"思想有相近之处。弗兰克尔在他的名著《人类对意义的追寻》中说："人类可以经由爱而得到救赎。我了解到一个在这世界上一无所有的人，仍有可能在冥想他所爱之人时尝到幸福的感觉，即使这感觉是极短暂的一刹那。"

很多影视中有这样的画面，主人公在即将走到生命的尽头时，他们的脑海里会浮现出这样的场景：在灿烂阳光下，自己和家人一起幸福快乐地生活着……然后，镜头峰回路转，主人公起死回生。这靠的就是内心的管理、追求幸福的强大意志力。

主动发展的"心"管理，也是同样的道理。师生要在内心里领悟自己生命的意义（如为学校争光、为班级争光、为了让将来生活过得好一点、为了事业发展得好一点、为了追求幸福小康生活、为了中华民族伟大复兴的中国梦等），就会产生源源不断的动力和能量来支撑自己走下去，相当于有了"信仰的力量"。学校提出"成就最好的我，让他人因我而幸福"的师生终极成长目标，就是一种心灵的管理、意志的铸造、信仰的锚定。

3. 东方智慧的"心"应用

东方智慧的"心"应用，就是学校管理者（校长）要应用中华传统哲学思想（儒家、道家、佛家等）、中华传统智慧来修养师生的心性，指导师生为人处事。世界分东西，智慧也可分东西。我们所指的东方智慧，特指中华优秀传统文化与智慧。

东方智慧，在修养心性的方法上，强调反省、自胜、和心、行善、潜心等；在为人处事方面，强调人品为先、明理为先。

在修养心性的方法上，孔子主张通过反省，开展自我批评，完善自己。孔子在《论语·学而》中指出："吾日三省吾身，为人谋而不忠乎？与朋友交而不信乎？传不习乎？"意思是说，我每天多次反省自己，替别人做事有没有尽心竭力？和朋友交往有没有诚信？老师传授的知识有没有按时温习？

庄子主张自胜，战胜自己的内心。庄子在《庄子·让王》中指出："不能自胜而强不从者，此之谓重伤。重伤之人，无寿类矣。"意思是，不能约束自己但又强制压下自己的愿望，这是双重的伤害。心神受到双重损伤的人是不会长寿的。"战国时期，魏国的公子牟隐居在岩穴里，却惦念着宫廷的荣华富贵。这是不能战胜自己内心的行为，也就不能长寿。

中庸思想主张和心，人要将喜怒哀乐适度地表现出来。《中庸》指出，喜怒哀乐没有表现出来的时候，叫做"中"；表现出来以后符合节度，叫做"和"。"中"，是人人都有的本性；"和"，是大家遵循的原则。达到"中和"的境界，天地便各在其位了，万物便生长繁育了。

在为人处事方面，朱子主张做人要向善："勿以善小而不为，勿以恶小而为之。"孔子则主张做人要诚信："人而无信，不知其可也。" 孟子则主张做人要有气节："富贵不能淫，贫贱不能移，威武不能屈。"

老子主张做事有功而不自大，相当于现代做好事不留名的"雷锋精神"。老子在《道德经》中指出：虽然"道"养着宇宙万事万物，而不去主宰它们。"道"生育万物，而万物却不知道真正的母亲。就是因为"道"不自大，因而成其大。

庄子主张，做事要有大格局，相当于现代的"国际化视野"。庄子说："相濡以沫，不如相忘于江湖。" 意思是，泉水干了，鱼吐沫互相润湿，为什么不各自到大江大湖里去重获自由呢。换个意思讲，困难的时候，人们理应互相帮助，但这样做可能互相拖累，不如放弃执着，离开资源缺少的地方，去资源更加丰富的地方发展。

西方有不少专家也对教育进行了研究。德国哲学家、心理学家赫尔巴特曾经提出了教育的最高目标是道德，即德育的教育性。赫尔巴特在《普通教育学》中把道德教育内容概括为"五种道德观念"，即内心自由、完善、仁慈、正义、公平。

具体解释如下：

内心自由的观念：内心自由产生的各种观念。

完善的观念：用意志和毅力协调内心各种观念的矛盾。

仁慈的观念：不可与别人发生恶意的冲突。

正义的观念：用社会公认的法规准则以及人们共同的道德规范约束自己。

公平的观念：错误的行为必然得到惩罚，而善良的行为也必须得到褒奖。

赫尔巴特这五种德育内容，主要应用于育人，跟孔子的"五常"（仁、义、礼、智、信）比起来，应用范围要相对狭窄，孔子的"五常"，既可以用于育人（仁爱），也可以立德（仁德），还可以治国（仁政）。

赫尔巴特把一个人接受教育的全过程分为三个阶段：管理、训育和教学。在管理阶段，主要靠成人用严格的管理措施管束儿童，特别强调惩罚的作用。训育阶段，为了养成儿童守秩序的习惯，须通过训育使儿童在心理上得到制约和规范，形成一种有利于教学的心理准备状态，为教学奠定基础。教学阶段，主要让儿童明白道理，并进行多向联想。

赫尔巴特的道德教育，强调的是外在的手段，包括管束、惩罚等，而我国古代圣贤、东方哲学智慧集大成者孔子，强调的是内在的修养，包括自我反省、自我批评、自我觉悟等。

4. 健全人格的"心"发展

健全人格的"心"发展，就是学校管理者（校长）要健全师生的人格，使他们的人格获得正常和谐的发展。健全人格，包括性格温和、与人和谐相处、人品良好、与人为善、情绪稳定、思维开放等。

在健全人格方面，"亚圣"孟子的观点可谓是剑走偏锋。孟子说："故天将降大任于是人也，必先苦其心志，劳其筋骨，饿其体肤，空乏其身，行拂乱其所为，所以动心忍性，曾益其所不能。"意思是说，所以上天要把重任降临在某人的身上，一定先要使他的内心痛苦，使他的筋骨劳累，使他经受饥饿，以致肌肤消瘦，使他身受贫困之苦，使他所做的事颠倒错乱，用这些办法来使他的内心受到震撼，使他的性格坚韧起来，增加他过去所没有的才能。

孟子主张"生于忧患，死于安乐"，那些健全的人格、能扛大任的人才，大多"从忧患中养成"。

在培养儿童健全人格方面，奥地利著名的心理学家、精神分析学家阿德勒做了深入研究，他开创的"个体心理学"理论，强调要用正确的方法培养儿童独立、自信、勇敢的品质，以及与他人合作的意识和能力。他认为，培养孩子健全的人格才是儿童教育的首要任务。

相比之下，孟子主张通过"反面教育"健全人格，要人们在逆境中"穷则思变、逆势成长"；而阿德勒强调"正面教育"，用正确的方法培养儿童多种品质，让孩子慢慢形成健全的人格。

悦心管理也要注重培养师生的健全人格，可以因材施教，兼顾"正面教育"和"反面教育"。如果发现有师生出现焦虑不安、长时间处于情绪不愉悦的状态，需要适时进行心理辅导，要不然悦心管理将无法实施。

综上，悦心管理始于"正心"，它的特点就是管理要"走心"，要让人心悦诚服。具体而言，有四个特点：一是直击心灵的"心"沟通，即通过"灵魂对话"，弄清师生内心的主导需求，然后找动力、找方法引导师生去实现自我；二是主动发展的"心"管理，即对师生进行自我心理管理，形成强大的"信仰的力量"；三是东方智慧的"心"应用，即应用中华传统哲学思想、中华传统智慧来修养心性，指导为人处事；四是健全人格的"心"发展，即促进师生人格正常和谐的发展。学校管理者（校长）在悦心管理的过程中，需要将西方心理学理论与中国传统哲学思想结合起来，让东西方智慧进行自由开放地碰撞与融合，最终发挥各自积极的一面，做好师生的自我心理管理，以实现内心的强大。

第三节 "本根教育"的缘起

本节要追根溯源，探讨悦心管理的由来。悦心管理是本根教育的管理思想，它来源于"本根教育"的研究与应用。那么，悦心管理的母体——"本根教育"是怎么来的呢？

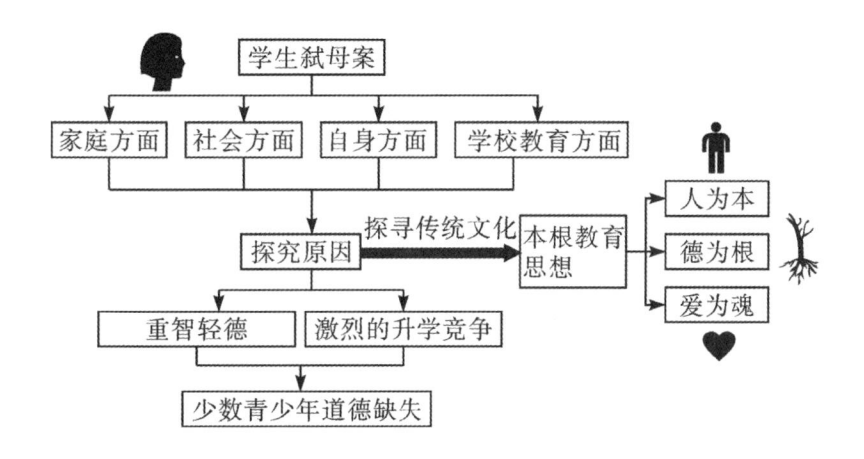

本根教育的缘起

一、缘起事件：学生弑母案

时光倒流到 2000 年，我们先看一起震惊全国的"学生弑母案"。

2000 年 1 月 17 日，浙江省金华市一个名叫徐力的 17 岁高中生，在家与母亲发生争吵后拿起木柄榔头，朝母亲后脑砸去，顿时鲜血染红了一切……

徐力弑母案发后，全国各地教育界、新闻界高度关注，徐力的同班同学、教师、徐力父母所在单位的同事和许多素不相识的学生家长联名向法院写信，请求对徐力从轻量刑。

此案之所以震惊全国，一是此类案件在 2000 年实属罕见，二是背后的犯罪原因复杂。徐力出生在普通工人家庭，父亲长期在外地工作，母亲对他悉心照料，还帮别人绣花补贴家用。徐力在同学和老师眼中是个"品学兼优的学生"。然而，一个优秀的学生怎么会变成杀死自己母亲的杀人犯呢？

"本根教育"的缘起事件就是这起徐力弑母案，案件发生后，我们对教育的本质进行了长期的研究与反思。

二、学生弑母，谁之过？

徐力弑母案的原因错综复杂，包括家庭方面、社会方面、自身方面和学校教育方面。下面我们逐个分析。

1. 在家庭方面：高压严管遭反噬

在家里，母亲"重智重分数"，要求徐力每次期中、期末考试都要排在班级前10名。有一次，徐力排在第18名，结果被母亲狠狠地打了一顿。徐力喜欢踢足球，母亲说："以后你再去踢球，我就把你的腿打断。"徐力打开电视机，母亲就指责他："还看电视，还不去看书用功点！"

在母亲"重智轻德"的严管之下，徐力没有一点自己的空间，除了学习还是学习。有一次，徐力和同学一起帮助孤寡老人，为老人做饭，老人们很感激他。徐力回到家开开心心地跟母亲分享了这个事，结果被母亲以耽误学习为由禁止再做这样的好事。

还有一次，父亲不在家，徐力主动帮助母亲扛煤气罐上楼，能帮助家里做点事，他感到很有成就感，却被母亲说干这些没有用，把学习搞好了比什么都强。母亲"唯分是高""重智轻德"，把徐力当成学习的机器，让徐力渐渐丧失了爱好、爱心、同情心。

母亲长期苛刻的要求、层层加码的严管、"重智轻德"和"唯分是高"的言行，只关注孩子"成才"而不是"成人"，使未成年的孩子在长期的限制、压抑之下，一步一步走向了极端。

2. 社会方面：激烈升学竞争造成心病

在社会上，很多家长拼命让学生挤进名校，请名师指导，就是因为迫于"激烈的升学竞争"。学生一路走来，单元考、期中考、期末考、小考、中考、高考，无一不是"以考分论英雄"。很多家长认为只有成绩才是一切，只有考上好大学孩子才有未来，认为孩子"上学就是为了考学"。家长这种"唯成绩论"，使青少年儿童承受着巨大的学习压力而长期处于情绪紧张状态，让子女透不过气来。

教育专家提出的素质教育包括科学文化素质、思想品德素质、身体素质等方面的综合培养，结果很多地方的素质教育敌不过应试教育，因为学生成绩上不去，家长不买账、社会民众不买账。

激烈的升学竞争，导致学生承受巨大的心理压力，四处寻找发泄的机会。家长的高要求、高标准、高期望，在他们看来是理所应当，但从孩子的角度出发，只会成为厌学的源头、叛逆的助燃剂。

3. 自身方面：缺少沟通造成悲剧

孩子与家长要多沟通、勤交流，这样才能减少误解。有些家长天天想着"望子成龙、望女成凤"，却不与孩子沟通，也不教授通向成功的方法，这让孩子感到压力很大。有些孩子天天想着"为家里争光、出人头地"，却很少与父母沟通，也不愿从父母那里获得帮助，喜欢自己一个人去战斗，结果成功者寥寥无几。

孩子与家长要多沟通、勤交流，才能相互了解、相互鼓励，共同解决问题。徐力在服刑的时候说："希望同学们千万不要像我一样，平时不与父母亲沟通思想，而在抱怨、窝火和生气的时候爆发式反抗，一失足成千古恨，希望家长和同学们不要再把考大学当成人生唯一的出路，要让孩子快乐学习、学习快乐。愿天下父母给孩子留一点学习之外的空间，留一点业余爱好和秘密，多与孩子沟通。"

4. 学校教育方面：重智轻德造成青少年道德缺失

通过思考徐力弑母案背后的复杂原因，我们看到"重智轻德"是造成青少年道德缺失的重要原因。

多年来，各级学校在录取学生时，受到招生考试指挥棒的影响，不论是入学考试、小学毕业考、中考、高考，还是转学考试、考级，各种名目繁多的考试基本上是"唯分数论"，从高分到低分依次录取学生。

高一级的学校在录取学生时"以分数论英雄"，下一级学校就"投其所好"，把全面发展教育渐渐变成了"独尊智育""专注育分"。在整个录取链条中，上下各级学校一般较少关注学生德育方面的情况，导致学校老师、学生及其家长只有拼命提高学生的成绩，才能让学生进入他们心目中理想的学校。

在录取名额极为有限的情况下，有不少学校把教育异化为教书，只教书不育人，只重分数不重素质。学校、教师、家长为了追求高分不断地增加教学内容，加大作业的数量和难度，对学生层层施压，让学生的课业负担越来越重，最终的结果是，智育直升了，德育却滑坡了。

正是家庭方面、社会方面、自身方面、学校教育方面的综合影响，才造成了震惊全国的"学生弑母案"。

三、本根教育理念源自传统文化

为了破解学校教育"重智轻德"的问题，我们深入探寻传统文化，求解教育智慧。在古代，杀父弑母是"忤逆重罪"，是要处极刑的。不过，在徐力弑母案量刑时，法院贯彻惩罚与教育相结合的刑事政策，以故意杀人罪判处被告人徐力有期徒刑12年。这是给学生"改过自新"的机会，体现了法律对未成年人的保护。

在对中华传统文化的探究中，《说文解字》对教育的解释点醒了我们："教，上所施下所效也；育，养子使作善也。"此说引发了我们对教育的深刻感悟，即"教育的核心不仅仅是传授知识、培养能力，更重要的是教会孩子们如何做人，做一个将来能够独立适应社会的人，做一个能够与身边人和谐相处的人，做一个能够给自己、给家庭、给社会带来幸福的人"，最终形成了"人为本，德为根，爱为魂"的"本根教育"理念。

本根教育立足于如何培养学生未来所需的核心素养，着眼于把学生培养成为"有传统文化底蕴、有现代科学素养、有未来国际视野"的合格公民，提出了"成就最好的我，让他人因我而幸福"的师生终极成长目标，并把"修己利他"这一核心价值理念作为校训植入学生心里，对学生进行直指心灵的智慧教育，为其奠定人生的本根之基。由此形成了本根教育的初步思想。

四、学校教育：育人为本，立德为根

为了解决"重智轻德造成青少年道德缺失"的问题，学校教育要以育人为本，以立德为根。

育人为本，就是以人为本、因材施教，促进学生的全面发展。老师要尊重学生、理解学生、发展学生，在尊重教育规律和学生身心发展规律的基础上，为每个学生提供适当的教育内容与教育手段。

立德为根，就是要通过长期的德育，培养学生良好的道德品质。

何为德？《洪武正韵》如此解释："凡言德者，善美，正大，光明，纯懿之称也。"德，就是具有真善美、正大光明、高尚完美的品行。讲得通俗一点，德，就是人们共同生活及行为的准则和规范。

"育人为本，立德为根"的目标，就是培养有道德的人、有道德的学生。在新时代，"育人立德树人"的核心内容，就是培育和践行社会主义核心价值观（包括：富强、民主、文明、和谐、自由、平等、公正、法治、爱国、敬业、诚信、友善）。

由于学生的心智尚不成熟，再加上有些道德准则也无明确规定，有时候学生对自己的行为是否符合道德规范，心里也没有答案。这时候需要良师在旁"传道授业解惑"，进行道德教育，不断修正学生的不良行为，鼓励发展其良好的行为。

下面，我们看看孔子是怎么进行道德教育的。

春秋时期，鲁国有个规定：如果有人在国外看见鲁国人沦为奴隶，可以先垫钱将其赎回，再回国领取补偿金。

有一次，孔子的学生子贡自己花钱救回一个鲁国的奴隶，但子贡没有去领国家补偿金，以显示自己"大公无私"的品德。

没想到，孔子却批评子贡说："子贡，你做错了，因为你树立了一个不好的榜样，做好事却要蒙受经济上的损失。如果你向国家领取补偿金，并不会损伤到你的品行；但是如果你不领取补偿金，鲁国就没有人再赎回遇险的同胞了。"

子贡听完恍然大悟，马上去国库领取补偿金。

还有一次，孔子的学生子路下水救人，被救的落水者的家人赠予他一头牛。子路高兴地接受了。

人们一开始还表扬子路做好事，但见子路牵走了人家一头牛，马上转口骂他："这是一个自私自利的人，做好事还要拿人家的报偿。"

子路听后，一时间不知所措。

孔子了解情况后，马上表扬子路说："你这样做是有道德的，因为你的行为起了好的榜样，做好事得到了应有的报偿，你的行为将激励越来越多的人去做好事，鲁国人从此一定会勇于救落水者了。"

子路听后，既喜悦又神气。

同样是救人，前一位弟子救人不遵守国家的补偿制度是不道德的，后一位弟子救人获得别人的报偿是有道德的。可见，高尚完美的德行，既要遵守国家的相关规定，也要尊重民间的风俗习惯；既要强调个人的修养，也要做好表率作用。孔子在德育过程中，一边不断修正弟子的不良行为，一边积极鼓励弟子的良好行为，最后培养出很多道德高尚的贤人。

> 综上，悦心管理，来源于我们对"本根教育"的研究与应用，而"本根教育"，缘起于一起学生弑母案。家庭教育的高压严管、社会"唯分是高"的风气、亲子缺乏双向的沟通、学校教育重智轻德等多重原因综合，最终酿成惨剧。为了破解学校教育"重智轻德"的问题，我们深入探寻传统文化，寻找解决之道。通过研究，我们认为不论是家庭教育还是学校教育，都要以育人为本，以立德为根。如果教育脱离了初衷，没有做到"育人为本，立德为根"，没有"尊重人、理解人、发展人"，没有丝毫德育内容，没有防微杜渐、及时修正学生的不良行为，只知道实施家长式的单向压制，没有把学生当人看、没有任何赞赏与肯定的德行，而是把学生当成实现自己目标的工具，任由学生道德的滑坡与缺失。长此以往，学生就会积怨成祸，最终爆发新一轮的"血案"。

第四节 "本根教育"提出的依据

本节要刨根问底，探究"本根教育"提出的依据。我们通过长期问寻中华传统文化，求解教育之道，在综合儒家、道家、佛家教育思想的基础上综合提炼出"本根教育"。教育的本根在于"育人为本，立德为根"。

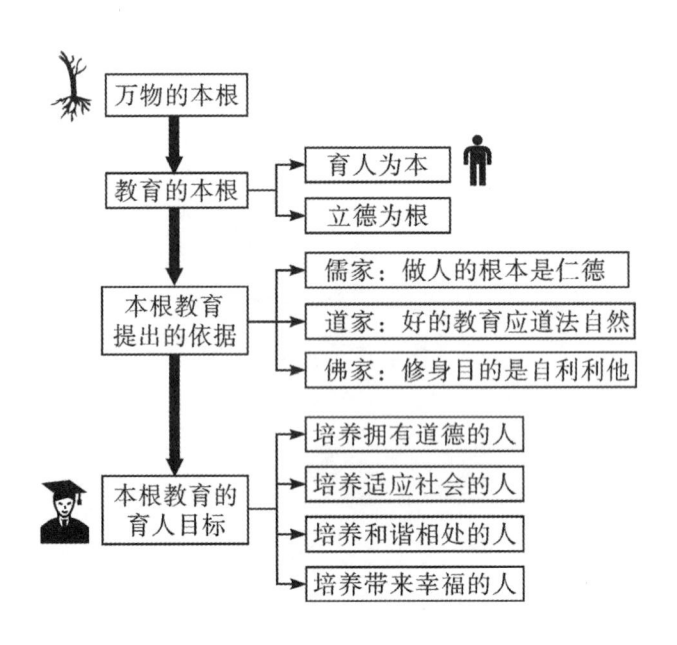

本根教育提出的依据

一、教育的本根：育人为本，立德为根

本根，是指事物的最重要部分。道家将"道"视为万物的本根。我们提出的本根教育也要探求教育的本根，抓住教育的本质和最重要内容。教育的对象是人，所以教育的本质和最重要的内容就是"育人为本，立德为根"。

"道"的本义是供行走的道路。老子著作《道德经》后，将道路之"道"引申为自然法则、万物繁衍生息的规律、事物发展变化的源动力。道家所说的"道"到底是什么？我们来看一看在《庄子·外篇·知北游》中，黄帝是如何论"道"的。

古时候，有个名叫知的人向黄帝请教三个问题："怎样思索、怎样考虑才能懂得道？怎样居处、怎样行事才符合于道？依从什么、采用什么方法才能获得道？"

黄帝说："没有思索、没有考虑才能够懂得道，没有安处、没有行动才能够符合于道，没有依从、没有方法才能够获得道。"

黄帝论"道"，大致的意思就是人什么都不用做，只要以自然为师，就能获得道，自然之道就是无中生有、有归于无、盛极而衰、衰而复盛、循环往复的变化过程。正如，老子在《道德经》开头所写的那样："道可道，非常道；名可名，非常名。无，名天地之始；有，名万物之母。" 意思是，可以用语言表达出来的道，就不是永恒不变的"道"；可以用语言表达出来的名，就不是永恒不变的"名"。无，是天地的开端，有，是万物的根源。

综合老庄的主要思想，道家所说的"道"，大致有三层意思。

第一层意思，自然之道，也就是自然法则、自然规律。老子认为道生万物："道生一，一生二，二生三，三生万物。"

第二层意思，治世之道，也就是人们遵循自然规律来管理国家。老子总结说："人法地，地法天，天法道，道法自然。" 意思是，人效法于地，地效法于天，天效法于道，而道效法自然规律。

第三层意思，修养之道，也就是人们修身养性、休养生息的方法。庄子指出修养之道贵在"养神"，要弄清生命的真相；很多人只知道"养形"，穷奢极欲，过度修养肉体，但也阻止不了肉体的衰亡。庄子说："达生之情者，不务生之所无以为；达命之情者，不务知之所无奈何。"意思是，真正通达生命真相的人，不去追求生命中不必要的东西；通达命运真相的人，不去追究命运中无可奈何的事情。

简言之，以老子、庄子为代表的道家学说认为，万物的本根在于"道"，而"道法自然"。在教育上，道家追求"圣人处无为之事，行不言之教"，意思是说，有道的人用"无为"的法则来对待世事，用"不言"的方式施行教化。同理，本根教育也要遵循教育的规律，探寻教育的本质，通达生命的真相，既要锻炼出健康的体魄，更要加强思想道德建设。

二、本根教育的"三个依据"

本根教育的本根是"育人为本，立德为根"，它提出的依据来源于儒家、道家、佛家的教育思想。儒家认为，做人的根本是"仁德"；道家认为，好的教育应"道法自然"；佛家认为，修身的最终目的是"自利利他"。

1. **儒家：做人的根本是"仁德"**

儒家认为，做人的根本是"仁德"。仁德就是爱人，当学生樊迟问孔子关于仁德的内涵时，孔子直截了当地说："爱人。"即关怀他人、爱护他人。"仁德"的根本，就是做到孝敬父母、尊重兄长。

儒家经典著作《论语》有记载："有子曰：其为人也孝弟，而好犯上者，鲜矣；不好犯上而好作乱者，未之有也。君子务本，本立而道生。孝弟也者，其为仁之本与！"意思是，孔子的学生有若说：一个人孝敬父母，尊重兄长，却喜欢犯上作乱，是很少见的；不喜欢冒犯上级，却喜欢作乱的人，就没有了。君子要致力于解决根本性的问题，根本性的东西确立起来了，那么治理国家、做人做事的原则也就定下来了。孝敬父母，尊重兄长，这是践行仁德的根本啊。

在教育方面，儒家代表人物孔子主张因材施教、因势利导，要根据不同的对象、不同的时间、不同的情况、不同的环境，进行不同的仁德教育。在如何实现仁德方面，孔子强调仁德要先成就他人，再成就自我，要从小事做起，积德行善。我们可以看一看，孔子是如何教子贡这样的"富家子弟"实践仁德的。

有一次，子贡问孔子："假若有这样一个人，能广泛地给人民好处，又能周济老百姓，这个人怎么样？可以算是有仁德吗？"

孔子说："这样的人何止于是仁德，简直就是圣人啊！尧和舜都难以做到呢！对于仁德的人来说，自己想立身于世就要让别人也能立身于世，自己想要世事通达就该让他人也能世事通达。能够从身边的小事一点一点地做起，这就可以说是实践仁德的方法了。"

后来，孟子发展和丰富了儒家学说，提出学校教育的目的就是"明人伦"，也就是要彰明"父子有亲，君臣有义，夫妇有别，长幼有序，朋友有信"的德行，后世称之为"五伦"。"五伦"包括父子之间要亲爱，君臣之间要有礼义，夫妇之间要挚爱而有内外之别，老少之间要有尊卑之序，朋友之间要有诚信之德。

孟子还说，实现"明人伦"的方法，就是兴办学校，来教育人民。

孟子曰："设为庠、序、学、校以教之，庠者养也，校者教也，序者射也。夏曰校，殷曰序，周曰庠，学则三代共之，皆所以明人伦也。人伦明于上，小民亲于下。有王者起，必来取法，是为王者师也。"

依据儒家的教育思想，在当代，本根教育就是要通过教育培养有道德的人，培养符合社会主义核心价值观的人。

2. **道家：好的教育应"道法自然"**

老子认为好的教育应"道法自然""行不言之教"，要遵循教育规律、遵循人的成长规律、遵循善恶转化的规律。具体怎么做？

老子说："善行无辙迹；善言无瑕谪；善数不用筹策；善闭无关楗而不可开；善结无绳约而不可解。是以圣人常善救人，故无弃人；常善救物，故无弃物。是谓袭明。故善人者，不善人之师；不善人者，善人之资。"

意思是，善于行走的人，不会留下痕迹；善于言谈的人，不会在言语上留下话柄；善于计数的人，不用筹码也能计算；善于关门的人，即使不用门闩别人也无法把它打开；善于打绳结的人，即使不用绳结别人也无法解开。所以有道的人经常善于做到人尽其才，因而他眼里绝不会有无用的人；经常善于做到物尽其用的人，在他眼里绝不会有无用之物。这叫作内藏着的聪明智慧。所以，善人可以作为不善人的老师，不善人可以作为善人的借鉴。

具体应用在悦心管理方面，老师在管理学生时，可以通过给学生结对子、配小老师、换同桌等方式，用好学生去影响与带动那些不好的学生，让不好的学生自然转化为好学生、让不良的习惯自然转化为好习惯。

庄子继承和发展老子"道法自然"的思想，主张在教育过程中要做到心志纯一，顺其自然。庄子还以养鸟的故事来说明顺应自然的重要性。

从前，有只海鸟飞到鲁国都城郊外，鲁国国君很喜欢它，就用"太牢"（备齐牛羊猪三种肉）来宴请它，奏"九韶"这一高雅的音乐来让它快乐。没想到，那只海鸟竟然终日忧愁悲伤，眼花缭乱，不敢吃喝。这是鲁国国君按自己的生活习性来养鸟，不顺应自然的结果。假若是按鸟的习性来养鸟，就应当让它栖息于幽深的树林，浮游于大江大湖，让它吃泥鳅和小鱼，这样鸟儿才会开心快乐。

故事中，鲁国国君不遵循鸟类的生活规律，而以自己的生活规律来养鸟，结果差点把鸟养死了。可见，鸟归森林，按鸟的习性来养鸟，才能让鸟自由快乐地生活。在悦心管理中，要按学生的作息习惯安排教学活动，让学生学习自己喜欢的东西，释放他们的天性，就能让他们快乐忘我地投入到学习中。

依据道家的教育思想，本根教育要"以人为本"，要顺应自然，顺应学生发展需求，尊重学生成长规律，发现、尊重学生的天赋及个性特点，让他们成为最好的自己。

3. 佛家：修身的最终目的是"自利利他"

佛家认为，人们修身的最终目的是"自利利他"。"自利利他"出自《佛遗教经·众生得度》。佛曰："自利利他，法皆具足，若我久住，更无所益。" 意思是，只要大家能够奉行自利、利他的行为准则，一切法就都已经圆满具备了。倘若我长久住世的话，也不会再有什么更多的利益。自利：就是有利于自己的修养；利他：就是有利于他人的行为。佛教认为，人们修身的最终目的，就是要完成自利与利他，只要能完成这"两利"，人人都可以成佛，可以成为一个有益于社会的人。

下面，我们通过一个故事，让大家明白什么是利他之心。

在19世纪，藏地有一位德高望重的佛家高僧，名叫华智仁波切。有一次，他在徒步去主持法会的途中，遇到一个寡妇带着三个孩子，也准备去参加法会。他见寡妇"一拖三"十分可怜，便默默地背起第二个孩子同行。一路上，他们结伴同行，走了很久，有时尊者背着孩子去化斋再分给大家吃，有时女人抱着小孩子去乞讨回食物跟大家一起分享，有时大孩子自己去讨饭回来跟大家共同享用。路上的很多人，都误以为尊者和寡妇、孩子是一家乞丐。后来一直到了目的地，尊者前去主持法会，女人才知道他就是大名鼎鼎的高僧——华智仁波切。

故事中有两层利他之心，第一层，亲戚朋友之间的利他之心，如寡妇抱着孩子讨饭回来跟家人分享。第二层，非亲非故之间的利他之心，如尊者无私帮助寡妇一家，见到别人受苦了、遇难了，即使是素不相识的人，拥有利他之心的人，也会毫不犹豫地给予帮助。

"利他"也是实现自我价值的途径。马克思说："人的本质是一切社会关系的总和。"人的社会化就是由自然人到社会人的转变过程，是将个人的生命融入为社会服务中去，并在这个过程中给社会、他人创造利益和价值，成为被更多人需要的人。也就是说，一个人为更多的人服务，才能实现自我。而且，一个人只有被更多的人需要，为更多的人服务，才能有更大的发展。可见，"利他"是人生存发展的基础，也是人生幸福的起点。

依据佛家"自利利他"的思想，本根教育要有三层"利他"的行为。学校管理者（校长）需要有"利他"精神，要以人为本，以学生为本、以教师为本，树立为学生、为教师服务的意识。作为教育工作者（教师），也要有"利他"精神，就是要爱岗敬业、无私奉献，要立志投身教育，把教育作为一种信仰，把"爱"融入进去，融入自己职业行为的全过程。作为被教育者（学生）也要有"利他"精神，要加强自身修养，学会关怀别人、关爱他人。最后，让"利他"精神成为一种师生都认同的价值导向和能力素养。

> 综上，本根教育的重要内容就是综合运用儒、道、佛三家的教育思想，开展育人、立德活动。具体来说，在现代基础教育中实施本根教育、悦心管理，一要遵循教育规律和学生成长规律，尊重个体差异，做到知人善教，人尽其才，才能让学生快乐成长、心悦诚服。二要运用中华传统文化的深厚土壤、国学经典的学术成果教育人、培养人，全面提高学生的道德修养，以达到"立本固根""本立而道生"的功效。三要引导学生通过自利利他，服务社会、服务人民、服务国家，以实现自我价值。本根教育，最终要培养出有道德之人、适应社会的人、与人和谐相处的人、能够给别人带来幸福的人。

第五节　本根教育的核心要素与特征

世事纷繁芜杂，只有找根本、抓核心，才能化繁为简、秉要执本。本节主要阐述本根教育的根本、三个核心要素和四个特征。悦心管理是本根教育的管理思想，悦心管理的内涵"一本三化五力"，就是从本根教育的三个核心要素延伸而来。

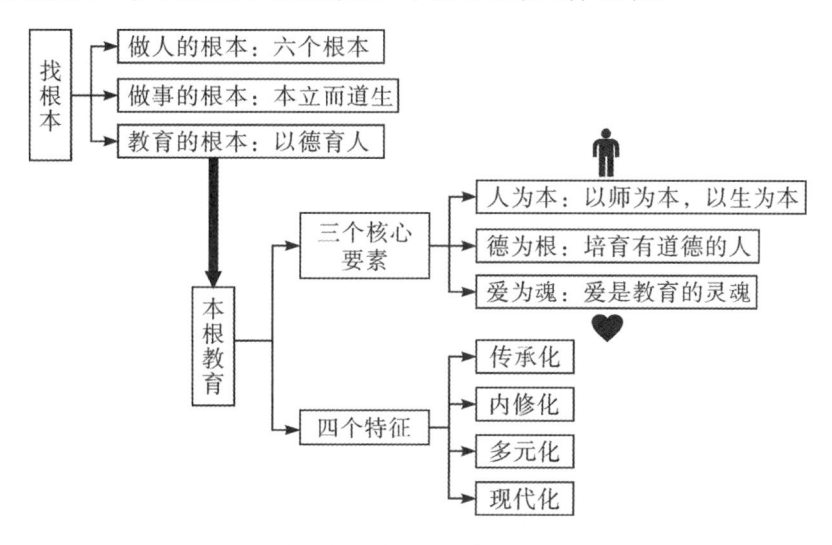

本根教育的核心要素与特征

一、本根教育要找根本

人们做人做事，都要找根本，从根和本入手，才能圆满解决问题。好比，园艺师要想让一棵树长得好，要注重培养其根本（本），而不是在枝叶（末）上下功夫。枝叶枯死了还会长出来，如果根和主干腐烂了，那整棵树就会枯死。

同理，本根教育也要回归教育的本质，还原生命的真相。我们通过问寻传统文化，求解教育之道，总结出了本根教育的本质，那就是教育最终要培养出有道德之人、适应社会的人、与人和谐相处的人、能够给别人带来幸福的人。

君子做人是有根本的。孔子曾经总结说："行己有六本焉，然后为君子也。立身有义矣，而孝为本；丧纪有礼矣，而哀为本；战阵有列矣，而勇为本；治政有理矣，而农为本；居国有道矣，而嗣为本；生财有时矣，而力为本。置本不固，无务农桑；亲戚不悦，无务外交；事不终始，无务多业；记闻而言，无务多说；比近不安，无务求远。"意思是，立身行事有六个根本，然后才能成为君子。立身有仁义，孝道是根本；举办丧事有礼节，哀痛是根本；交战布阵有行列，勇敢是根本；治理国家有条理，农业是根本；掌管天下有原则，选定继位人是根本；创造财富有时机，肯下力气是根本。根本不巩固，就不能很好地从事农桑；不能让亲戚高兴，就不要进行人事交往；办事不能有始有终，就不要经营多种产业；道听途说的话，就不要多传；不能让近处安定，就不要去安定远方。

君子做事也是有根本的。《论语·学而》有言："君子务本，本立而道生。"意思是，君子要专心致力于根本的事务，根本建立了，治国、做人的原则也就有了。

教育也是有根本的。教育的根本就是以德育人。早在春秋时期，孔子就抓住了教育的根本——教育要培养仁德、君子之道，而不是培训养家糊口的技工。

孔子曾经说过："君子不器。"意思是，有学问、有修养的人不应该仅仅只是一种可供使用的器具。从樊迟拜师学艺的过程中，我们可以明白其中的道理。

春秋时期，孔子的学生子贡领着一个农民模样、表情腼腆的人来见孔子。

子贡说："老师，这个人叫樊迟，想拜您为师。"

孔子问道："樊迟啊，你想学习什么本领？"

樊迟低声说："我想学习种植五谷杂粮。"

孔子笑道："种植五谷杂粮，我还不如一个普通的老农。"

樊迟想了一下，又说："那就向夫子学习种植蔬菜。"

孔子又笑笑："种植蔬菜，我还不如专门种菜的农民。"

樊迟感到很疑惑："那夫子能教授我什么学问呢？"

这时，孔子慢悠悠地说："君子要有雄心壮志。身居高位的人如果礼贤下士，老百姓就会佩服他；如果诚实守信，老百姓也会诚恳地对待他。我们学习的是礼、信等'君子之道'，不是只学农民那些稼穑的手艺。"

樊迟恍然大悟地说："那弟子就跟师父学习礼和信。"

可见，孔子开私学时就抓住了教育根本，那就是要教授学生仁德、君子之道，而不是培训学生具体的技能。仁德、君子之道才是本，在个人的成长和社会变迁中它们是不变的；而那些稼穑、园艺的手艺是枝叶，它们会随着社会的发展而变化。因此，只有保住了学生的本，才能让他们茁壮成长，才能以不变应万变。

孔子对学生进行教育的教材主要有五经，即《诗经》《尚书》《礼记》《周易》《春秋》。五经之外，孔子还要求弟子修习六艺，即中国古代儒家要求学生掌握的六种基本才能，包括礼、乐、射、御、书、数。

孔子培养学生的道德包括：仁、义、礼。后来孟子将其延伸为"仁、义、礼、智"，西汉时的董仲舒将儒家教育内容扩充为"仁、义、礼、智、信"，后称"五常"。仁，即仁爱、仁德，人与人相互亲爱。义，即合宜的道德、行为或道理。礼，即礼教、礼仪，本意为祭神求福的仪式，后来引申为国家礼乐教化、社会规章制度、个人道德修养。智，即睿智、理智。信，即讲信用，对自己说过的话负责。

可以说，中国传统文化的根本是儒家文化，而儒家文化的根本是"五常"道德，教育的根本是以德育人。学校管理者（校长）实施本根教育，可以选购或整理编辑国学经典读物，以深入浅出、通俗易懂的教育方式培养与守护学生的"根本"。

二、本根教育的三个核心要素

为了牢牢抓住本根教育的根本、实现育人的最终目标，我们需要通过本根教育的三个核心要素来实现。为什么要抓住本根教育的三个核心要素呢？因为，它们可以有效防止外界的"污染"与"侵蚀"。

百年大计，教育为本，容不得半点"污染"。学校肩负着培养学生正确的文化观念和价值取向，把广大青少年培养成为社会主义的建设者和接班人的重任。然而，当今世界，思想日趋多元化，急功近利、浮躁内卷的思想无孔不入，影响着社会的方方面面。教育也不能幸免，很多家长和学生依然将学习的目的定位为"考取功名利禄"，社会上充斥着各种各样的教育功利化思潮。

学校到底怎样做才能坚守教育阵地，防止不良思潮的"污染"？我们来看看，墨家学派创始人墨子是怎么防止国家与人性被"污染"的。

古时候，墨子路过一个染丝坊，发现人们用青色染料，丝就变成青色；用黄色的染料，丝就变成黄色。染料颜色变了，丝色也随之而变。

据此，墨子马上联想到国家也会被染色，人性也会被染色。

墨子说："不仅染丝如此，国家也会被染色。舜被许由、伯阳所染，禹被皋陶、伯益所染，汤被伊尹、仲虺所染，武王被太公、周公所染。这四位君王因为所染得当，所以能称王于天下，成为天子，功盖四方，名扬天下，凡是提起天下著名的仁义之人，必定要称这四王。

夏桀被干辛、推哆所染，殷纣被崇侯、恶来所染，周厉王被厉公长父、荣夷终所染，周幽王被傅公夷、蔡公縠所染。这四位君王因为所染不当，结果身死国亡，遗羞于天下。凡是提起天下不义可耻之人，必定要称这四王。"

墨子又说："不仅国家会被染色，士也会被染色。一个人所交的朋友都爱好仁义，都淳朴谨慎，慑于法纪，那么他的家道就日益兴盛，身体日益平安，名声日益光耀，居官治政也合于正道了，如段干木、禽子、傅说等人即属此类（朋友）。一个人所交的朋友若都不安分守己，结党营私，那么他的家道就日益衰落，身体日益危险，名声日益降低，居官治政也不得其道，如子西、易牙、竖刁等人即属此类（朋友）。《诗》上说的选好染料，正是这个意思。"

可见，国家的风气、人的习性一不小心就会被不良的东西所污染。怎样才能防止污染、洁身自好呢？人们需要认真做到两点，一是要选好"染料"、谨慎交友，才能趋利避害；二是要注意自身修养、培养美德的源头。

在交友方面，孔子也精辟地总结道："益者三友，损者三友。友直，友谅，友多闻，益矣；友便辟，友善柔，友便佞，损矣。"意思是说，有益的朋友有三种，有害的朋友有三种。与正直的人交朋友、与诚实的人交朋友、与见多识广的人交朋友，有益处；与走邪门歪道的人交朋友、与谄媚奉迎的人交朋友、与花言巧语的人交朋友，有害处。

这些防止污染的方法，可以应用到本根教育上面。我们知道，学生所处的环境始终处于不停的变化之中，周边的各种"染料"，既有好的，也有坏的。但是，只要学生的本根、良好的德行不变，他们就能自觉主动地避开"恶染"，拥抱"善染"。

学校教育只有少一些功利、少一些浮躁，厘清教育的真正目的，坚守信仰和担当，树立正确的人生理想，才能真正立德树人，让教育回归本真。

在当今世界，学校管理者（校长）只要抓住本根教育的三大核心要素（人为本、德为根、爱为魂），就可以在复杂的环境中"固本强根"，引导师生以良好的德行去迎接岁月的"洗礼"、人生的"大考"、染料的"侵蚀"，真正做到以不变应万变，"出淤泥而不染"。

下面，我们逐一分析本根教育的三个核心要素：人为本、德为根、爱为魂。

1. 人为本：以师为本，以生为本

人为本，就是以教师为本，以学生为本，做到尊重人、理解人、发展人。在学校本根教育中，学校管理者（校长）对教师进行管理时要以教师为本，对学生进行教育时要以学生为本。

以人为本有什么重要作用？我们可以来看看管仲是怎么分析的。

管仲是春秋时期齐国著名的政治家，他曾经担任国相，辅佐齐桓公成为春秋五霸之首。他对内大兴改革、富国强兵；对外尊王攘夷，九合诸侯，一匡天下，被尊称为"仲父""管子"。

管仲认为以人为本，有利成就霸业。管仲在《管子·霸言》中说："夫霸王之所始也，以人为本。本理则国固，本乱则国危。故上明则下敬，政平则人安，士教和则兵胜敌，使能则百事理，亲仁则上不危，任贤则诸侯服。"

意思是，霸王之业的开始，要以人民为本。本治则国家巩固，本乱则国家危亡。所以，上面英明则下面敬服，政事平易则人心安定，战士训练好则战争取胜，使用能臣则百事皆治，亲近仁人则君主不危，任用贤相则诸侯信服。

可见，国君要以人为本，才能成就一番霸业，国家里不同阶层的人都要努力做一个"德须配位"的人，国君要英明、官员要贤良、战士要英勇、人民要仁爱。如此，才能形成强大的合力，来击败国内外所有敌人。

治校如治国，学校管理者（校长）要以人为本，要尊重教师和学生的个体差异，理解教师和学生的行为特点，通过典型榜样引领、设立"学科带头人"、挖掘学生闪光点等方式选好"染料"，让先进师生影响和带动更多师生成为各个岗位、各个领域的"好人、能人"，要全面提高师生的品德（师德、生德）和能力，最终达到发展教师、成就学生的目的。

2. 德为根：培育有道德的人

德为根，就是要培育有道德的人。学校本根教育，追求以德立校、以德治校、以德强校、以德育人。《论语·里仁》有言："德不孤，必有邻。"意思是，有道德的人是不会孤单的，一定有志同道合的人来和他相伴。因为，道德是做人的根本。有道德的人，就有朋友、同仁；有朋友、同仁，就有机会成就一番事业。

在本根教育中，学校要把"以德立校"的理念贯穿于校园文化建设的全过程，努力打造"三德"，即用领导干部的"政德"带动教职工"师德"；用教职工的"师德"带动学生"生德"，以德树威，以德聚人，以德化人。

有人说，治校的关键在于制定严格的规章制度，而不在于慢慢培养道德，其实，这是犯了"舍本逐末"的错误。

司马迁在《酷吏列传序》中就引用了孔子与老子的著名言论，来分析治理国家的关键在于道德，而不在于严酷的刑法。

有一年，司马迁因为触怒了汉武帝，被打入大牢，并处以宫刑。面对严酷的刑法，司马迁有了切肤之痛。

春秋时期的孔子曾经说过："用政令来引导百姓，用刑法来整治百姓，百姓虽能免于犯罪，但无羞耻之心。用道德教导百姓，用礼教来统一他们的言行，就既能使百姓们懂得羞耻，又能使人心归服。"

老子也说："最有道德的人，从不标榜自己有德，因此才真正具有道德；道德低下的人标榜自己没有离失道德，所以他并不真正具有道德。"

对此，司马迁感叹说："法令愈加严酷，盗贼就愈多。从前在秦朝时国家的法网很严密，但是奸诈欺伪的事经常发生，最为严重的时候，上下互相推诿责任，以至于国家无法振兴。在当时，官吏用法治，就好像抱薪救火、扬汤止沸一样无济于事。到了汉朝初年，国家将严厉的刑法，改为宽松的刑法，废除法律繁杂之文，改为简约朴实的条文，法网宽得能漏掉吞舟的大鱼，而官吏的政绩却很显著，使得百姓不再有奸邪的行为，百姓平安无事。由此看来，治理国家的关键在于道德，而不是严酷的刑法。"

治校与治国一样，学校的悦心管理侧重管人，关注用良好的道德来教育引导师生，这比严格的规章制度更容易获得人心，更能让人心悦诚服。

3. 爱为魂：爱是教育的灵魂

爱为魂，就是要在教育中融入"仁爱与师爱"。因为，爱是教育的灵魂，没有爱就没有教育。学校本根教育要把爱贯穿于整个教育的始终，用爱培育爱、激发爱、传播爱，通过真情、真心、真诚拉近管理者同教师、同学生的距离，滋润师生的心田。

本根教育"以爱为魂"、打情感牌，源自古代圣贤的"仁爱"与"兼爱"思想。

孔子主张"仁爱""泛爱众"。西汉戴圣在《礼记·礼运》中记录了孔子的"仁爱"言论："故人不独亲其亲，不独子其子，使老有所终，壮有所用，幼有所长，矜、寡、孤、独、废疾者皆有所养。"意思是说，人们不只是敬爱自己的亲人，不只是疼爱自己的子女，要让年老的人都有终老的保障，壮年的人都能够为社会效力，年幼的人都得到抚育，老而无妻的人、老而无夫的人、幼年丧父的孩子、老而无子的人，以及残疾的人都能得到供养。

后来，墨家对儒家的"仁爱"思想进行了发展，主张"兼爱"，使天下人相亲相爱。

墨子在《兼爱上》一文中指出，假若天下的人都相亲相爱，国家之间不相互攻伐，家族之间不相互侵扰，盗贼没有了，君臣父子间都能孝敬慈爱，这样天下也就治理好了。墨子不仅嘴上说说，也通过实际行动来践行自己的"兼爱"主张。

有一年，楚国准备攻打宋国，还请来著名工匠鲁班制造攻城的云梯等器械。

当时，墨子正在自己的家乡宋国讲学，听到这个消息后非常着急，国家之间相互攻伐，受伤的永远是老百姓。这该怎么办呢？

墨子迅速作出了安排，一面安排大弟子禽滑厘带领三百名精壮弟子，帮助宋国守城；一面亲自出马劝阻楚王，请求事先模拟攻守战阵。

在面见楚王之后，墨子说："楚国攻打宋国，分明是大国、富国去偷袭小国、贫国，攻打的人既丧失了道义，也犯了偷窃的毛病。如果真的要打，我们可以事先模拟对战一番。"随后，墨子在征得楚王同意之后，用腰带模拟城墙，以木片表示各种器械，与鲁班演习各种攻守战阵。

鲁班先后组织了九次模拟进攻，结果九次都被墨子击破。鲁班攻城器械用尽，墨子守城器械还有剩余。楚王知道模拟如实战，连模拟进攻都无法取胜，更不用说实战了，于是就放弃了攻打宋国的计划。没有了战争，楚国、宋国老百姓无不拍手叫好。

在学校发展过程中，在成就教师、发展学生的过程中，在各种评优、评比的过程中，老师与老师之间、学生与学生之间既有合作又有竞争，有时候会还会产生一些矛盾、不和，甚至是言行上的"攻伐"。这时，作为学校的管理者（校长），应该怎么办呢？最好的办法是，用爱的教育来化解矛盾，就像墨子阻止楚国攻打宋国那样，动之以情，晓之以理，和之以爱。

三、本根教育的四个特征

在了解本根教育的根本、三个核心要素之后，我们再来分析本根教育的四个特征。

1. 传承化

传承化，是指本根教育须继承传统文化、创新教育理念。本根教育既没有否定现代教育的成果，也没有全盘接受西方的教育模式，而是主动自觉地从中华传统文化之中寻找教育之根、教育之本。本根教育通过"古为今用、辩证取舍、推陈出新"，实现对中华传统文化、儒家道家等中国传统教育思想的传承、创造性转化和创新性发展。

2. 内修化

内修化，是指本根教育以育人为本、以立德为根，而立德始于内心的修炼。由内而外，由己及人，加强自身修养，是本根教育的基本思路。孔子曰："见贤思齐焉，见不贤而内自省也。"意思是，看见德才兼备的人就想着像他一样好；看见不贤德的人就要反省自己，看看自己有没有和他一样的毛病。

3. 多元化

多元化，是指本根教育要将学生培养成为有"中国心、现代脑、世界眼"的国际视野的新型人才。要立足于"如何培养学生未来生活所需的核心素养"，着眼于"把学生培养成为有传统文化底蕴、有现代科学素养、有未来国际视野的合格公民"，提出了"成就最好的我，让他人因我而幸福"的师生终极成长目标，并把"修己利他"这一核心价值理念作为校训植入学生心里，对学生进行直指心灵的智慧教育，为其奠定人生的"本根"之基。

4. 现代化

本根教育是20世纪以后，经过长期实践探索出来的教育体系，以育人为本，以立德为根。随着现代教育技术在教育领域中得到广泛运用，本根教育的教育手段也不断丰富和发展，并促使教育方法和组织形式发生革命性变化。遥想春秋时期的孔子开私学、坐而论道，时不时带着弟子们载着书简，舟车劳顿，不断游历各个诸侯国宣传"仁政"，有时还吃力不讨好。而现在，学校实施本根教育，实施在线教育、互联网教学、校长跟岗学习等，完全打破了地域与时间的限制。

> 综上，做人、做事、教育都要务本，正所谓本立而道生。本根教育的根本就是以德育人，具体来说是要培养出有道德的人、适应社会的人、与人和谐相处的人、能够给别人带来幸福的人。为了实现本根教育这一育人的最终目标，我们需要贯彻落实本根教育的三个核心要素——人为本、德为根、爱为魂。人为本，就是以教师为本、以学生为本；德为根，就是要培育有道德的人；爱为魂，就是在教育方法中融入"仁爱""师爱"，以爱培育爱、激发爱、传播爱，让学校培养出来的人既有仁德，又有爱心。本根教育通过长期问寻传统文化，求解教育之道，已具有传承化、内修化、多元化与现代化等多种特点。悦心管理的内涵"一本三化五力"，也是从本根教育的三个核心要素延伸发展而来的。

第二章
悦心管理中的"一本"

　　悦心管理的内涵是"一本三化五力","一本"就是以人为本,它是从本根教育三个核心要素中的"人为本"延伸而来。学校悦心管理中的"一本",就是要把学生、教师和家长的利益、需求放在首位,要懂人心、动人心、得人心。"本"是指事物的根基或主体,学校管理者(校长)只要抓住了悦心管理的"本根""核心",即抓住了人心,就能使人心悦诚服。

第一节　悦心管理的核心

悦心管理的核心，就是"一本"，以人为本。具体应用到学校悦心管理中，就是要以教师为本、以学生为本、以家长为本。以人为本，对于治理国家、治理政事十分重要。在古代，"以人为本"的原意大多指"以民为本"，到了唐朝为了避讳唐太宗李世民，人们才将"以民为本"改成了"以人为本"。下面，我们来分析以人为本的重要性。

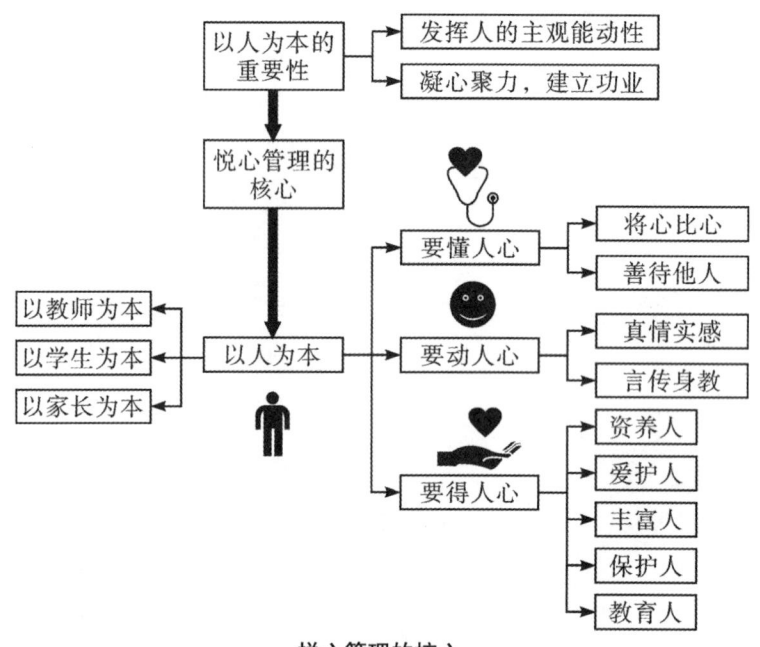

悦心管理的核心

一、以人为本的重要性

以人为本，就是要发挥人的主观能动性，凝心聚力，建立功业。一个人的力量是有限的，但是一群人的力量是无限的，如果把人民比作河水，那么统治人民的国君就是一片孤舟。人民既可以成就国君，也可以推翻国君。《孔子家语》记载，孔子曰："夫君者，舟也；庶人者，水也。水所以载舟，亦所以覆舟。君以此思危，则危可知矣。"翻译过来就是，孔子说，国君就是船，人民就是水。水可以让船浮起来，也可以让船沉没。国君由此想到可能产生的危难，就知道如何爱护民众了。

三国故事中，刘备携民渡江的故事，就是践行"以人为本"的鲜活案例。

建安十三年（公元208年），曹操大军南下征讨刘备。刘备为了避敌锋芒，只能撤退。这时，很多民众纷纷来投奔刘备。等到刘备撤退到湖北当阳地带，跟随部队行军的老百姓已经有十万之众。

军民的各种辎重多达几千辆，每天只能行军十余里。刘备命令关羽带领数百艘船在江陵会合，准备渡过长江，继续向南撤退。

这时，有人对刘备说："军队应该加快行军去保护江陵，不要管老百姓了。"

刘备感叹："成大事的人必以人为本，如今民众拥戴我、追随我，我怎么忍心弃他们而去！"

随后，刘备派人到江陵城中喊话："曹兵要来了，孤城不可久守，百姓愿随行的，可以一起过江。"一时间，江陵城中百姓拖家带口、扶老携幼、号泣而行，两岸哭声不绝。

刘备命令关羽催动战船，将百姓全部接到长江南岸。

刘备携民渡江这件事，彰显出"以人为本"治国思想，而他爱民如子的名声也在中原地区广为流传。

刘备以人为本，开创了"三国鼎立"的新局面，成就了一番大业。悦心管理也要"以人为本"，做好教育事业。

悦心管理中，以人为本强调的是凝聚人心、汇聚人力，正所谓"人在一起叫团伙，心在一起叫团队"。

孟子所说的"人和"也是突出了齐心协力的重要性。孟子说："天时不如地利，地利不如人和。三里之城，七里之郭，环而攻之而不胜。夫环而攻之，必有得天时者矣，然而不胜者，是天时不如地利也。城非不高也，池非不深也，兵革非不坚利也，米粟非不多也，委而去之，是地利不如人和也。"意思是，天时不如地利，地利不如人和。比如有一座小城，它的内城墙每边有三里长，外城墙每边有七里长。虽然敌人围攻它，却不能取胜。敌人能够围而攻之，一定是得到了有利的时机，然而不能取胜，这就说明得有利的时机不如有利的地势。有时候，城墙很高，护城河也很深，兵器甲胄也很锐利坚固，粮食也很充足，但是人们最终却放弃这些东西而逃走，这就说明有利的地势不如人的齐心协力。

正所谓，"人心齐，泰山移"。学校管理者（校长）通过悦心管理，将教师、学生、家长的心拧成了一股绳，才能集中力量办大事、办难事，将很多不可能的事情变成可能。

古代圣贤治国，深谙"以人为本"的道理。当今，学校管理者（校长）治校，也要抓住悦心理管理的核心，要做到"以人为本"。因为，人，才是管理活动的核心；人，才是关键的资源。

在学校悦心管理中,"人"由泛化的"人民"变成了具体的"教师、学生、家长"。学校悦心管理中的"以人为本",就是要以教师为本、以学生为本、以家长为本。

对于教师,学校管理者(校长)要以教师为本,要从教师的角度考虑问题,要尊重教师、理解教师、发展教师,营造一种民主氛围,让教师心悦诚服地参与到学校教育、教学、管理的全过程之中。

对于学生,学校管理者(校长)要以学生为本,从学生的角度考虑问题,理解学生、培养学生、成就学生,创造条件帮助学生成长进步,让学生心悦诚服地参与各种学习活动与实践活动。

对于家长,学校管理者(校长)要以家长为本,从家长的角度来分析问题,利用家长喜闻乐见的方式吸引他们积极参与家校共育工程,让家长心悦诚服地为班级建设、校园发展贡献自己的力量。

二、如何做到以人为本

学校管理者(校长)在悦心管理中,如何做到以人为本?简而言之,要以心换心、将心比心,拉近与教师、学生、家长的心理距离,凝聚人心、形成合力,共同为实现学校的发展目标而努力。具体来说,以人为本,要懂人心、动人心、得人心。

1. 以人为本,要懂人心

要懂人心,最简单的做法就是设身处地、将心比心地为他人着想,知人懂心。

老子在《道德经》中指出:"圣人常无心,以百姓心为心。善者,吾善之;不善者,吾亦善之;德善。信者,吾信之;不信者,吾亦信之;德信。"意思是,得道之人是没有私心的,以百姓的心为自己的心。善良的人,我很好地对待他们;不善良的人,我也很好地对待他们,这样就可以使人人向善了。守信的人,我信任他;不守信的人,我也信任他,这样就可以使人人守信了。

老子所说的"以百姓心为心",就是要将心比心、知人懂心,要善待他人、信任他人。

学校管理者(校长)实施悦心管理,也要懂得老师的心、学生的心、家长的心,最终才能培养人、发展人。

俞伯牙与钟子期之所以能成为"知音之交",也是懂人心的结果。

春秋时期,俞伯牙不仅跟成连先生学古琴,还以大自然的涛声鸟语为学习对象,经过不断地训练与积累,终于成了著名琴师。

有一年,俞伯牙乘船来到了汉阳江口,发现这里景色宜人、皓月当空,就忍不住拿出瑶琴,专心致志地弹了起来。这时,一个路过的樵夫,名叫钟子期,被俞伯牙的琴声吸引,忍不住前来听琴。

俞伯牙起初的琴音中表现出攀登大山的志向,钟子期说:"弹琴弹得真好啊!好像泰山一样高大。"

过了一会儿，俞伯牙将琴声一转，表现出了随流水常进不懈的志向。钟子期又说："弹琴弹得真好啊！好像长江、黄河一样激荡。"

俞伯牙听后惊喜万分，过去没人能听得懂自己用琴声表达的心意，而眼前的这个樵夫竟然能听懂，他就是懂自己心意的"知音"。

两人越谈越投机，相见恨晚，于是结拜为兄弟。

第二年，俞伯牙得知钟子期不幸染病去世后，就默默地来到钟子期的坟前，凄楚地弹起了古曲《高山流水》。弹完，他便挑断了琴弦，把心爱的瑶琴在青石上摔了个粉碎。俞伯牙悲伤地说："我唯一的知音已不在人世了，这琴还弹给谁听呢？"

正是，知己难得、知音难觅，很多人因为没有人"懂他们的心"，找不到"知己"，所以满腹才华不能施展。

悦心管理倡导管人的根本就是管心。学校里会有各种各样的人，有各种各样的心。学校管理者（校长）要学会识人心、懂人性。要懂得人性的弱点和闪光点，要激励人们向上向善。学校管理者（校长）不要把自己的意志强加给别人，而是要把教师、学生和家长放到第一位，要站在他们的角度，换位思考，尊重他们的权益，理解他们的想法，尽量满足他们正当的需求。如果学校管理者（校长）没有同理心，不懂得师生的心声，说话交流时就无法扣动他们的心弦，就不能调动他们的积极性，也不能激发他们内心的快乐。

2. 以人为本，要动人心

要动人心，就是用真情实感、言传身教等方式去打动人、感动人，让人"自觉、自动、自主"地开展行动。

唐朝诗人白居易曾经说过："动人心者莫过于情。"人是有感情的群体，学校管理者（校长）只要进行适当的情感投资，就能调动广大教师、学生和家长的积极性。正如，情动之后心动，心动之后理顺。

西汉的"文景之治"就是以人为本动人心的结果。

汉文帝刘恒做皇帝之后，就下令废除了两个严酷的法令，分别是"连坐"（一个人犯法牵连全家和邻里）和肉刑（施加于犯人肉体的惩罚）。此举让那些犯了罪的人十分感动，自己犯罪既不会连累家人，也有了改过自新的机会。

汉文帝还采取了"与民休息"的政策，努力避免战争，注意发展生产，勤俭节约，以减轻人民的负担，让全国人民十分感动。有一次，汉文帝本想造一个看风景的露台，他找到了工匠，核算了成本，发现要花一百斤金子。汉文帝就说："我不要造露台了，现在朝廷的钱很少，还是把这些钱省下来吧。"

汉文帝将自己省吃俭用省下来的钱补贴国家所有的"老年人"。他下令，由国家免费供养八十岁以上的老人，每月都要发给他们米、肉和酒；对九十岁以上的老人，还要再发一些麻布、绸缎和丝绵，让他们做衣服。那些老人发现国家给他们"养老"，在感动之余，也尽心尽力教育自己的子孙要努力为国家作贡献。

此外，汉文帝还曾亲自下地种田，让皇后也去采桑养蚕，自上而下带动全国人民开展大生产运动。汉文帝死后，汉景帝即位，继续执行这些政策，经过全国人民几十年的努力，国家出现了安定繁荣的局面，史称"文景之治"。

故事中，文帝、景帝感动了犯人、老人甚至是全国人民，所以全国人民都努力为国家作贡献。学校管理者（校长）要实施悦心管理，就要以人为本，要动人心，如果不会演讲、言语能力不足以感动人心，可以通过身教（亲身示范），以自己的实际行动作为榜样，对师生进行教育。

学校的师生、家长来自五湖四海，他们的生活习惯、家庭背景、宗教信仰等迥异，心志也千差万别，所以学校管理者（校长）可以通过亲身示范、谈心、家访、调查、设立校长直通车热线电话、校长信箱等多种方式，去亲近他们、了解他们，从而打动他们、带动他们。

可以说，管理本身是件逆人性的事，谁都不愿意被管。如果学校管理者（校长）发现自己付出了真情实感，依然无法打动人心，就要学会顺应人心、尊重人志。正所谓"上应世道（指人世间的兴衰变迁规律），下顺人心（心志）"。

《管子·牧民》有言："政之所兴，在顺民心；政之所废，在逆民心。" 意思是，政权之所以能兴盛，在于顺应民心；政权之所以废弛，则因为违逆民心。可见"顺民心"，才能发挥人民的积极性，才能汇聚万民的力量去推动各种政令的实施，去推动国家的发展与进步！

学校管理者（校长）实施悦心管理，不可以忽视教师的思想、忽视教师的感受，而要顺应教师情感情绪的变化规律，懂得人性的需求，尊重教师的志向，引导和激励教师去实现自我价值。

3. 以人为本，要得人心

要得人心，就是通过真诚的付出，赢得人们的认可与真心的追随。

学校管理者（校长）要想赢得人心，就要满足人们持续进阶的需求，要做到五部曲：资养人、爱护人、丰富人、保护人、教育人。我们可以先看看古代国君是如何赢得民心。

（1）资养人

资养人，就是给师生提供良好的工作与学习环境。资养人的思想，源自古代的养民思想。养民，就是保障人民的日常生活所需，包括物质需求与精神需求。

孟子在《论得天下》中指出："桀、纣之失天下也，失其民也。失其民者，失其心也。

得天下有道：得其民，斯得天下矣。得其民有道：得其心，斯得民矣。得其心有道：所欲与之聚之，所恶勿施，尔也。"意思是，桀和纣失去了天下，是因为失去了人民；失去人民，是由于失去了民心。得天下有办法：获得到老百姓的支持，就能得到天下了；获得老百姓的支持有办法：赢得民心，就能得到人民了。赢得民心有办法：他们想要的，就给他们积聚起来，他们厌恶的，就不强加给他们，如此罢了。

孟子认为得民心的关键在于养民，实行"按需供给"机制，人民都需要的东西就要尽量满足他们，如果大家都厌恶的东西，就不要强加给他们。

（2）爱护人

爱护人，就是爱师如己，爱生如子。爱护人的思想，源自古代的爱民思想。爱民，就是施行仁政，关心人民疾苦，做到爱民如子。

《三国志》有言："民者，国之根也，诚宜重其食，爱其命。" 意思是，民众是国家的根本，国君应该重视民众的生活，关爱民众的生命。明清之际著名思想家黄宗羲在《原君》中指出，爱民就要牺牲个人利益，不以自己一人的利益作为利益，而是让天下人得到利益；不以自己一人的祸患作为祸患，而是让天下人免受祸患。

（3）丰富人

丰富人，就是丰富师生的学识和才干，帮助师生获得成功。丰富人的思想，源自古代的富民思想。富民，就是要爱惜民力，各种资财要取之于民、用之于民，使民富国强。

荀子在《富国》中说："轻田野之税，平关市之征，省商贾之数，罕兴力役，无夺农时，如是则国富矣。夫是之谓以政裕民。"意思是，减轻农业税收，调整关税和商税，削减行商人数，减少征调劳役，不耽误农时，这样国家就会富裕了。这叫做用政策来保证百姓富裕。汉代贾谊也强调富民的重要性："为人臣者，以富乐民为功，以贫苦民为罪。"

（4）保护人

保护人，就是爱护师生的生命安全和身心健康。爱护人的思想，源自古代的保民思想。保民，就是保证人民免受国内外的暴力威胁，外御敌寇，内平治安，维护社会正义，清正民风。

《孟子·梁惠王上》有言："保民而王，莫之能御也。"意思是，保护百姓，推行王道，就没有谁能够阻挡。明代王廷相在《慎言·御民篇》中也指出："天下顺治在民富，天下和静在民乐，天下兴行在民趋于正。"意思是，国家发达与否在于民众是否富裕，国家太平与否在于民众是否高兴，国家兴旺与否在于民风是否清正。

（5）教育人

教育人，就是持续教育与培养师生，让师生德才兼备、与时俱进。教育人的思想，源自古代的教民思想。教民，就是培养与教化人民，让人们的道德与才干获得同步成长，培养出一批批建功立业、济世安邦的人才。

春秋时期，孔子周游到卫国，冉有为他御车。孔子看到卫国的街道上人来人往，熙熙攘攘，就说："（卫国）人口真是众多啊！"冉有问："人口已经如此众多了，该再做什么呢？"孔子说："使他们富裕起来。"冉有又问："已经富裕了，还该怎么做？"孔子说："教育他们。"

可见，一个国家在增加人口、增加财富之后，还要建立学校来教育民众，这就是从满足人民物质需求发展到满足人民的精神需求。

古代圣贤治理国家，以人为本，赢得人心的五部曲，就是养民、爱民、富民、保民、教民。这就满足人们持续进阶的需求——养民解决了生存的问题，爱民解决了君民关系的问题，富民解决了发展的问题，保民解决了安全健康的问题，而教民解决思想道德的问题。

同理，学校管理者（校长）要想获得人心，也要努力做到这五部曲，资养人、爱护人、丰富人、保护人、教育人。

具体来说，在赢得教师的心方面，学校管理者（校长）要给教师良好的工作条件，要关心教师的疾苦，要想办法增加教师的收入，在突如其来的"校闹"中要想办法保全教师的尊严，还要请专家到校培训或者送教师出去培训，持续培养教师等。

在赢得学生的心方面，学校管理者（校长）要创造良好的学习环境，要关心学生的成长，要减轻学生的课业负担，丰富他们的头脑，要杜绝"校园霸凌"，想办法保护学生的安全，配合相关部门惩治坏人，还要加强学生的思想道德教育等。

在赢得家长的心方面，学校管理者（校长）要了解家长的"特殊才能"和他们要为学校无私奉献的"爱心"，要因地制宜，给家长创设表现的机会，如增设各种各样的免费兴趣班、公益社团、互动平台等，让家长参与到校园文化建设当中来，同时也要加强对家长的培训与提升，让家长的才华充分展现出来。

> 综上，悦心管理的核心就是"以人为本"。以人为本，可以充分发挥人的主观能动性，凝心聚力，建立功业。学校管理者（校长）要做到"以人为本"，就要从"心"出发，要懂人心、动人心、得人心。要懂人心，最简单的做法就是设身处地、将心比心，为他人着想，知人懂心。要动人心，就是通过真情实感、言传身教等方式去打动、感动人。要得人心，就是通过真诚的付出，赢得人们的认可与真心的追随。得人心的五部曲，包括资养人、爱护人、丰富人、保护人、教育人。悦心管理只要抓住了"以人为本"这个根本，只要以真情、以身教感动人、引领人，就能带动广大师生成就一番事业。

第二节 悦心管理的理念

本节主要探讨悦心管理的管理理念。悦心管理的管理理念，就是尊重人、理解人、发展人。这个"人"，包括教师、学生和家长。

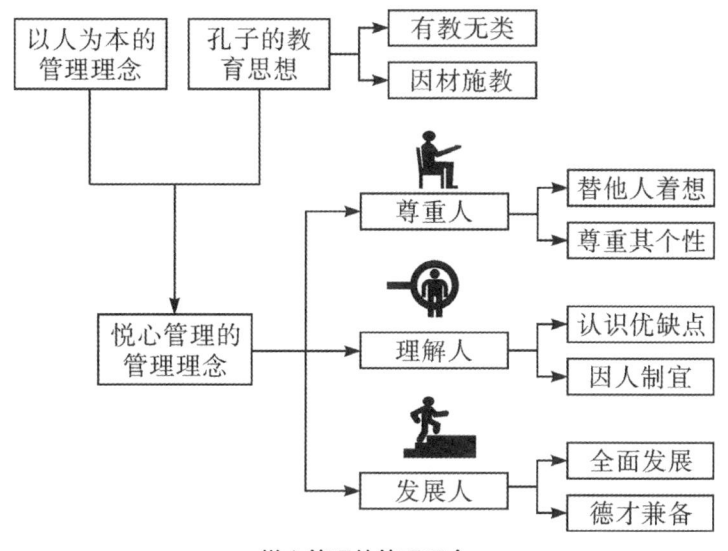

悦心管理的管理理念

一、管理理念的由来

悦心管理的管理理念是怎么来的呢？是我们在消化吸收古代圣贤"以人为本"的管理理念基础上，再结合孔子"有教无类""因材施教"的教育思想，总结出来的。

以管理学生为例。可以说，每位学生都是可塑之才，没有管不好的学生，只有不用心管的老师。

春秋时期的孔子办私学，就提出了"有教无类"的教育主张，学生不论贫富、贵贱、智愚、善恶，都能平等地获得受教育的机会。很快，孔门学生云集，那么该如何进行管理呢？

很快，孔子又提出了"因材施教"的管理方法，就是针对学生不同的性格、志趣、能力等具体情况施行不同的教育。因材施教的过程大致可分为三个步骤，首先，要尊重学生，建立平等的师生关系；其次，要充分理解学生的特点；最后，要因势利导，发挥学生的潜能和长处。

在现代基础教育中，由于家庭背景和成长经历的不同，在具体的教育教学活动中，学生表现出明显的个体差异，学校管理者（校长）对待学生要一视同仁，不可凭个人好恶、孩子的个性以及家庭背景等给孩子贴标签，要以无私的大爱平等地关注每个孩子的成长。学校管理者（校长）只有做到尊重学生、理解学生、发展学生，才能让学生们各尽其才，人人获得进步与成长。

我们再来看一看北宋著名教育家胡瑗是怎么管理学生的。

胡瑗毕生从事教育，先后在泰州、苏州、湖州和京师太学执教三十年左右，学生数千人。胡瑗首创分斋教学法：他设立经义和治事二斋，依据学生的才能、兴趣、志向施教。经义主要教授六经；治事又分为治民、讲武、堰水（水利）和历算等科。每个学生选一个主科，加选一个副科，使学生既能领悟圣人之道，又能学到实际应用的本领，相当于现代的"文理科兼修"。

在教学实践中，胡瑗十分尊重学生，"视诸生如其子弟"。胡瑗很理解学生的学习之苦，他们长期困于斋中，难免有些孤陋寡闻，于是胡瑗就带学生出去游览风景名胜。这种集体"游学"，既能增加学生的见闻，又能增强学习的乐趣。胡瑗指出："学者只守一乡，则滞于一曲，隘吝卑鄙。必游四方，尽见人情物态，南北风俗，山川气象，以广其闻见，则为有益于学者矣。"

在发展学生方面，胡瑗不仅发展学生的学业，还发展学生的兴趣爱好。胡瑗在湖州建立了射堂和乐斋，让学生选修射箭和音乐。有一年，有个出身商人家庭的学生，来的时候家里给了很多钱。最初，这位学生吃喝玩乐、无心向学，很快就把钱花完了，还染上重病。眼看已经到了无法挽救的地步，胡瑗知道后就去看望这位学生，一边传授他养生之术，一边教育他修身齐家治国平天下的道理。这位学生才幡然醒悟，发愤读书，几年后考中了进士。

由于胡瑗尊重人、理解人、发展人，学生们都愿意跟他学习，正所谓"人皆乐从而有成"。胡瑗培养的学生包括长于经义之学的孙觉、朱临、倪天隐等，长于政事的范纯仁（范仲淹之子）、钱公辅等，长于文艺的钱藻、腾元发等，长于军事的苗授、卢秉等，还有长于水利的刘彝等。

可见，要想让教师、学生、家长快乐地跟着你走、围着你转，并取得一定的成就，学校管理者（校长）一定要尊重人、理解人、发展人。不论是什么类型的教师、学生、家长，学校管理者（校长）都要尊重他们、理解他们、发展他们。

在教师管理方面，学校管理者（校长）同样需要尊重教师、理解教师、发展教师。教师作为教育主体之一，在教育教学活动中居于枢纽地位，起着主导作用。学校的各种事情和每项工作几乎都是由教师来完成，学校管理者（校长）只要把教师引导好了，那么做好学校其他方面的管理工作就有了基础。悦心管理，要通过对教师的尊重、理解，打开教师的心扉，激发教师从事教育工作的热情，调动教师的积极性，促进教师主动自觉地发展。

二、悦心管理的管理理念

悦心管理的管理理念就是尊重人、理解人、发展人，下面，我们逐一分析。

1. 尊重人

尊重人，就是学校管理者（校长）要站在他人的角度，懂得替他人着想，尊重对方的人格、个性和想法等。

我们可以来看看，孔子如何尊重人，如何尊重自己的学生。在孔子的众多弟子中，颜回最穷，子贡最富。但是，孔子对他们一视同仁，懂得替他们着想，尊重他们的个性和想法。

孔子开私学时，颜回家里很穷，没有钱交束脩（十条干肉），十多岁时，他只向孔子磕了三个响头，就成了孔门的弟子，算是免费入学了。

颜回上课时认真听讲，每天中午放学时总是最后一个走，下午上学时又是第一个来到学堂，天天如此。

孔子感到很奇怪，为什么颜回回学堂这么快，难道他不用吃饭吗？第二天，孔子派另外一个弟子去跟踪调查颜回的情况。

派去调查的弟子发现，颜回穿过一条简陋的巷子，回到自己破旧的家中，就拿着勺子到锅里舀出菜汤来喝。没有喝饱，他又跑到井边，舀出井水来喝。原来，颜回家里穷得没有饭吃，午餐只能喝菜汤和井水。

孔子得知颜回"午餐的秘密"之后，十分尊重颜回，既不揭穿他，也不挖苦他，而是四处赞美他"人穷志不穷、苦中作乐、苦中求学"的良好德行。

《论语·雍也》记录了孔子赞美颜回的原话："贤哉！回也。一箪食，一瓢饮，在陋巷。人不堪其忧，回也不改其乐。贤哉，回也！"意思是，颜回的品质是多么高尚啊！一竹篮饭，一瓢水，住在简陋的小巷子里，别人都忍受不了这种穷困清苦，颜回却没有改变他好学的乐趣，颜回的品质是多么高尚啊！

接下来，我们再讲子贡的故事。子贡出身卫国富商之家，是一位"高富帅"，他们家经常在各个诸侯国之间搞"跨国贸易"，所以家境较为富裕。

子贡18岁的时候到鲁国旅游，听说孔子开私学，在火热招生中，就带着礼物去拜师。身在鲁国的孔子见到"外国的弟子"（卫国的子贡）也前来报名，证明自己声名在外，喜不自禁。

可是在交流中，孔子很快发现，子贡的个性有些骄傲自满。但是，孔子并不"排斥"他，依然留他在身边，用自己广博的知识来教育他，让他慢慢领悟什么叫做"学海无涯、学无止境"。

据《论衡·讲瑞》记载：子贡在孔子身边学习的第一年，自认为比老师强；第二年，他觉得自己跟老师水平差不多；到了第三年，他才知道自己远远比不上老师。

随着时间的推移和学习的深入，子贡发现孔子的学识水平十分高深莫测，他所教授的内容，从普通人为人处事的小道理到君子治国平天下的大道理，包罗万象、变化多端。估计十个子贡的学识加起来也不一定能比起上，于是，子贡就变得越来越谦虚好学。

可见，孔子尊重他人，不论贫富、不论家庭背景如何，对学生一视同仁。对于颜回这种穷学生，孔子尊重他"苦中求学"的想法，不断赞美他的美德；对于子贡这种富家子弟，孔子尊重他容易骄傲的个性，不排斥也不批评，而是通过自己长期无私地言传身教，慢慢改变他的个性。

同理，学校管理者（校长）要尊重人，就要以平等心、谦卑心，充分尊重师生作为人的价值和尊严，尊重他们的人格、个性、利益、需要、知识兴趣、爱好，等等，以便提高师生的归属感和责任感，激发师生的积极性与创造性。

2. 理解人

理解人，就是学校管理者（校长）通过多交流、多观察，对于他人的优缺点、所思所想做到心领神会，并能以宽容的心态，平等尊重地对待每一个人。

孔子提出"因材施教"的教育方法，也是理解人的表现。因为，因材施教的前提就是理解人，如果不理解人，根本无法实施针对性的教育。

有一次，孔子讲完课，回到书房休息，弟子公西华给他端上一杯水解渴。

这时，弟子子路急匆匆地跑进来，大声问道："夫子，如果我听到一种正确的主张，可以立刻去做么？"

孔子慢条斯理地说："你总要问一下父亲和兄长吧，怎么能听到就去做呢？"

子路刚出去，另一个弟子冉有，悄悄地走到孔子面前，恭敬地问："先生，我要是听到正确的主张应该立刻去做吗？"

孔子马上回答："对，应该立刻实行。"

冉有走后，弟子公西华奇怪地问："夫子，同样的问题，你的回答为什么不一样呢？"

孔子笑说："子路逞强好胜，办事不周全，所以我就劝他遇事多听取别人的意见，三思而行。而冉有性格谦逊，办事犹豫不决，所以我鼓励他临事要果断一些。"

对于不同的学生，问同样的问题，孔子却给出不同的建议。因为孔子了解自己的学生，他们性格不同、为人处事方式也不同，所以给出的建议也不同。学生子路性格鲁莽，需要三思而行；学生冉有办事犹豫，需要果断执行。这就是孔子"因材施教"的教育方法。

学校管理者（校长）要做到理解人，就是要通过多交流观察，理解人们内心的想法、性格特点、处事风格、优缺点等，才能因时、因人、因地制定不同的管理方法。

然而，真正理解一个人不是一件容易的事情，需要长期的留心观察与总结。《论语·为政》有言："子曰：视其所以，观其所由，察其所安，人焉廋哉？人焉廋哉？"意思是，看一个人的所作所为，应看他言行的动机，了解他心安于什么事情。这样，这个人怎样能隐藏得了呢？这个人怎样能隐藏得了呢？一般来说，人除有物质需求以外，还有高度的"社会需要"与"心理需要"。学校管理者（校长）要以平等的身份走进师生群体，倾听、体察师生，与师生共情，洞悉他们的情绪，走进他们的心灵，才能真正理解师生，懂得师生。

3. 发展人

发展人，就是学校管理者（校长）要树立均衡发展的观念和正确的价值观，善于带动他人全面发展，成为德才兼备的人。

在悦心管理中，学校管理者（校长）要以人的发展作为学校工作的出发点和落脚点，也就是在管理的过程中，始终以人的发展为本，充分调动人的积极性、创造性，开发人的潜能。

在发展教师方面，学校管理者（校长）要利用各种资源，激发教师不断提升自己的学识和修养，在实现自我价值之后，还要追求高层次的自我超越和自我完善。

在发展学生方面，学校管理者（校长）要在尊重学生、理解学生的基础上，引导学生树立正确的"三观"（世界观、人生观、价值观），全面提升学生素质，因校制宜、因材施教，加强学生的道德修养与学业水平，同时发展学生的兴趣爱好和个性特长。

人的品德与才识不是互斥的，而是可以兼得的。学校管理者（校长）要将二者结合起来发展，才能真正做到发展人，使人"德才兼备"。

在发展人方面，孔子十分注重发展人的德行，而鬼谷子注重发展人的才干，两种做法的结果大为不同。

孔子拥有"弟子三千，贤者七十二"，大部分是贤德之士，学识高深、品行端正。德行好的有颜回（子渊）、闵损（子骞）、冉耕（伯牛）、冉雍（仲弓），娴于辞令的有宰予（子我）、端木赐（子贡），能办理政事的有冉求（子有）、仲由（子路），熟悉古代文献的有言偃（子游）、卜商（子夏）。

鬼谷子原名叫王诩，他精通哲学、政治学、军事学、心理学、社会学、文学、情报学等多种学问，人称"鬼才"。鬼谷子拥有弟子五百，最有名气的学生就是苏秦、张仪、孙膑和庞涓。长期以来，鬼谷子只注重发展学生的才干，而不注重发展学生的德行，结果学生们毫无仁爱之心，纷纷走上"对抗相杀"的道路。

在政治上，鬼谷子的学生苏秦、张仪大搞"对抗"。战国时期，苏秦主张"合纵"，要联合六个弱国对抗一个强大的秦国；而张仪却针锋相对，主张"连横"，要帮助一个强大的秦国依次消灭六个弱国。

在军事上，鬼谷子的学生孙膑与庞涓直接"相杀"。庞涓学成兵法后，出任魏国的军师，带领魏兵四处攻打周围的小诸侯国。庞涓见同学孙膑的兵法也很厉害，就设计陷害孙膑，将他处以"膑"刑，挖去他的膝盖骨。后来，孙膑在齐国使臣的帮助下，逃到齐国并出任军师。公元前353年，孙膑"围魏救赵"，反杀曾经陷害自己的同学庞涓。

可见，在发展人方面，孔子十分注重德行教育，所以孔子的学生大多"相亲相爱"、和睦共处，较少出现"同门相杀"的案例。鬼谷子虽然十分注重培养弟子的才干，却忽略德行教育，结果他的学生苏秦与张仪在政治上"策略对抗"，庞涓与孙膑在军事上"攻伐相杀"。可见发展人，德、才要并重，如果只发展才干而忽略德行，那么学生们很容易走上"对抗相杀"的局面。

学校管理者（校长）发展人，目标是要将师生培养成为"德才兼备"的人。有德有才是人才，有德无才是庸才，有才无德就是废才。正如司马光在《资治通鉴》里所说的那样："才者，德之资也；德者，才之帅也。"意思是，才能是德行的辅助，德行是才能的统帅。

> 综上，悦心管理的管理理念，就是尊重人、理解人、发展人。这些理念源自古代圣贤"以人为本"的管理理念和"有教无类""因材施教"的教育思想。尊重人，就是学校管理者（校长）要站在他人角度，懂得替他人着想，尊重对方的人格、个性和想法等。理解人，就是通过多交流、多观察，对于他人的优缺点、所思所想做到心领神会，并能以宽容的心态，一视同仁地对待每一个人。发展人，就是要树立均衡发展的观念和正确的价值观，善于带动他人全面发展，成为德才兼备的人。尊重人、理解人、发展人，是一种递进的管理关系，只有尊重人，才能理解人；只有理解人，才能发展人。学校管理者（校长）只有尊重师生，才能亲近师生，才能与师生平等地交流，才能"观其言、察其行、知其心"，才能深入理解师生；只有充分理解师生，理解师生的心志与潜能，才能发展师生，才能将师生的优点发扬光大，对师生的缺点及时补救。

第三节　悦心管理的对象

本节主要分析悦心管理的对象。悦心管理的对象，就是将悦心管理的理念——"尊重人、理解人、发展人"中的"人"进一步具体化。悦心管理的对象（被管理者）就是：教师、学生、家长。

悦心管理，遵循尊重人、理解人、发展人的理念，激励、唤醒"自觉、自动、自主"，实现管理自主、教师自主、学生自主、家长自主，让"自主"真正成为促进学校发展的内在动力。

下面，逐一分析悦心管理的三个对象。

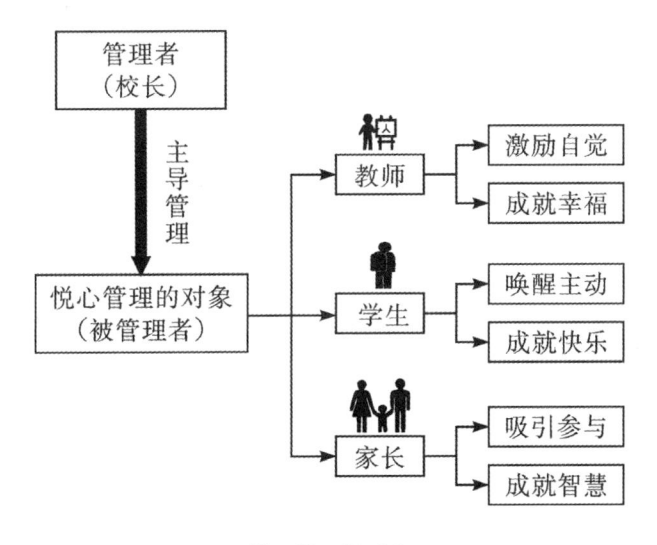

悦心管理的对象

一、教师：激励自觉，成就幸福

悦心管理的对象之一——教师。

学校管理者（校长）应如何管理教师呢？简而言之，不仅要激励教师，让教师的专业成长走向"自觉、自动、自主",还要引导教师成就自我,让教师充分体验职业的幸福感。

1. 激励自觉

激励自觉,就是学校管理者(校长)要通过适当的方式(物质+精神)激励教师自觉工作,自觉学习,自觉完善自我。

悦心管理的对象是人,而人只有在被需要、被欣赏、被认同的过程中,才能够最大限度地体现自我价值,释放出内在的激情和快乐。教师也是人。所以学校管理者(校长)要想管理好教师,就要激发和释放教师本身固有的潜能,让他们自觉创造价值,让工作富有成效。很多时候校长帮助教师们获得成就感,就是对教师最大的激励。

只有教师"自觉、自动、自主"地开展教育教学活动,才是最快乐、最幸福、最容易有成效的,而被动地执行各种各样的"指令","坐、等、靠、要"学校的各种资源调拨,是无法激发教师工作热情的。

为了激励教师,学校管理者(校长)在物质上要保障教师的专业发展,而不是一味地跟教师们谈情怀、谈理想。在精神上,要尊师重教,尊敬教师,积极发掘教师的闪光点,表彰先进模范,引领教师集体发展。

在基础教育中,教师的教育工作具有复杂性、创造性、示范性、长期性等特点。其中,长期性就是教师要十年如一日地坚守岗位、诲人不倦,才能培养出一批又一批的学生。

《管子·修权》有言:"一年之计,莫如树谷;十年之计,莫如树木;终身之计,莫如树人。"意思是,(做)一年的打算,没有比种植庄稼更重要的了;(做)十年的打算,没有比栽种树木更重要的了;(做)一生的打算,没有比培养人才更重要的了。

正所谓"十年树木,百年树人",培养人才是长远之道。为了让教师长期、自觉地培养人才,学校管理者(校长)要创设条件努力为教师提供物质和精神的双重保障,先让教师安下心来教书,接下来才能激发教师自觉成长。如果教师自己的工作都朝不保夕,再加上家里孩子没有人照顾,老人也无法赡养,那么教师是很难长期坚守在教育一线的,更不用说自觉工作了。

当教师开始自觉工作之后,学校管理者(校长)还要通过赞美、欣赏、鼓励等方式,不断激励、激发教师的潜能,努力创造条件让教师积极参与学校管理,让教师满怀激情,长期自觉工作、自愿学习、自主发展,让教师做自己愿意做的工作,"成就最好的我",自觉主动地把自己的专业做到极致,并从中体验幸福。

我们可以从墨子苦心激励耕柱的故事中,学习墨子做激励工作的经验。

在春秋末期战国初期,墨家学派创始人墨子在宋国讲学,耕柱是墨子的得意门生,但墨子老是对他发脾气。

有一次,墨子当众责备了耕柱。耕柱觉得自己是高才生,老师不应该这样对他,于是非常委屈地问墨子:"老师,难道在这么多学生当中,我竟是如此地差劲,以至于你要经常责骂我？"

墨子听后，并没有直接回答，而是反问耕柱："假设我现在要上太行山，依你看，我应该用良马来拉车，还是用老牛来拖车？"

耕柱答："再笨的人也知道要用良马来拉车。"

墨子又问："那么，为什么不用老牛呢？"

耕柱答："理由非常地简单，因为良马足以担负重任，值得驱遣。"

墨子说："你回答的一点也没错，我之所以时常责骂你，也是因为你能够担负重任，值得我一而再，再而三地教导与匡正你。"

耕柱听完，恍然大悟，原来自己在老师心目中并非一无是处，而是一匹良马，是可塑之才，发展潜力非常大。耕柱受此激励，就非常自觉地学习，夜以继日，最终学业大成，墨子还推荐他到楚国做官。

可见，墨子激励耕柱的方法就是，对耕柱的期望要比他的能力高一截，还要善于引导耕柱进行理性思考，从而引起耕柱内心的变化，让耕柱从内心深处自省，自觉发出"我要学习，我要成长"的呼声。说白了，成功的激励，就是唤醒他人内心深处自省的力量、自觉的力量。

同理，学校管理者（校长）在管理教师时，也要尝试进行这种激励，要千方百计地唤醒教师自己内心深处自省的力量、自觉的力量，引导教师自觉工作，并自觉进行自我反省和自我改进。

很多时候，教师虽然想要自觉发展，但却发现缺少"不待扬鞭自奋蹄"的氛围和机制，缺少实现愿景的助推剂。因此，学校管理者（校长）要做好各种硬性激励和软性激励，助力教师提升自己的专业素养及能力。硬性激励，包括努力提高教师的工资福利、增加进修机会、提升职位、分配重要任务等；软性激励，包括尊重教师、营造大家庭的归属感、关怀教师的日常生活、创造条件让教师快乐工作幸福生活等。

2. 成就幸福

成就幸福，就是学校管理者（校长）在激励教师自觉成长的基础上，还要引导教师成就自我、成就学生，让教师充分体验教师职业的幸福感。

可以说，教师的幸福感是一种美妙的感觉。这种幸福感，来自教师自身的专业成长，来自学生的进步带来的对老师的肯定，来自教师自我激励的积极心态。

我们来看一看孔璠这位古代学者的幸福感是怎么来的。

孔璠是南北朝时期一位非常著名的学者，他有一个学生叫李谧。李谧是一个谦虚好学的学生，孔璠很喜欢他，就把自己的学问全部教授给他。

不到几年时间，李谧不仅学到老师的真传，还把儒家经典背得滚瓜烂熟，而且还懂得运用古代的智慧来解答眼前的各种疑难问题。李谧的学识明显超过了他的老师孔璠。

有一天，老师孔璠遇到了难题，就询问学生李谧。李谧觉得孔璠是老师，自己虽然知道答案，但也不能表现得比老师高明。于是，他在解答问题时故意吞吞吐吐，不着边际。

没想到，老师孔璠早就看穿了李谧，于是就对李谧说："我向你请教问题，你不要因为担心我的面子问题而明知道答案却不回答。孔子说过：'在三个人当中就会有人是我的老师。'凡在某一方面知道得比我多的人就可以做我的老师，更何况你还很有才能呢！"

经过老师这番推心置腹的沟通，学生李谧感到很自豪，因为自己的学识进步就是对老师最好的肯定。而老师孔璠也感到很自豪，因为自己教的学生超越了自己。

后来，人们用"青成蓝，蓝谢青；师何常，在明经"的短歌，来赞扬孔璠不耻下问的精神和李谧尊师重道的精神。

可见，老师孔璠的成就感来自学生李谧的成长与进步，正是"青出于蓝胜于蓝"了。在悦心管理中，学校管理者（校长）要想提高教师的幸福感，就要做到以下两个方面。

一方面，要促进教师的专业成长，也就是要做到"人尽其才，才尽其用"。在学校任教学科、年组等工作分工时，要引导教师自己申报，允许教师自己选择搭班同事，实施尊重人性的管理措施，要"站在教师的角度"思考问题、分析问题。学校每一项管理制度、每一个重大决策，都须立足充分尊重教师的提议，比如人员分工，是否愿意任班主任、教研组长，想和哪位老师搭班，都可先由教师自己申报，在尽量满足教师要求的前提下，再根据学校发展的实际需要统一进行调配。如此，可以让教师做自己愿意做的工作，能够快乐地实现专业成长。

另一方面，要通过持续培训提高教师的教育教学水平，让教师培养出更多优秀学生。提高教师水平的方法，包括集体学习校内先进模范教师、请专家进校开展培训、组织教师外出游学等。

二、学生：唤醒主动，成就快乐

悦心管理的对象之二——学生。

学校管理者（校长）应如何管理学生呢？简而言之，就要唤醒学生自主学习的意识，培养学生主动发展自己的能力，成就学生多姿多彩的人生，让学生体验到学习的快乐。

1. 唤醒主动

唤醒主动，就是学校管理者（校长）通过适当的方式唤醒学生学习的主动性、求知欲和兴趣点，让学生从"要我学"转变为"我要学"。

根据长期观察，我们发现小学生的特点是身心发展未成熟、注意力不专一、被动学习的效果很差。因此，学校管理者（校长）要努力激发学生自主学习的意识和兴趣，让孩子自主学习、主动发展自己。

我们看一看，唐代茶学家陆羽是如何主动发展自己的。

唐朝的陆羽从小是个孤儿，被智积禅师抚养长大。陆羽虽身在寺中，却不愿终日诵经念佛，想下山学习真正的本领。智积禅师通过观察发现陆羽对茶艺的兴趣远远超过佛经，于是特意安排他在庙里学习冲茶，从此唤醒他学习茶艺的主动性。

陆羽在钻研茶艺过程中一发不可收拾，他越学越有心得，遇到不明白的情况，还主动向一些来庙里参拜的老婆婆请教，因此学会了复杂的冲茶技巧。陆羽在茶艺方面小有所成后，就请求下山读书。智积禅师欣然同意。后来，陆羽潜心苦读很多有关茶艺的书籍，还撰写了广为流传的《茶经》，最终成为唐代茶学家，被誉为"茶仙"。

故事中，陆羽的学习兴趣在于研究茶艺，而不是诵经念佛，于是他主动向别人请教，请求下山求学，最终成为茶学家。学校管理者（校长）唤醒主动，就是要努力激发学生自主学习的兴趣，因为"兴趣是最好的老师"，学生有了兴趣，就能够找到源源不断的动力，主动发展自己。

2. 成就快乐

成就快乐，就是学校管理者（校长）通过课程设计、优化课后服务等方式，满足每一个学生个性化发展的需求，促进学生差异化发展，让学生实现快乐学习、快乐成长。

可以说，学校课程的顶层设计，是促进学生差异化发展的基本路径和根本保证。因此，学校管理者（校长）要将学校课程与学校办学理念、办学特色、培养目标以及当地社会经济发展状况紧密结合起来，对学校课程结构进行战略性思考和整合规划，以"学校课程满足每一个学生个性化发展需求，促进学生差异化发展"为指导思想。

我们来看一看，隋末著名教育家王通是如何培养出多位唐朝开国功臣的。

王通是隋末著名教育家、思想家。他在黄颊山、白牛溪办学，有学生千余人。

在课程改革方面，王通十分注重教材、教学方法等方面的改造。他在教学之余，还为学生编写大量的经学辅助读物。王通在教学方法上也会进行改进，能根据时代和环境的变化而变化，不断充实和改进、完善教材的内容。

在提高学习兴趣方面，王通吸收佛、道等其他教派和学派的思想，把一些可借鉴的内容拿来丰富和充实儒学，改变了其单调乏味的状况，增强了趣味性，使学生学起来很有趣味。

在传授治国之道方面，王通注重因材施教，对不同的学生，在不同的时间、地点，他的论述会有所变化，因人而异地加以解释，起到了良好的教育效果。

在道德教育方面，王通提出了提高道德修养的相关法则。他要求学生成为道德高尚的人，要有远大的志向。有一次，王通像孔子那样让学生们说出自己的志向。魏徵说："我愿侍奉圣明的君王，在朝廷做官时，就忠心耿耿地报效君主；辞官隐退时，就反省自己，以弥补过失。"杜淹说："我愿执行圣明君王的律法，使天下没有一个被冤枉的人。"

王通通过一系列的教育改革，让魏徵、薛收、温彦博、杜淹、杜如晦、陈叔等学生，不仅能快乐地学习，还成了大唐的开国功臣。

可见，王通通过课程改革、吸收多学派知识，既满足了学生的个性化发展需求，促进学生差异化发展，又增加了他们学习的兴趣，让他们快乐学习、快乐成才。

悦心管理的一个重要理念就是"人本主义"思想，即人是管理活动的主体。学校管理者（校长）对学生管理的最高境界，就是唤醒学生成长的内驱力，启动学生的内在动力，充分发挥学生的积极性和创造性。

学生不仅要会自主学习，他们还要有自我管理能力。因此学校管理者（校长）要以学生为中心，以学生的能力提升为核心，构建"品格为先、能力为基、创新导向、终身学习"的育人体系，全面唤醒学生自我成长的潜质，尊重差异、倡导多元、以学定教、阳光评价，让学生乐于学习，并学有所成。

三、家长：吸引参与，成就智慧

悦心管理的对象之三——家长。

学校管理者（校长）应如何管理家长呢？简而言之，就是创设条件吸引家长自愿参与学校的家校共育活动，通过搭建各种学习交流型平台成就智慧家长。

1. 吸引参与

吸引参与，就是学校管理者（校长）创设条件，吸引有爱心、有能力、有时间、有专长的家长自愿参与家校共育活动，将家庭教育与学校教育结合起来，让学生不论是在家还是在校，都能和谐发展、全面发展。

在调查中，我们发现不同的家庭有不同的家庭教育风格，不同的家长有不同的教育理念：有的讲究家庭民主交流，有的溺爱放纵孩子，有的对孩子期望过高，有的把孩子全面移交给老师，有的对待孩子严厉粗暴。因此，在对家长进行管理时，学校管理者（校长）要通过一系列的培训，全面提升家长教育子女的水平，激励与引导他们参与家校共育活动。如学校开展"故事家长进课堂"活动，让一批又一批的家长带着家里绘本故事、童话故事、名人故事、虚构故事进入课堂，通过形象生动的故事解说，将尊重师长、友爱同学、不怕困难、勇敢顽强的精神传达给孩子们。

2. 成就智慧

成就智慧，就是学校管理者（校长）通过家委会、线上家长会、家长俱乐部、家长志愿服务队、家长文艺队、家长进修班、家长智囊团等交流学习型平台，培养家长的各项能力，成就智慧家长，让家长为学校的发展、学生的成长出谋划策。

智慧家长，就是拥有多种能力的家长，包括帮助孩子树立高远理想，帮助孩子树立自信心，帮助孩子追求成功，呵护孩子的自尊心，解放孩子的思维，帮助孩子学会观察与认识世界，帮助孩子学会人际交往，帮助孩子进行独立思考，引导孩子选择未来的人生道路，讲究爱孩子的艺术，为孩子营造学习型家庭氛围，等等。

可以毫不夸张地说，如果家长是"原件"，那么孩子就是"复印件"。教育孩子要先从教育家长开始。很多家长自从孩子出生之后，从来没有接受过系统、专业的家庭教育培训，很难具备智慧家长的所有能力。因此，学校管理者（校长）需要帮助家长们弥补这方面的不足，吸引家长自愿地参与到相关的培训活动中来。在家里，智慧家长积极教育孩子；在学校里，仁爱教师努力教育孩子，这样才是完整的家校共育活动。

学校还可以通过组建家长志愿服务队，让有文艺特长的家长进校园培训学生文艺队，组织文艺队积极参加学校的文艺演出和社会公益爱心活动演出。此举，不仅可以丰富学生们的课余生活、培养学生才艺，还可以将无私奉献、文艺公益、环境保护等理念教给孩子。

> 综上，悦心管理的对象是教师、学生、家长。在教师管理方面，学校管理者（校长）要激励教师，让教师的专业成长走向"自觉、自动、自主"，要引导教师成就自我，让教师充分体验职业的幸福感。在学生管理方面，要唤醒学生自主学习的意识、培养学生主动发展的能力，让学生体验学习的快乐，成就学生的多彩人生。在家长管理方面，要创设条件吸引家长自愿参与学校的家校共育活动，通过搭建各种学习交流型平台，成就智慧家长。在悦心管理中，教师、学生、家长是被管理者，而管理者是学校管理者（校长）。学校管理者（校长）应处于主导地位，需要加强修炼两种能力：一是管理他人（教师、学生、家长）的能力；二是引导他人进行自我管理的能力，也就是激励教师自觉发展、唤醒学生主动学习、吸引家长自愿参与家校共育活动的能力。

第四节 悦心管理的本质

本节主要分析悦心管理的本质。悦心管理的本质就是管心，管心的最终目标是让人心悦诚服。管心的前提，是拉近人与人之间的心理距离。管心的方法，包括要使人乐之，要适度为美，要上下同欲。

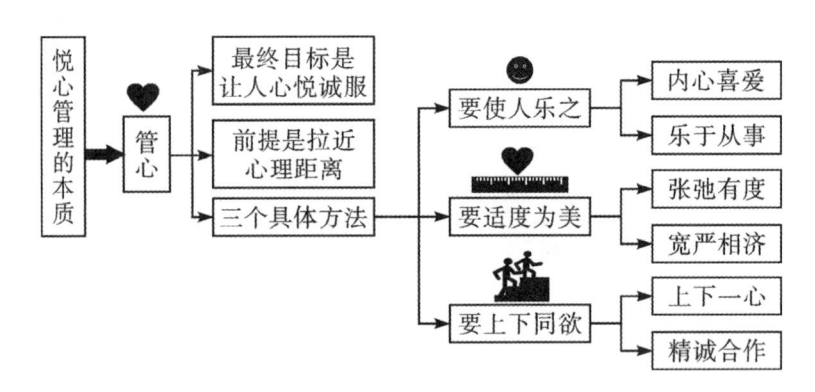

悦心管理的本质

一、悦心管理的本质就是管心

悦心管理的本质就是管心，管心不是要强迫教师、学生、家长听从学校管理者（校长）的指挥，而是通过直击心灵的管理方法，让教师、学生、家长从心里面佩服，自觉自愿按照各项要求去执行。

我们先来看一看孔子是怎么管心，从而让"莽夫"心悦诚服的。

春秋时期，有个鲁国大汉，名叫子路，他喜欢舞剑弄棒，桀骜不驯，是名副其实的莽夫。他听说孔子很有学问，就去拜见。

孔子问子路："你喜欢什么？"

子路说："我喜欢舞剑。"

孔子问："除了舞剑之外，你还想学别的东西吗？"

子路不屑一顾地说:"武艺就是我的本事,我还用得着学别的东西吗?"

孔子开导他说:"一个国君如果没有敢于提建议的大臣,就会犯错误。一个人如果没有朋友的指点,就不知道自己的缺点,不能进步。人们驾起烈马来如何不使它狂奔,拉起硬弓来如何不让它反弹伤人,截木头时怎么用绳子比画才能截得直等,这些都需要学问。有学问才能把事情办好,一个人怎么能不学习呢?"

子路听得心烦意乱,很不服气地说:"南山上的竹子,不用加工自己就直了,人们直接把它砍下来做成各种器物。竹子天生就成材了,还要学习吗?"

孔子笑着说:"如果把竹子修整,加上羽翼,装上箭头,再用磨石把箭头磨锋利,射出去的效果不是更好吗?"

子路听后,知道自己头脑简单,只会争强好胜,而孔子学识渊博,懂得以理服人。

于是,子路心服口服,躬身下拜说:"我要恭敬地接受您的教育。"

后来,子路跟随孔子周游列国,做了孔子的侍卫,还到卫国做官。子路在任内开挖沟渠,救穷济贫,政绩突出。

故事中,孔子以"三寸不烂之舌"激情辩论,摆事实、讲道理,以理服人,以自己丰富的学识进行直击心灵的沟通,让子路这种"莽夫"心悦诚服。

学校管理者(校长)管心的前提和基础,是要拉近自己与教师、学生、家长心灵的距离,最简单的做法,就是以别人的快乐为快乐,以别人的忧愁为忧愁,及时解决他们的后顾之忧。

正如《孟子·梁惠王下》所言:"乐民之乐者,民亦乐其乐;忧民之忧者,民亦忧其忧。"意思是,执政者如果以民众的快乐为快乐,民众就会为执政者的快乐而快乐;如果把民众的忧愁当作自己的忧愁,民众也会为执政者的忧愁而忧愁。

同理,为了拉近与教师、学生、家长心灵的距离,学校管理者(校长)要及时了解教师、学生、家长的困难、困惑,设身处地地替他们着想,体谅他们的难处,关心他们的身心健康,想方设法帮助他们解决工作、生活中的问题和困难。只有这样将心比心,以心换心,才能让人愉悦。只要师生及家长切实感受到学校管理者(校长)的真情关怀,他们就会"不令而行"地倾心竭力配合学校的各项工作,以表达感激之情。

在拉近心灵的距离之后,就可以实施"管心"的方法。学校管理者(校长)可以先通过沟通交流找到教师、学生、家长内心向往、爱好的东西,接着按照教育的规律,适度管心,发挥他们的积极性与创造性,最后建立一个共同的目标,树立共同的愿景,让大家心甘情愿地付出努力,克服重重困难,实现既定的目标。

二、管心的方法

管心的具体方法包括:要使人乐之,要适度为美,要上下同欲。下面,我们逐一分析悦心管理管心的三个方法。

1. 管心，要使人乐之

管心，要使人乐之，就是要走进人的内心世界，了解人的所思所想，找到人们内心喜爱的、乐于从事的事情以及感兴趣的领域，激发人们的积极情感，消除人们的消极情感，让人们快乐地去做自己想做的事情。

在现实生活中，大多数人都倾向于做自己想做的事，而不是做别人期待的事情。因此，学校管理者（校长）的一个重要使命，就是想办法让"别人期待的事情"变成"自己想做的事情"，让所有学习和工作都成为"快乐的事情"。

《论语·雍也篇》中记载了孔子的话："知之者不如好之者；好之者不如乐之者。"意思是，对于任何学问、知识、技艺等，知道它的人，不如爱好它的人；爱好它的人，又不如以它为乐的人。

可见，"知之、好之、乐之"是学习的三个层次。最高层次，是使人乐之，就是让人们做自己喜欢做的事情，在自己感兴趣的领域做研究。

以学习、工作为乐的人，可以克服很多意想不到的困难。"李密牛角挂书"就是一个以读书为乐的故事。

李密是隋末唐初割据群雄之一，他年轻的时候以读书为乐。

有一次，李密骑着牛去看望一个朋友。牛车走得很慢，为了抓紧时间看书，李密就把一套《汉书》挂在牛角上，一只手拉着牛绳，一只手翻书阅读，看得十分专注。

这时，隋朝开国功臣、越国公杨素刚好也坐马车外出，他看到李密坐在牛背上专心读书，就慢慢跟在后面。

当李密看完一本书，准备换另一本的时候，杨素急忙下车，走上前问："年轻人，你叫什么名字？"

李密回答："我叫李密。"

杨素又问："你读的是什么书？"

"我正在读《汉书》中的《陈胜项籍传》。我非常喜欢项羽，我觉得他是一个大英雄。"李密说。

杨素听后，知道李密将来一定有出息，回家后就把自己的儿子杨玄感介绍给李密做好朋友。

后来，李密成了反隋起义军、瓦岗军的首领。

可以想象一下，人坐在牛背上，既晃荡又颠簸，一不小心还会头晕、呕吐，甚至掉下来，一般人可没有这个闲心读书。可是，换成李密后，这些都不是事，他以读书为乐，只要在牛角上挂一套《汉书》就能管住他的心，让他刻苦钻研、乐此不疲。因为他喜欢读书，喜欢项羽这种英雄人物。

管心，要使人乐之，说得具体一点，就是学校管理者（校长）要找到教师、学生、家长的兴趣点、天赋点，才能很好地"牵引"他们，调动他们的积极性，让他们主动成长、自觉地投入到工作与学习当中。

2. 管心，要适度为美

管心，要适度为美，就是要顺应教育规律，做到张弛有度、宽严相济，既不能管得太紧，也不能管得太松。管心管得太紧，很容易造成反感，会把人心管"冷"，挫伤人的积极性与创造性，让人成为只会等待指令的机器，不会主动做事情。如果管心管得太松，放任自流，不加引导或过问，一切没有原则，会把人心管"散"。

我们来看一看在"失街亭"的故事中，诸葛亮是如何做到适度"管心"的。

三国时，蜀国丞相诸葛亮为了统一中原，带领蜀军北上伐魏。进军路上，途经一个叫街亭的地方，山高谷深，地势险要，是重要的军事关隘、兵家必争之地，只要守住街亭，进可攻关中，退可守陇右。

于是，诸葛亮决定派一支人马占领并据守街亭。这时参军马谡多次向诸葛亮请命，并以全家性命担保，立下军令状要前去镇守街亭要道。

马谡驻防街亭后，骄傲自大，自恃熟读兵法，不听诸葛亮"下寨必当要道之处"的命令，也不听副将王平"伐木为栅，以图久计"的建议，仗着"凭高视下""势如破竹""置之死地而后生"几条空洞的兵法，就让全军在山上扎营。结果魏国权臣司马懿带领魏军杀到，从四面八方围攻山上的蜀军，截断其水道，最终蜀军饥渴难耐，惨败而归，失去了街亭要地。

失街亭后，蜀军军心动摇，到处都是悲观情绪，且看诸葛亮如何管心。

一是赏罚分明，稳定军心。他将犯有重大过失的主将马谡斩首示众，以正军纪；副将王平曾力谏马谡，退兵时又能保全兵力，于是将其提拔为讨虏将军。

二是恩威并施，收服人心。虽然马谡以全家性命担保，立下军令状，但兵败后诸葛亮只斩马谡一个，祸不及他的家人，还收了马谡的儿子为义子，并照顾其妻儿家小，让马谡的家人感恩戴德。

三是严于律己，宽以待人，克服私心。兵败之后，虽然主将马谡有重大过错，但作为全军领导，诸葛亮也进行自我检讨，反省自己在用人方面的失察，自贬官职三级。

诸葛亮如此管心，顾全了大局，稳定了军心，既没有寒了将士们的心，也没有让他们忘却北伐的大业。

故事中，诸葛亮管心以适度为美，实施了"中庸之道"，即不偏不倚、折中调和的处世态度。这个"度"，就是管心时做到有赏有罚，恩威并施，严于律己，宽以待人。

具体来说，学校管理者（校长）要做适度管心，应该努力做到以下两点。

（1）管心要张弛有度

管心要张弛有度。即按照教育规律管心，不能太紧也不能太松。有的学校管理者（校长）为了早日实现发展目标，对教师管得太紧，天天早请示晚汇报、表决心表态度，三天两头总结工作汇报思想、开展批评与自我批评，使得教师们疲于应对、心力交瘁，教学成绩乏善可陈。相反，如果学校管理者（校长）管理太松，几乎放任不管，全部问题都让教师"自己扛"，会让教师承受巨大的心理压力，最后集体逃离。

这两种管心的做法都不好，学校管理者（校长）在管心时，要按教育规律来办事。教育规律在不同时期可能有不同的表现形式，但是最根本的一点是，"百年大计，教育为本"，办教育要"慢慢来"，要厚积薄发，不能操之过急。

（2）管心要宽严相济

管心要宽严相济。"严"，就是制定一些原则、规范、标准和底线，让考核有序，奖惩分明；"宽"，就是为教师、学生、家长提供一个宽松的平台，让每个人都能发挥出自己的潜力。

在教师方面，学校管理者（校长）要坚持严管和厚爱结合、激励和约束并重，以保持教师工作的积极性，持续激发教师的工作热情。学校管理者（校长）可以设计一些"容错免责"机制，制定容错清单，鼓励教师们大胆去干教育事业、改革课堂教学模式、创新教学方法，必要时还可以调配学校资源进行支持。如果在实际工作中，勇于创新的教师犯了一些不违反原则的小错误，要及时地指出，真诚地促进他们改正。

3. 管心，要上下同欲

管心，要上下同欲，就是要统一目标，众志成城。上下同欲这个"欲"，不是指"欲望"，而是指"目标"。学校管理者（校长）通过做上下级的思想工作，建立共同的目标，融学校目标与教师、学生、家长的个人目标于一体，统一大家的愿望、想法和意志，让大家上下一心、精诚合作，努力去实现集体的梦想。

"上下同欲"有助于打硬仗、打胜仗。《孙子·谋攻》有言："故知胜有五：知可以战与不可以战者胜；识众寡之用者胜；上下同欲者胜；以虞待不虞者胜；将能而君不御者胜。"意思是，预测胜负的方法有五条：懂得什么条件下可以战，什么条件下不可以战的，胜；懂得众与寡的灵活运用的，胜；上下一心，同仇敌忾的，胜；以有准备之师击无准备之敌的，胜；将领富于才能而君主又不从中干预牵制的，胜。这五条就是预知胜负的方法。

《史记》也有言："同恶相助，同好相留，同情相成，同欲相趋，同利相死。"意思是，所恨相同就要互相援助，所好相同就要互相扶助，情感相同就要互相成全，目标相同就要一同追逐，利益相同就要共同生死。

可见，上下同欲、上下同心，集中力量往一处使就容易获得成功。学校管理者（校长）与被管理者（教师、学生、家长）只要做到团结一心，就能发挥抱团的力量，就可以快速实现学校的整体发展目标，到达胜利的彼岸，就像蚂蚁抱团过河那样，用集体智慧攻克艰难险阻。

古代阿豺折箭的故事，表明了上下同心的重要性。

《魏书·吐谷浑传》记载了这样一个故事。西晋末期，鲜卑首领慕容吐谷浑率部西迁陇上（河西），建立国家，叫吐谷浑。后来，阿豺做了吐谷浑的国王，励精图治，一心想将国家发展壮大。

虽然国王阿豺有20个儿子，但是他们的心思跟国王阿豺并不在一块儿，他们为了权利你争我夺、结党营私，试图分裂国家，使得吐谷浑国力渐衰。

阿豺年老了，在临终前，他急忙召来20个儿子，对他们说："你们每人拿一支我的箭来，把箭放在地上。"过了一会儿，阿豺对他的同母弟弟慕利延说："你拿一支箭折断它。"慕利延不费多少力气就折断了。这时，阿豺又说："你再拿十九支箭把它们一起折断。"慕利延使出浑身的力气，也没有折断。

最后，阿豺说："你们知道其中的道理吗？一支箭容易折断，很多支箭放一起就难以摧毁了。你们要同心协力，这样以后国家就可以巩固。"说完阿豺就死了。

20个儿子见状，悲痛欲绝，并为自己过去做的那些事情悔恨不已。从此20个儿子上下同心、团结一致，共同发展国家，让吐谷浑发展成为丝绸之路重要的中转站。当时，丝绸之路中的青海道，又称吐谷浑道，就是从吐谷浑的境内经过。

可见，国家管理团队如果离心离德，国家就有分崩离析的危险，只有大家上下同心、团结一致，才能巩固国家，发展国家。

学校悦心管理也一样，管心为上。正所谓，人在一起是团伙，心在一起才是团队。学校管理者（校长）要管心，就要做到"上下同欲"，通过共同的愿望和梦想，将个人分散的意志集中为强大的集体意志。如要把学校打造成为当地名校，打造幸福教师、培养快乐学生、教育智慧家长，光靠校长一个人的意志与力量是不够的。这时，就需要通过思想工作，上下沟通，把教师的愿望、学生的理想、家长的想法，全部统一到一起，让大家一起为共同的梦想而努力。这就像部队里的指导员一样，在战斗前要做好全体将士的思想动员工作，让将士们做好"不怕牺牲、杀敌报国、建功立业"的心理准备。

综上，悦心管理的本质是管心，即让人心悦诚服。让人心悦诚服，关键是心服，而不是力服、压服。正所谓，浇树要浇根，管人要管心。学校管理者（校长）管心的前提和基础，是要拉近自己与教师、学生、家长心灵的距离，最简单的做法，就是以别人的快乐为快乐，以别人的忧愁为忧愁，及时解决他们的后顾之忧。在拉近心灵的距离之后，学校管理者（校长）就可以"管心"。管心的具体方法有：要使人乐之，要适度为美，要上下同欲。要使人乐之，就是让教师、学生、家长快乐地去做自己想做的事情。要适度为美，就是要按照教育规律办事，做到张弛有度、宽严相济。要上下同欲，就是要统一目标，将教师、学生、家长的个人发展目标融合到学校的统一发展目标中来，同心协力，团结一致，共创事业。

第三章
悦心管理中的"三化"

　　悦心管理中的"三化",即目标化、制度化、精细化。简而言之,目标化,就是注重方向的指引;制度化,就是注重制度的制约;精细化,就是注重细节的执行。悦心管理的内涵是"一本三化五力",学校管理者(校长)要想落实"一本"这个核心,必须通过"三化"这三个手段来落实,还要培养自己的"五力",即五种能力。

第一节　目标化是"悦心管理"的强劲引擎

有目标，才有方向；有目标，才有动力。目标化可以说是"悦心管理"的强劲引擎，学校的所有资源几乎都围绕着一定的目标运转。下面，我们逐一说明什么是目标化、怎么制定目标和怎么实现目标。

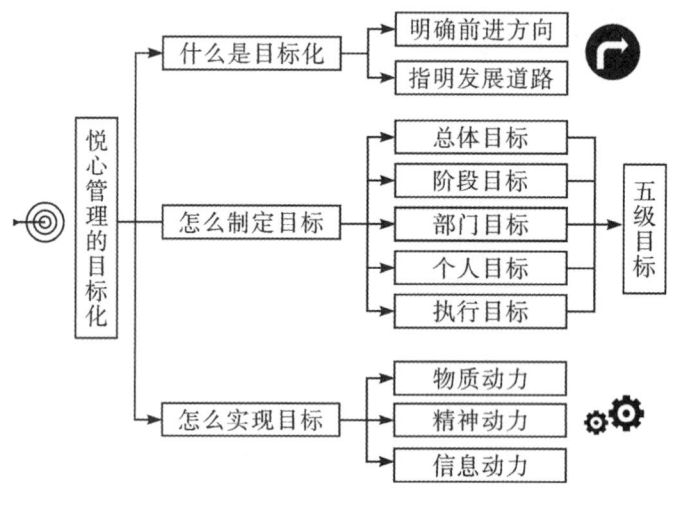

悦心管理的目标化

一、什么是目标化

悦心管理的目标化，就是学校管理者（校长），需要制定一系列的目标，明确学校前进的方向、指明学校发展的道路，通过目标来指引教师工作、学生学习和家校共育等各项活动。这些目标包括学校的发展目标、教学目标和教育目标，老师的成长目标，学生的培养目标，家长的培训目标等。

人们在做事之前，通常会先设立目标，做好各种准备。《礼记·中庸》有言："凡事预则立，不预则废。"意思是，做任何事情，事前有准备就可以成功，没有准备就会失败。人们只有制定高远的目标，才能做好长远的打算与充分的准备，才能行稳致远，正如我们常说的"常胜将军不打无准备的仗"。

所有的成功都无法一蹴而就，人们需要先制定高远的目标，再加上长期坚持不懈地坚守目标、为目标努力奋斗，才能攀上成功的顶峰。

我们来看一看，秦国如何制定与完成"统一天下"的伟大目标。

秦国在统一中国之前，先后有六代国君，前仆后继地为"灭六国平天下"的目标奋斗、拼搏。

秦孝公嬴渠梁在位时，就树立了"灭六国平天下"的目标。他知道打仗需要大量的金钱，于是，他就重用商鞅推行变法，奖励耕战、促进生产，使秦国开始走上富强之路。

秦惠文王嬴驷在位时，六国在苏秦的合纵策略下联合起来抗秦，严重威胁秦国"灭六国平天下"的目标。于是，秦惠文王通过重用张仪，以连横的策略破坏合纵，将六国分化瓦解，逐个击破。

秦武王嬴荡在位时，国内蜀地发生叛乱。后方不稳，难以实现"灭六国平天下"的目标，于是秦武王派甘茂平定蜀国叛乱，诛杀犯上作乱的蜀相陈庄。

秦昭襄王嬴稷在位时，打造出一支能征善战的强大军队，开始以武力实施"灭六国平天下"的目标，他先后"鲸吞蚕食"六国大大小小的城池。

秦庄襄王嬴楚在位时，大赦罪人，善待先王功臣，不断收拢民心、臣心，国内军民空前团结，为实施"灭六国平天下"的目标奠定了良好的政治基础。

秦始皇嬴政在位时，锋芒毕露，内外攻伐。对内，他平定长信侯嫪毐的叛乱，又除掉权臣吕不韦，独揽军政大权。对外，他重用李斯（实行郡县制的政治家）、王翦（南征北战的军事家）等人，持续对外扩张，每打下一处城池就将其设为秦国的郡县。从公元前230年至前221年，秦国先后灭韩、赵、魏、楚、燕、齐六国，完成了统一中国的大业，建立起我国历史上第一个中央集权的统一的多民族国家——秦朝。

就这样，秦国六代国君，在共同目标的指引与推动下，终于实现了"灭六国平天下"的目标。

可见，秦国有目标最终"统一天下"，个人有目标更易梦想成真。同理，学校有了目标，发展就有动力。如果人没有目标，就没有方向、没有动力，犹如湖中浮萍，到处流浪；如果学校没有目标，就没有进步、没有活力，师生就犹如无头苍蝇，到处乱撞。

学校管理者（校长）首先要吸引人（教师、学生、家长）积极参与，制定共同的发展目标，然后将目标拆解到大家的身上，通过目标牵引、激励和推动大家的积极性和创造性，经过长期不懈地努力最终实现既定的大小目标。在实现个人小目标的同时，也实现了学校总体大目标。

具体来说，学校管理者（校长）在校园建设、发展教师、成就学生、团结家长等方面，要制定既高远又可实现的目标，通过目标引擎的牵引，让人们跟随心中所想、随心而动，产生源源不断的动力，努力奔向目标、实现目标。

二、怎么制定目标

学校的管理目标，是学校管理实践活动的出发点和归宿，学校一切活动都应围绕着实现这个管理目标而展开。学校管理者（校长）只有设定学校的总体目标，才能明确整个学校的行动方向。只有让教师、学生、家长共同拥有美好的愿景、远大的目标，大家都具备"非如此不可"的强烈愿望，才能发挥出意志的强大力量，整个学校才会产生巨大的能量，才能跨越一切障碍，朝着高远的目标前进。

按照不同的标准，目标会有不同的分类。如按照性质划分，可分为数量化目标、进度目标、改善目标、改革目标、协同目标、集体目标、条件目标等。按照实现的顺序划分，可分为成果目标、手段目标等。按照组织层次划分，可分为总目标、单位（部门）目标、业务单元目标、个人目标等。

学校管理者（校长）实施悦心管理，制定管理目标，可以按照组织层次，制定五级目标。

1. 总体目标（共同愿景）

第一级目标：总体目标（共同愿景）。学校管理者（校长）要组织广大教师、学生、家长参与，制定学校的总体目标。学校悦心管理的总体目标，就是教师、学生、家长共同的愿景——成就最好的我，让他人因我而幸福。这是学校最高层次的总体目标，也是终极目标。

2. 阶段目标（分段规划）

第二级目标：阶段目标（分段规划）。学校管理者（校长）要根据学校总目标设定不同阶段要达到的目标。具体来说，就是学校在不同的时间节点要完成哪些任务，要实现哪些指标，要达到什么状态等。

3. 部门目标（合理分解）

第三级目标：部门目标（合理分解），就是学校管理者（校长）为完成总目标和阶段目标，督导各部门、各科室制定具体的目标。学校的部门和科室，一般包括办公室（校长办公室、党委办公室）、教务处（教导处）、总务处（后勤处）、学生处（德育处）、教务处、语文教研组、数学教研组、英语教研组等。不同的部门与科室有不同的部门目标，但都是为了实现学校的总体目标和阶段目标。

4. 个人目标（落实到人）

第四级目标：个人目标（落实到人）。学校管理者（校长）要通过沟通与引导，让教师、学生、家长自觉主动地制定个人目标。这些个人目标，都是为了实现学校的大目标（包括总体目标、阶段目标、部门目标）。教师、学生、家长如要向大的目标走去，就得从小的目标开始做起。

5. 执行目标（实施计划）

第五级目标：执行目标（实施计划）。学校管理者（校长）要根据工作的轻重缓急等情况制定具体的实施计划，落实未来的行动方案，确保各项任务有计划、有步骤扎实推进，让大家能保质保量完成学校总体目标。执行目标的时间，有可能是一年内，也可能是一个学期。

目标和计划相辅相成。目标指导计划实施，计划的实施又能有效达成目标。所以学校管理者（校长）在制定各级目标的时候，也要配套制定相关的实施计划，让教师、学生、家长都明白，到底要做什么（目标是什么），怎么做才能完成目标（怎么实现目标）。

后面四级目标，是将第一级总体目标进行逐级分解，转换为学校各部门、各个科室、各个教师、各班学生、各个家长的分目标。在目标的分解过程中，明确了每个人的责、权、利。学校的总体目标与每个人的分目标方向一致，相辅相成，只要每个人都完成了自己的分目标，学校就会实现总目标。

很多学校在制定目标时，通常由学校管理者（校长）或者领导班子确定，然后再分配给教师，这种做法会让教师、学生、家长没有参与感和认同感，在工作执行的过程中经常会出现各种各样的抵触情绪。

相比之下，悦心管理在制定目标时，是一种开放的、民主的、协调的管理制度，就是要把学校的总体目标与教师、学生、家长的个人目标结合起来。在这一制度下，学校组织中的上级与下级的关系是平等、尊重、依赖、支持的，下级在承诺目标和被授权之后是自觉、自主和自治的。

因此，学校管理者（校长）在制定目标时，应该更多地吸纳广大教师、学生、家长来参与制定各级目标。在目标设置中，要力争大家共同参与、民主讨论、上下左右沟通、协调各个部门与科室，这样才能使拟定的各级目标在学校总体目标及个人目标之间达成一致。

三、怎么实现目标

在悦心管理中，实现目标有三类基本动力，即物质动力、精神动力和信息动力。物质动力主要是指学校对教师、学生、家长的物质鼓励（包括工资、奖金、报酬、保障住房、子女优惠入学等），谁实现目标就奖励谁。精神动力主要指集体主义思想、无私奉献的精神、建功立业的事业心、工作责任感、授奖评优的成就感等，它对于长期坚守目标有重要的意义。信息动力，就是指通过校际信息交流、开放发展，明白本校在全国同类学校中处在什么位置，如果本校处于领先阶段，要再接再厉，再创佳绩；如果本校处于落后阶段，要发愤图强，奋起直追，全面形成"比学赶超"的局面。

下面逐一分析这三个动力。

1. 用物质动力实施目标

用物质动力实施目标，就是学校通过一系列的物质鼓励，激发教师、学生、家长的积极性、创造性，让大家努力实现个人目标，最终达成学校的总体目标。

我们来看一看，商鞅是如何用物质动力来实施目标的。

战国时期，商鞅在秦孝公的支持下主持变法，废井田开阡陌，从根本上确立了土地私有制，发展封建经济，增强秦国实力，以完成统一大业。但是，变法一开始，没有一个老百姓相信这些政令，大家不闻不问，也不执行，变法严重遇冷。

为了取得秦国老百姓的信任，实现顺利变法的阶段目标，商鞅通过赏金十两、立木为信的行为达到了目的。

经过一番准备，有一天，商鞅下令在都城南门外立一根三丈长的木头，并告诉围观的百姓："如果谁把这根木头从南门搬到北门，就可以得到赏金十两。"

旁边的百姓都不相信商鞅的话，结果没有人愿意来尝试搬动木头。

于是，商鞅微微一笑，又把赏金从十两金子提高到五十两金子。结果，重赏之下必有勇夫，终于有一个人将木头扛到了北门。

在北门的门前，商鞅十分高兴，并真的当众赏赐了那个人五十两金子。

商鞅的这一举措，让老百姓都不再质疑由他主持变法的事情，而商鞅颁布的新法也顺利在秦国实施起来。通过商鞅变法，秦国实现了阶段目标，实力不断强大，成了战国七雄之首，并最终实现了总体目标——消灭六国，统一全国。后来王安石评论道："自古以来统治人民在于诚信，一言为重，百金为轻，立法严明。如今的儒士不要任意诋毁商鞅，商鞅能使法令政策坚决施行。"

可见，适当的物质激励，可以激发更多人去执行目标、实施计划，并且物质鼓励要像商鞅一样说到做到，拒绝"画饼"。当然，学校管理者（校长）用物质动力推动教师、学生、家长实施目标的同时，也要用精神动力让大家坚守目标。因为有些学校根本没有条件进行更多的物质激励，当然有些教师、学生、家长也不需要物质激励，因为他们"家境殷实"，物质激励对他们没有多大作用。

2. 用精神动力坚守目标

用精神动力坚守目标，就是学校管理者（校长），通过精神鼓励、思想政治工作、授奖评优等精神激励，鼓励教师、学生、家长坚守目标，在困难面前不改初心，要有坚定的信念、坚强的意志，为实现目标而不懈努力。

只有让教师、学生和家长用精神动力来坚守目标，并为目标长期付出努力，聚沙成塔，积水成渊，才能获得成功。

很多企业的发展都证明了这一点，如果企业整个团队用十几年甚至几十年的时间坚守一个目标、专注于一件事情，往往就会取得很好的成果。例如牧原股份，成立于1992年，28年时间只做一件事——聚焦养猪，市值曾经突破3600亿元；海底捞，成立于1994年，

26年时间只做一件事——聚焦火锅,市值曾经突破2000亿港元;爱尔眼科,成立于2003年,17年时间只做一件事——聚焦眼科,市值曾经突破1800亿元;饿了么,成立于2008年,10年时间只做一件事——聚焦外卖,在2018年以近100亿美元的价格被阿里巴巴收购。

同理,学校要实现一个新目标,推进一个新事业,需要经历一段相对漫长的连续奋斗时期,期间会遇到许多意想不到的困难,需要教师们长年累月大量地付出艰苦的劳动(包括体力劳动和脑力劳动)。在这么长的时间内坚守目标,专注于某件事,只有用精神动力来支撑才能做到。

例如学校把总体目标制定为"社会认可、特色明显、师生幸福的现代优质学校",通过这个总体目标来指引教师、学生、家长们去付出、去奋斗。大家经过几十年的努力,终于实现这一目标——校园环境变得更优美、师生更加团结友爱;学校引入国学特色课程,古代圣贤德育内容成为特色;学生健康成长,个性品质优秀;教师幸福工作,主动发展自我;家长建言献策、积极参与家校共育。

3. 用信息动力调整目标

用信息动力调整目标,就是学校管理者(校长)通过校际信息交流、开放发展,明白本校在全国同类学校中处在什么位置。如果在较短时间内就实现总体目标,并在同类学校中处于领先地位,就要将目标调高一些,再接再厉,再创佳绩。如果在同类学校中处于中间地位,而且原有目标实现有很大困难,就要适当降低目标要求,让教师、学生、家长更容易实现目标,以激发大家发愤图强,奋起直追,在学校里全面形成"比学赶超"的氛围。

学校管理者(校长)要审时度势,因时、因地、因人调整目标,"有所为有所不为",要考虑清楚要做目标任务的加法,还是做目标任务的减法。《孟子》有言:"人有不为也,而后可以有为。"意思就是,有的事是必须做的,有的事又是绝对不可以做的,干该干的,不干不该干的。

为避免频繁调整目标,学校管理者(校长)在制定目标、分配任务时,要注意使工作与学习的强度适中,既要使工作(学习)内容饱满,也要具有可达性。所制定的各级目标,大家应只要付出两三倍的努力就可以实现,也就是目标要设定在大家跳起来就能"摘桃"的高度,而不是叫大家跳起来"摘星星"。

比如某学校制定的总体目标是要打造当地最好的学校,因而学校管理者(校长)在制定阶段目标、部门目标、个人目标、执行目标时,拼命做加法,定下比其他同类学校高很多的要求,结果,在实施一个学期之后,才发现大家都无法实现目标,在同类学校中还是处于中间的位置,不上也不下。因为大家没有实现目标,既没有物质动力,也没有精神动力,最后大家的积极性越来越差。这时,学校管理者(校长)要审时度势,综合分析校内外各种信息,通过大家参与、民主讨论的方式,总体目标可以保持不变,阶段目标、部门目标和个人目标可以适当降低要求,做目标减法,从而重新激发大家的积极性与创造性。

综上，目标化是"悦心管理"的强劲引擎。目标化，就是学校管理者（校长）在悦心管理中，需要制定一系列的目标来明确学校前进的方向、指明学校发展的道路，通过目标来指引教师工作、学生学习和家校共育等各项活动。制定目标时，可以按照组织层次划分，制定五级目标。各级目标包括总体目标（共同愿景）、阶段目标（分段规划）、部门目标（合理分解）、个人目标（落实到人）、执行目标（实施计划）。目标不会像雨雪那样从天而降，自然实现，实现目标需要三类基本动力，即物质动力、精神动力和信息动力。学校管理者（校长）需要用物质动力来鼓励教师、学生和家长去努力实施目标，还要引导大家用精神动力去坚守目标，要十年如一日专注于做一件事情。最后，学校管理者（校长）还需要审时度势，用信息动力调整目标的高度，以保持大家的积极性与创造性。

第二节 制度化是"悦心管理"的关键支撑

本节主要阐述悦心管理"三化"中的制度化。内容包括：什么是制度化、怎么制定制度、怎么实施制度。

按照一定的规矩、制度办事，才可以把事情办好。《孟子·离娄上》有言："离娄之明，公输子之巧，不以规矩，不能成方圆。"意思是，即使人们拥有像离娄那样的好眼力，像公输般那样高超的技术，但是不凭借圆规和曲尺，也画不成方圆。

古代的规矩，发展到现代，也就是管理组织的规章制度。制度的功能在于规范和约束人们的行为，具有约束作用和激励作用。悦心管理依靠制度来支撑，简而言之，就是要用制度管人、管事。

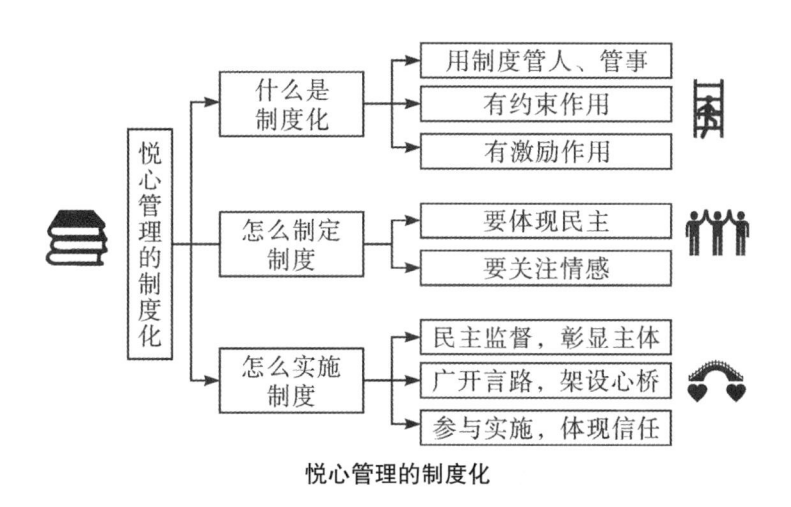

悦心管理的制度化

一、什么是制度化

悦心管理的制度化，就是学校管理者（校长）通过吸引教师、学生、家长集体参与、民主讨论、制定并实施一系列的学校管理制度，以保证学校教育教学活动有序规范地进行。

制度化，可以使学校各项工作井然有序，减少人为因素的干扰，构成议事有规则、管理有办法、操作有程序、过程有督导、职责有追究的良好格局。

如果学校没有制度的约束，任由教师、学生、家长我行我素，学校很容易陷入无组织、无纪律的混乱局面。

我们来看一看，周朝时期"礼崩乐坏"，会造成什么后果。

春秋时期，孔子曾作为贵宾参与鲁国国君举办的"蜡祭"活动。

祭礼结束后，孔子来到宫门外的高台上散步，不禁感叹说："如今天礼崩乐坏，我们要用什么方法来治理呢？"意思是感叹鲁国国君的失礼。

来自南方的弟子言偃连忙问道："夫子为什么叹气呢？"

孔子说："大道施行的时代，和夏商周三代杰出君主在位的时代，我没有赶上，而内心深怀向往。大道实施的时代，天下是人们所共有的，大家推选有道德有才能的人为领导，彼此之间讲究信誉，相处和睦。所以人们不单奉养自己的亲人，不单抚养自己的子女，使老年人都能安度晚年，壮年人都有工作可做，年幼的人都能健康成长，鳏寡孤独和残疾有病的人，都能得到社会的供奉。

"男子都有职业，女子都适时而嫁。对于财货，人们憎恨把他们扔在地上的行为，却不一定要自己私藏；人们都愿意为公众之事竭尽全力，而不一定为自己谋私利。所以奸邪之谋不会发生，明抢暗偷、作乱害人的现象绝迹。所以，门户只需关上而不用上锁。这就叫大同（理想）社会呀。"

当时，孔子批评春秋时期各个诸侯国破坏周朝的"礼乐制度"，让"大同的大道"不能实施。没有了礼乐制度的约束，诸侯们互相攻伐，天下陷入混乱之中。各个诸侯开始变王田为私田，变分封制为郡县制，大小诸侯国之间连年征战，弱肉强食，毫不"仁爱"，礼崩乐坏，大道不存。

古代的礼乐制度，分为"礼"与"乐"。礼，就是各种礼仪制度，乐就是各种音乐教化制度。那些诸侯国的国君，自认为自己与周天子平起平坐，经常越礼、进行超规格的享受，严重破坏了周朝的"礼乐制度"。西周末年的"礼崩乐坏"，造成了春秋战国时期长达500多年诸侯割据混战的局面。

治校如治国，如果学校没有制度来约束，各个部门和科室也会"自立为王、各自为政"，造成管理上的混乱与无序。

制度化是"悦心管理"的关键支撑。学校的各种规章制度，可以规范教师、学生、家长的工作（学习）和行为，使大家的活动得以合理进行，同时也维护大家的共同利益。学校管理者（校长）在制定规章制度时，要征求教师、学生和家长的意见，最终让教师自觉按照既定的规章制度，开展各项教育教学工作；让学生自觉遵守校园的各项规章制度，严格要求自己、勤奋学习；让家长自愿遵守校园的各项规章制度，积极配合家校共育的各项活动。

二、怎么制定制度

学校管理者（校长）在建设制度时，需要动员广大教师、学生、家长参与其中，征求大家的意见，然后制定出可执行的、科学的、人性化的制度，以发挥制度的积极作用（包括约束作用和激励作用）。

当然，制度的建设不是一劳永逸的事情，而是一个没有终点的动态过程，先是制定制度、再执行制度，然后在实践中检验和完善制度。

学校管理者（校长）怎么制定制度？可以从两方面着手：一要体现民主；二要关注情感。

1. 制定制度，要体现民主

体现民主，就是学校管理者（校长）要把各项制度的制定权交给教师、学生和家长，让大家民主参与、民主讨论、民主决策，从而制定出学校的各项规章制度。

在制定制度前，学校管理者（校长）应充分考虑各个层面的看法，充分理解各种角色的感受，广泛征求教师、学生和家长的意见和建议，在制度中还要加入人本思想，不要强制制定一些违背人性、与现存普遍习惯相冲突的制度。

在制定制度后，先试行一段时间，看看制度的约束作用与激励作用是否能发挥出来，如果不能，则需要进行第二轮的民主讨论，对制度进行调整，然后再正式实施。

学校的规章制度关系到教师、学生和家长的切身权益，学校管理者（校长）将制度的制定权交给大家，大家会群策群力，制定一些合情合理的规章制度。这样做，既能调动大家参与学校管理的积极性，同时也会提高大家执行制度的自觉性。因为制度是大家一起定的，大家也要一起遵守，谁违反制度，谁就违背了集体的意志，谁就成了"众矢之的"。

我们来看一看，春秋时期鲁国的统治者鲁哀公是如何制定国家制度的。

《孔子家语·贤君》记载了这样一个故事，鲁哀公当了国君之后，一直很想制定新的税收制度，以便增加朝廷的收入。但是，税收制度关系到每个人的切身利益，于是，鲁哀公决心去征求孔子的意见。因为孔子当时在鲁国开办私学，弟子粉丝众多，算是"大V人物"、意见领袖了。

有一天，鲁哀公向孔子问有关政事的问题。

孔子回答说："有一条政策能让百姓富裕而且长寿。"

鲁哀公惊喜地问："怎么说？"

孔子说："减轻税收，那百姓就富裕了；为政者不扰民，那民众就远离了犯罪，民众远离了犯罪就长寿了。"

鲁哀公叹气说："要是减轻税收，那国家就很贫穷了。"

孔子说："《诗经》上说：'品德优良，平易近人的君子，就是人民的父母。'没见过孩子富了但父母穷的。"

当时，鲁国推翻了过去按井田征收赋税的旧制度，改行"初税亩"，不分公田、私田，

凡占有土地者都要按亩交纳土地税。并将税率由原来的十分之一提高到十分之二,但若遇到天灾人祸,粮食歉收,朝廷的税收就往往不够公共开支。这就是鲁哀公所说的"二,吾犹不足"。

鲁哀公很想增加国家税收,想制定新的税收制度,但他并没有刚愎自用,而是体现民主,积极听取别人的意见,他最终接受了孔子的建议,减轻国人的税收,得到了人民的拥护。

可见,鲁哀公在制定国家税收制度之前,也要问政于民,广泛征求民众的意见。同理,学校管理者(校长)在制定制度时,要动员广大教师、学生、家长民主参与、民主讨论、民主决策,这样才能起到良好的效果。

悦心管理的制度化,就是要制定出教师、学生、家长愿意自觉执行的制度。一切良好的规章制度都应该是公平的、代表民意的。所以,学校的每一项管理制度、每一个重大决策,都应来源于教师的提议,经领导班子开会讨论后再由教职工代表大会修改、通过,最后付诸实施。由于全体教师参与了制度的制定,所以,大家都能自觉遵守且积极参与监督管理。

2. 制定制度,要关注情感

关注情感,就是学校管理者(校长)要做到刚柔相济,制定出来的制度,既要维护制度的权威,也要体现人文关怀,做到人性化管理。

学校管理者(校长)领导广大教师、学生、家长制定学校的规章制度时,不能把制度定死,而要留有余地,要学会变通,以保证制度的灵活性。

如学校的考勤制度规定:"周一至周五上午8:00开始上课,师生8:05未到教室视为迟到。"结果,夏天的时候遇到强降雨天气,很多家长不得不冒着大雨送学生到校,很多教师也要冒大雨回校,大家不仅淋湿了身上的衣物,还被记为迟到,因此,大家对这个考勤制度的意见很大。后来,经过大家一起讨论,学校融入了人性化的管理理念,把学校的考勤制度重新规定为:"正常情况下,周一至周五上午8:00开始上课,师生8:05未到教室视为迟到。但是遇到特殊情况,如遇到暴雨、地震、台风、洪水、汛情等自然灾害或其他意外事故,当天上课时间可酌情延后或者停课。"

可见,学校管理者(校长)引导大家制定学校的规律制度时,要注意兼顾制度的刚性和柔性。刚性就是建立制度的高压线,在正常情况下,大家都要遵守制度,谁违反谁受罚。柔性,就是灵活性,是指制度能够适应各种不同的情况。

我们来看一看,明代朱元璋如何制定人性化的养老制度。

明朝洪武四年,河南府知府徐麟因为老母亲居住在蕲州府的广济,便提出辞官回家照顾母亲。按当时的人事制度,明朝官员的调派与任免需要经过复杂的程序。但是制度是死的,人是活的,况且提出请求的官员还是个大孝子。

于是,朱元璋并没有免他的官,还将其改任为蕲州府知府,让他可以一边继续做官,一边就近孝养母亲。

这一年，河南右卫百户临濠人张纶又打报告说，自己的父母都已年逾八十，因自己工作地点离家太远，无法侍奉双亲。朱元璋得知后，又下令调他为濠梁卫副千户，就近奉养父母。

如果按照原来的人事管理制度，这些官员是不可能就近任职并奉养自己的父母的，只能辞官回家。但是明太祖朱元璋充分关注了官员们的个人情感，感知了他们的一片孝心，所以，在人事调动方面，做了灵活的处理。

后来，在朱元璋的重视和推动下，朝廷制定了人性化的养老制度，督促和激励官员奉养自家的老人。为了便于官员就近奉养父母，朝廷正式出台制度允许官员调到离双亲较近的地方任职，不用再上书向皇帝请求辞官。这项制度解决了他们的"两难问题"，得到大批官员的拥护。这样一来既可以继续工作，又可以赡养老人，可谓是两全其美，因此很多官员更加勤政爱民，为大明江山社稷贡献力量。

可见，在制定制度时，要关注情感，体现人文关怀。学校管理者（校长）在引导大家制定学校的规章制度时，要理解人、尊重人、发展人，要制定出人性化制度，让大家可以在不违反规章制度的前提下，人性化、灵活化地解决各种问题。人们经常说的"刚性的制度、柔性的管理"，就是这个道理。

在悦心管理中，人性化制度无处不在，如有学校为了防止师生浪费水资源，全部改用感应出水的水龙头；为了防止开水烫伤学生，改用有童锁的饮水机；为了防止学生触电，在各个活动场所全部加装防触电保护器等。教师、学生、家长一起制定的这些校园安全管理制度，就是全方位、人性化、安全的制度设计。

三、怎么实施制度

学校在制定了各项规章制度之后，怎么实施？可以从这三个方面着手，一是民主监督，彰显主体；二是广开言路，架设心桥；三是参与实施，体现信任。

1. 民主监督，彰显主体

民主监督，彰显主体，就是学校管理者（校长）要通过民主的监督保障、提供客观的评估标准、执行严格的奖惩机制，来保证既定制度的有效实施。

在实施制度中，广大教师、学生、家长始终处于主体的地位，他们既是制度的制定者，又是制度的实施者，更是制度的监督者，大家通过同级监督、交叉监督，保证学校各项规章制度的有效实施。

例如，学校可以通过校领导、教师值班巡查制度与校领导值班制度，每天安排值周领导、值周教师监督广大教师、学生、家长的行为，看他们是否遵守学校的相关制度，监督的内容包括学校的安全、纪律、卫生等情况，如监督学生不做危险活动、不乱丢垃圾、不追逐打闹、不污言秽语等,发现谁违反就登记处罚,发现谁做得好就通报表扬。

2. 广开言路,架设心桥

广开言路,架设心桥,就是学校管理者(校长)在制度的实施过程中,要广泛听取广大教师、学生、家长的意见,同时要架设心桥,搭建沟通的平台与渠道,虚心听取他人意见建议,不断优化与改进学校的各项规章制度。

制度不是一成不变的,它会随着学校以及个体的发展而改变,所以实施的过程是动态的、不断修正与优化的过程。不论哪方面的制度,即使只有少数教师反对,学校领导班子也应马上研究;多数教师反对的,学校立即行动,参照教师提出的合理化的意见和建议,对制度做进一步的修改和完善。人性化理念下形成的制度,不但让大家没有了压力,而且解放了大家的创造力和积极性。所以,教师们抱怨的少了,气顺了,风正了,干劲也足了。特别是面对荣誉和个人利益时,老师们都知道"有为才有收获"。

3. 参与实施,体现信任

参与实施,体现信任,就是学校管理者(校长)要吸引广大教师、学生、家长参与制度的实施,让大家按制度办事,学会用制度管理自己,即使在没有监督的条件下也能按章办事,这体现了学校管理者(校长)对被管理者的信任。

学校管理者(校长)与教师、学生、家长虽然是管理与被管理的关系,但是他们处于平等的地位,每个人都可以参与和讨论学校制度实施的问题。在实施制度与优化制度过程中,教师、学生和家长的才能和潜力都能充分地发挥出来,从而获得极大的成就感。

学校管理者(校长)要积极创造各种有利条件,鼓励师生、家长就学校的管理和发展、制度的实施等方面献计献策,提出批评、意见或建议,做到"知无不言、言无不尽"。

例如,学校实施"校长开放日座谈会"制度,真诚倾听师生、家长的意见和建议,及时解决大家关心的热点、难点问题,更好地促进学校均衡和谐发展;学校设立"意见箱""校长直通车",实施无缝沟通制度,随时听取大家的建议,也可以是师生的迷茫和困惑,以达到解决问题、改进工作、增进团结、凝心聚力的目的。

学校管理者(校长)做管理工作的最高境界,就是能够让每个教师、学生和家长像关心自己的事情一样关心学校的事情,都能意识到学校就像自己的家,从心底里感到自己是学校的主人。大家每天都知道做什么事情,要按照什么制度来执行。只要学校形成这种状态,即使学校管理者(校长)离开一段时间,学校也会照常运转。

要达到这种境界,离不开教师、学生与家长参与管理、参与决策、参与监督、参与实施学校的各项规章制度,也离不开大家深入、全面、真实地掌握情况、分析情况,从而发现问题、解决问题。

综上，制度化是"悦心管理"的关键支撑。悦心管理的制度化，就是学校管理者(校长)通过吸引教师、学生、家长集体参与、民主讨论、制定并实施一系列学校的管理制度，以保证学校教育教学活动有序规范地进行。制定制度，可以从两方面着手：一要体现民主；二要关注情感。实施制度，可以从这三个方面着手，一是民主监督，彰显主体；二是广开言路，架设心桥；三是参与实施，体现信任。当然，学校的规章制度不是一成不变的，它会随着学校的发展而发展，所以制度的实施是动态的、人性化的、不断优化的过程。在悦心管理的"制度化"过程中，广大教师、学生、家长始终处于主体的地位，他们既是制度的制定者，又是制度的实施者，还是制度的监督者。

第三节 精细化是"悦心管理"的根本保障

本节主要阐述悦心管理"三化"中的精细化,内容包括什么是精细化、怎么实现精细化。

"精细化"中的"精"就是精益求精的精心,"细"就是一丝不苟的细心。道家学派创始人老子曾经提醒我们处理艰难的事情,须先从细易处着手,老子说:"天下难事,必作于易;天下大事,必作于细。"意思是,天下所有困难的事必定是从容易的事演变而来;天下所有发生的大事也必定是从细小的地方累积而来。

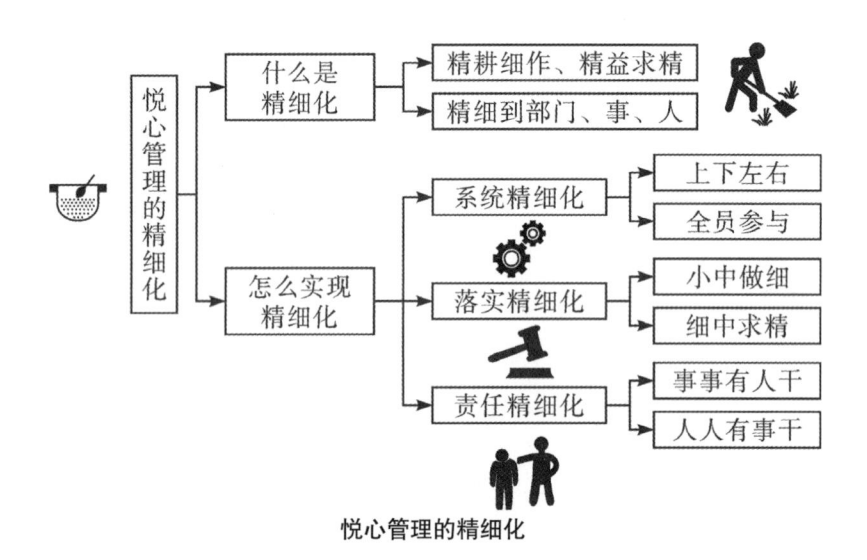

悦心管理的精细化

一、什么是精细化

精细化,就是学校管理者(校长)在悦心管理中要有精细化思维,在学校各项工作中学会从细处着眼,从小处着手,从实处着力,要专注于自己的领域,做到精耕细作、精益求精,精细化管理要落实到部门、到事、到人,形成"人人有事干,事事有人干"的良好局面。

"精细"的本意是精密细致,它既是要求、目标,也是标准。学校管理者(校长)进行精细化管理时,要把管理内容具体化、明确化,让管理的每一个步骤都要精心,每一个环节都要精细。

我们来看一看，东汉时期的名臣陈蕃是怎样进行精细化管理的。

东汉时期，15岁的陈蕃天天躲在房间里读书，梦想着能"学而优则仕""修身齐家治国平天下"。

有一天，他父亲的一位老朋友薛勤来看望陈蕃，发现陈蕃的屋里屋外都很脏乱，一点也不像打扫过的样子。

薛勤就对陈蕃说："你怎么不打扫一下屋子，以招待宾客呢？"

陈蕃振振有词地说："我将来是做大事的人，要做就做扫除天下祸患这种大事。为什么要做打扫房子这种小事呢？"

薛勤当即反驳说："一屋不扫，何以扫天下？"

陈蕃听了，理屈词穷，羞愧不已。

从此，陈蕃开始从身边小事做起、从细节做起，最终成为东汉时期的名臣，官至太傅、录尚书事。

有一次，皇帝挑选几千名美女进入后宫。陈蕃知道朝廷节约要从细节做起，要不然国库空虚，什么事都做不了。于是，陈蕃劝告皇帝说："这么多宫女，每天吃穿用度的花销太大，应该放出去一部分才对。"

皇帝听从了陈蕃的建议，放出去一半宫女，结果宫里的花销减少了，官府对老百姓的克扣盘剥也就减少了。

还有一次，有地方发生了农民起义，朝廷里的文武百官都商量着要通过武力来镇压这些农民，但陈蕃却不同意这样做。他经过调查发现事件的关键都是"官逼民反"，于是就进行了精心的安排。陈蕃给皇帝上书说："百姓都是皇帝的子民，他们造反是由于当地官府的贪虐导致的，只要严查当地这些不负责任的贪官，让那些爱护百姓、依法办事的官员上任，暴乱自然会停止，根本不用去镇压。"

皇帝依计行事，结果农民起义少了很多，社会也更加安宁了。

可见，管理国家只有精心、细心，才能抓住事物的本质与核心。陈蕃作为东汉的大臣，在忠君、报国、辅社稷之危等管理工作中，不畏强权、犯颜直谏、办事精细。陈蕃将点滴的积累、精细的布局贯穿于自己的实际行动中，真正具有了"大丈夫当扫除天下"的情怀与担当。

精细化是"悦心管理"的根本保障。"悦心管理"的精细化有两个支撑点，即"精"与"细"。

精，就是精心，做管理要学会抓住主要矛盾或关键问题，就像牵牛要牵牛鼻子、打蛇要打七寸一样。细，就是细心，做管理要懂得做那些起关键作用的小事，才能解决主要矛盾或关键问题。

例如某小学组织一次研学活动，要如何进行精细化管理？一是精心，要抓住关键，研

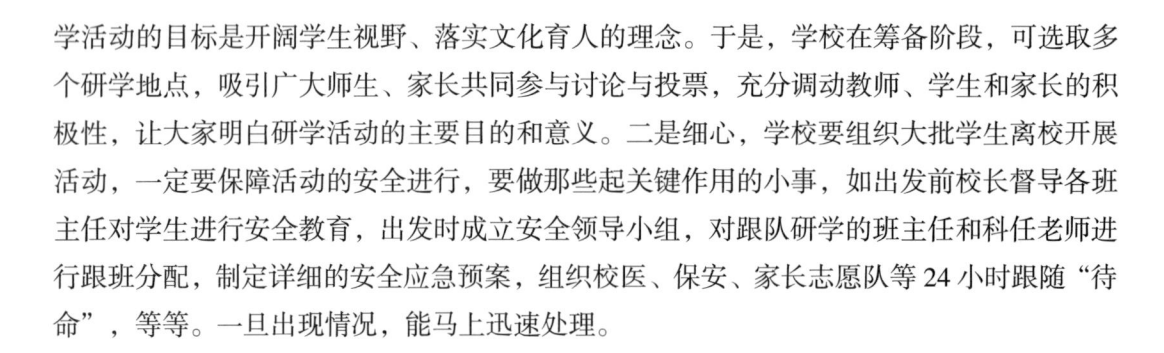

学活动的目标是开阔学生视野、落实文化育人的理念。于是，学校在筹备阶段，可选取多个研学地点，吸引广大师生、家长共同参与讨论与投票，充分调动教师、学生和家长的积极性，让大家明白研学活动的主要目的和意义。二是细心，学校要组织大批学生离校开展活动，一定要保障活动的安全进行，要做那些起关键作用的小事，如出发前校长督导各班主任对学生进行安全教育，出发时成立安全领导小组，对跟队研学的班主任和科任老师进行跟班分配，制定详细的安全应急预案，组织校医、保安、家长志愿队等24小时跟随"待命"，等等。一旦出现情况，能马上迅速处理。

二、怎么实现精细化

悦心管理，怎么实现精细化？学校管理者（校长）可以从三个方面来着手，一是系统精细化，要精细化到学校每个部门；二是落实精细化，要精细化到每一件事；三是责任精细化，要精细化到每个人。

1. 系统精细化：上下左右，全员参与

系统精细化，就是学校悦心管理涉及的校务管理、校园管理、教研管理、安全管理、队伍管理、学生管理、教学管理及后勤管理等各个方面，都要进行精细化。它是整个学校管理系统的精细化，而不是单个部门管理的精细化。

在这个全系统精细化管理中，学校管理者（校长）与被管理者（教师、学生、家长）按照从上到下，学校各部门按照横向到边、纵向到底的原则，全员参与，大家应知道从哪件小事做起、从哪个细节做起。这样就从学校管理者（校长）一人操心转化为大家齐心协力，学校各项工作在管理上做法更新、效率更高、效果更好、执行力更强。

系统精细化的核心就是"四化"管理，也就是规范化、系统化、流程化、数据化，最基本的特征就是重细节、重过程、重落实、重质量、重效果。学校管理者（校长）要引导教师、学生、家长按规范要求做好每一件事，在每一个细节上精益求精，力争做到最好。只要大家都从细处、易处行动起来，那么学校全系统精细化管理也就是水到渠成的事情。

例如学校在学生管理方面，通过"五项管理"实现精细化管理。在作业、睡眠、手机、读物、体质管理方面，学校编制详细表格，将各项管理的具体内容与数据标准写下来。在日常管理中，先让学生根据每天五项管理的情况开展自查自评，然后家长签字评价，接着教师评价，最后学校管理者（校长）整体督导检查所有班级的完成情况。这样，大家全员参与"五项管理"，就会取得良好效果，学生们在培养了良好的学习与生活习惯后，就可以进行自我管理、自主管理。

2. 落实精细化：小中做细，细中求精

落实精细化，就是学校管理者（校长）要将学校各项工作落实到每一件小事、每一处细节，培养广大教师、学生、家长的细节意识、求精意识，让人们有始有终地做完每一件小事，精益求精地做好每一件小事。

教师、学生、家长落实学校的各项工作时，不仅要做细，还要做好，要有匠心精神，像制作工艺品一样打磨工作与学习。宋朝的理学集大成者朱熹说道："言治骨角者，既切之而复磋之；治玉石者，既琢之而复磨之。治之已精，而益求其精也。"意思是，君子的自我修养就像加工骨器一样，切开了还要磋磨平滑；就像加工玉器一样，雕琢后还得仔细打磨。

东晋的陶侃是一个十分注重"细节"的人，他在物料管理方面落实到了每一处细节。

陶侃出身寒门，但是官运亨通，从县吏开始做官，一路做到了郡守、太守、刺史、侍中、太尉、都督等，靠的就是做事落实到细节的策略。

东晋时期，陶侃担任都督（古时候的军事长官），负责组织将士建造船只。船造好之后，陶侃说："把那些剩下的木屑和竹头全部收集起来。"

将士问："这些东西都用不着，还要找地方保管，不是很麻烦的事情吗？"

陶侃笑说："到时候自然会有用处的。"

没过多久，天降大雪，天晴后积雪融化，官府听事（处理政事的场所）前面的道路泥泞不堪，车马、路人行走时打滑，十分艰难。这时，陶侃让将士们把保存的木屑搬出来，铺到地面上，压住泥地，正好用来垫路防滑。

多年以后，荆州刺史桓温准备伐蜀（成汉），需要建造更大的船只，因为铁钉不够用而发愁。这时，陶侃叫将士们把储备的竹头拿出来，正好能当作竹钉用。

故事中，陶侃将造船剩下的边角料——木屑、竹头全部"物尽其用"，而且落实到细处，木屑铺路防滑，竹头做钉子钉牢船体结构。因此，将士们都很佩服陶侃"精耕细作"的办事风格。

学校管理者（校长）落实精细化，就是在将学校的各种大事分解成很多小事，再将小事分解到每处细节，让大家从点点滴滴的小事做起、做好，最终通过量的积累实现质的飞跃。

具体来说，就是学校管理者（校长）要以学校的总体目标为导向，对学校各方面的工作提出更具体、更细致、更严格的要求，将学校的工作进行分解细化。在落实过程中，还要引导广大教师、学生、家长从小中做细，从细中求精，真正实现"人尽其才，地尽其利，物尽其用，货畅其流"。

3. 责任精细化：事事有人干，人人有事干

责任精细化，就是学校管理者（校长）要把学校各项工作落实到人，让广大教师、学生、家长每个人都明白自己身上的任务，明白自己肩上所负的责任。学校管理，不是学校管理者（校长）一人在负重前行，而是大家一起合力同行。简而言之，责任精细化，就是让事事有人干、人人有事干。

具体来说，学校管理者（校长）要执行岗位责任制，明确教师（教育）、学生（学习）、

家长（配合）的各项责任，落实"第一责任人"的职责，以培养大家的责任感，让大家勇于担当，有所作为。

如学校实行"谁分管的谁负责""谁的岗位谁负责""谁的班级谁负责""谁的课堂谁负责"等岗位责任制，一方面可激发教师们的主人翁意识，提高教师自我成就感，提高工作效率；另一方面由于教师参与学校管理，增加了管理的透明度与可信度，增强了认同感，使学校与教师们形成一个整体，人人明确自我成长、发展与学校事业发展的密切关系，提高了教师们的自豪感、责任心和使命感。

我们所熟知的西汉开国皇帝、汉高祖刘邦，就十分懂得灵活应用"岗位责任制"。

刘邦原本是出身农家的平民，不喜欢从事生产，终日游手好闲。

后来，刘邦带领众多子弟起义反秦，而且知人善任、虚心采纳意见和建议，充分发挥部下的才能，终于打败西楚霸王项羽，赢得楚汉之争，统一了天下。

《资治通鉴》记载了这样一件事情。一天，刘邦在都城洛阳南宫摆酒宴，招待文武百官。酒过三巡，刘邦问百官："大家说说，我与那项羽有什么区别？"

百官纷纷夸赞说："大王大仁大义，项羽哪能比得上您！"

刘邦说："你们只知其一，不知其二。军营中出谋划策，就能决定千里以外的胜败，我不如子房（张良）。治理国家，安抚百姓，补给粮饷，我不如萧何。带领百万军队，每战必胜，攻无不克，我不如韩信。这三个人，都是杰出的人物啊。我会运用他们的能力，这就是我能夺取天下的原因，项羽有个范增（谋臣）却不能尽其用，这就是他被我打败的原因。"

可见，刘邦打败强敌、统一天下的秘诀就是知人善任，懂得落实"岗位责任制"，让事事有人干、人人有事干，让专业的人做专业的事情。刘邦让张良出谋划策、让韩信带兵打仗、让萧何治理国家，让他们在各自的岗位上负起应有的责任，努力把自己分内的事情做好。

在明代吴承恩所著的《西游记》里，取经人唐僧也懂得落实"岗位责任制"，还组建了稳固的"取经团队"。在取经的路上，唐僧负责"导航"，带队去西天；孙悟空负责"打妖"，扫除路上的妖魔鬼怪；猪八戒负责"牵马"，做领导的贴身保镖；沙僧负责"物流"，挑担搬运行李、官文、经书等。

在取经路上，唐僧师徒四人责任明确，事事有人干，人人有事干，最终历经九九八十一难，取得真经，修得正果。

因为责任明确，每个人都能发挥自己的才能，所以刘邦团队能统一天下，唐僧团队能取得真经。

同理，学校管理者（校长）在进行精细化管理时，也要知人善任，将责任精细化，将各项工作分配到每个人身上。首先要因事设岗，将不同的事情安排到不同的岗位；接着要因岗设人，将不同才能的人安排到合适的岗位；最后落实"岗位责任制"，让所有在岗人员（如支部书记、副校长、工会主席、年级长、班主任、家委会干事、班干部等）都明确自己的权利与责任，他们就能心悦诚服地投入到学校的各项教学教育工作当中去。

> 综上，精细化就是指学校管理者（校长）在悦心管理中要有精细化思维，在学校各项工作中学会从细处着眼，从小处着手，从实处着力，要专注于自己的领域，做到精耕细作、精益求精。精细化管理要落实到部门、到事、到人，形成"人人有事干，事事有人干"的良好局面。怎么实现精细化？可以从三个方面来着手：一是系统精细化，精细化到学校每个部门，让广大教师、学生、家长全员参与。二是落实精细化，精细化到每一件事，将学校各项工作都落实到每一处细节，让大家明白具体做什么，从哪里做起。三是责任精细化，精细化到每个人身上，要执行岗位责任制，明确教师（教育）、学生（学习）、家长（配合）的各项责任。假如能真正形成这样的良好局面，就可以做到人人有事管，事事有人管，时时有人管，处处有人管，人人用心管，变学校管理者（校长）一人操心为大家操心。

第四章
悦心管理中的"五力"

悦心管理中的"五力",即规划力、沟通力、督导力、感召力、反馈力。在悦心管理中,学校管理者(校长)既要贯彻"一本"的核心理念,也要实施"三化"的管理原则,还要修炼"五力"。

第一节　搭建成功阶梯的规划力

规划即人们对未来的计划、谋划。凡事皆有规划，才能攻无不克，才不会顾此失彼。《孙子兵法·谋攻篇》有言："上兵伐谋，其次伐交，其次伐兵，其下攻城。"意思是，上等的军事行动是用谋略挫败敌方的战略意图或战争行为，其次就是用外交战胜敌人，再次是用武力击败敌军，最下之策是攻打敌人的城池。

明朝《英烈传》有言："兵在精而不在多，将在谋而不在勇。"意思是士兵打仗是要精干而不是靠数量取胜，将领的好坏在于打仗用谋略而不是勇猛。可见，作为学校管理者（校长），如果善用谋略、规划，就会胜过千军万马。

本节我们一起探讨悦心管理"五力"中的规划力。内容包括：什么是规划力、怎么修炼规划力？

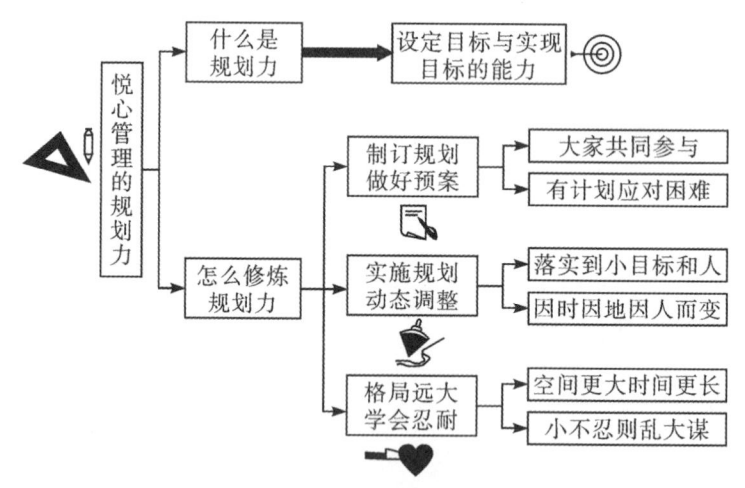

```
                    ┌ 什么是 ──→ 设定目标与实现
                    │  规划力        目标的能力
                    │
                    │              ┌ 制订规划 ──→ 大家共同参与
悦心管理的规划力 ──┤              │  做好预案 ──→ 有计划应对困难
                    │              │
                    └ 怎么修炼 ──┤  实施规划 ──→ 落实到小目标和人
                       规划力      │  动态调整 ──→ 因时因地因人而变
                                    │
                                    └ 格局远大 ──→ 空间更大时间更长
                                       学会忍耐 ──→ 小不忍则乱大谋
```

悦心管理的规划力

一、什么是规划力

规划力，是学校管理者（校长）设定目标与实现目标的能力。即对学校的未来发展进行谋划，统一思想、"上下同欲"，让广大教师、学生和家长形成共同的愿望，并制定具体实施步骤，能够有效预测学校发展的整体走向，对各种突发事件具有良好的应对能力。

实践证明，作为学校管理者（校长），在很大程度上决定着学校发展的前途和命运，学校发展规划的制订是否合理，直接影响着学校未来的发展走向。

孔子既是古代伟大的思想家、政治家、教育家，也是一位人生规划大师。我们来看一看孔子是如何做规划的。

《论语·为政》记录了孔子的人生规划蓝图。

子曰："吾十有五而志于学，三十而立，四十而不惑，五十而知天命，六十而耳顺，七十而从心所欲，不逾矩。"

意思是，孔子说："我十五岁就立志学习，三十岁能够有所成就、立足于世，四十岁遇到事情不再感到困惑，五十岁就知道哪些是不能为人力支配的事情而乐知天命，六十岁时能听得进各种不同的意见，七十岁可以随心所欲（收放自如）却又不超出规矩。"

孔子做的这些人生规划，基本都实现了。

公元前551年，孔子出身于贵族家庭。后来，为了躲避宋国战乱全家逃到鲁国的陬邑（今山东曲阜）定居。

孔子3岁时，父亲叔梁纥病逝，孔子过着清贫的生活。

孔子15岁时，"十有五而志于学"，开始立志做学问，要努力学习圣贤之道。

孔子20岁时，到朝中做了一小官——委吏，管理仓库。

孔子30岁时，"三十而立"，开始办私学，主张"有教无类"，学生不论贫富出身，统统收到门下。

孔子40岁时，"四十而不惑"，对人生各种问题有了比较清楚的认识，经常给学生解答问题。

孔子50岁时，"五十而知天命"，孔子51岁时曾经担任鲁国大司寇（负责实践法律法令）。不久后便带领弟子周游列国，积极宣传"仁政"。

孔子60岁时，"六十而耳顺"，发现各个诸侯国都"礼崩乐坏"，不施仁政，渐渐也释怀了，能听进各种不同的意见。孔子68岁时，在其弟子的帮助下，重新回到了鲁国。

孔子70岁时，"七十而从心所欲"，全力修订五经（《诗》《书》《礼》《易》《春秋》）。

公元前479年，孔子病逝，享年73岁，葬于鲁城北泗水岸边。

孔子的一生，因为做好了规划，所以取得了一系列的成就，他培养出"弟子三千，贤者七十二"，修六艺，创立儒家学派。

悦心管理的规划力，不是学校管理者（校长）一个人的规划，而是要组织广大教师、学生、家长集体参与制订的，比较全面的、长远的发展计划，然后设计一整套的行动方案。可以说，先有目标，后有规划，目标是前进的方向，而规划是行动的纲领。

悦心管理中的规划力，是一种预测能力、筹划能力，是搭建成功的阶梯。所以，在实施规划之前，要发挥民主、广开言路、集思广益，组织广大教师、学生、家长共同制订发展规划。规划的目的不是为了控制现有的行动，而是设计和研究学校未来的活动。规划应该是综合方案，既有主选方案，又有备选方案，还应包括一些面对突发事件的应急方案。只要学校管理者（校长）做出系统性的规划，就可以让学校的未来发展变得更加有序和可控，同时也让大家能有计划地应对所有可能出现的困难。

二、怎么修炼规划力

学校管理者（校长）要修炼规划力，可以从三个方面来开展，一是制订规划，做好预案；二是实施规划，动态调整；三是格局远大，学会忍耐。

1. 制订规划，做好预案

制订规划，就是学校管理者（校长）要动员广大教师、学生、家长共同参与，制订出切合学校实际情况、符合学校发展特色的计划，要站得高望得远，要在关键的时间节点完成关键的事情。学校有了规划，教师、学生和家长的行动才有目的，才有力量，才有成效。《孙子兵法》有云："谋定而后动，知止而有得。"意思就是，谋划准确周到然后再行动，知道目的地才能够有所收获。

做好预案，就是未雨绸缪，做好应急准备，当遇到新困难、新变化时，要有备选方案和应急方案，以保证原来的规划有条不紊地执行。

我们来看一看，越王勾践灭吴的故事，越王勾践就是做好了长期的规划。

春秋末年，越王被吴王夫差打败。勾践从国王沦为奴隶，受尽了屈辱，但为了保命，他从不发牢骚。

三年后，吴王夫差对勾践放松了警惕，就把勾践放回越国。

勾践回到越国之后，制订了一个长期的"复仇计划"。

在心理规划方面：勾践做好了长期吃苦的心理准备，"卧薪尝胆"，天天睡在柴草上，尝着苦胆汁。

在生产规划方面：勾践发布了"十年不征税"的命令，鼓励百姓多生产、多生孩子，哪家多生了孩子国家给奖励、还帮助养大，结果越国人口飞速增长。

在军事规划方面：勾践暗中训练出一只精锐的军队，还打造了一把锋利无比的越王剑。

在行动规划方面：勾践重用范蠡、文种等有才干的人，在关键的时间节点完成了关键的事情。先是贿赂吴王夫差，麻痹对方；接着收购吴国粮食，使之粮库空虚，赠送木料，耗费吴国人力物力兴建宫殿；然后施用美人计，将四大美人之一的西施送给吴王夫差，消磨夫差的精力；最后，散布谣言，离间吴国君臣，使夫差误杀吴国大夫伍子胥。

勾践通过"十年生聚"（繁殖人口、聚积物力）、"十年教训"（教育民众、训练军队）"，使越国慢慢强大起来。

公元前482年，勾践统率五万越军，突然对吴国发起进攻，一举攻下了吴国的国都姑苏。4年后，勾践彻底消灭吴王夫差的所有部队，夫差兵败自杀。至此，勾践长达20年的复仇计划圆满完成。

故事中，越王勾践为了复仇，做了长达20年的规划，并有目标、有步骤、有计划地去实施，在关键的时间节点完成关键的事情，最终一举消灭吴国。学校管理者（校长）在制订规划时，也可以借鉴"十年生聚、十年教训"的做法。

制订规划，是学校总体目标确定以后的下一步动作，是实施学校总体目标的重要手段。学校管理者（校长）在制订规划前，要对学校的发展方向、远期方针及其实现可能性有清楚的认识，能够对未来目标和发展趋势、前景进行科学的测算，充分地预计到各种因素的干扰。

如果学校原本就有规划，学校管理者（校长）可以根据时代的变化修订出新的规划。如果学校没有规划，学校管理者（校长）就要重新制订学校的发展规划，这个规划一般是中长期（5—10年）规划，而且规划时还要分清事情的先后主次、弄清楚各种任务的优先顺序，明确在哪个时间节点完成哪些事情，只有这样才能将学校的能量集中在最为关键的点上，实现重点突破。

2. 实施规划，动态调整

实施规划，就是学校管理者（校长）根据学校总体的规划，由远及近、由大到小地做出详细的实施规划，每个阶段都要有明确的目标。也就是说，学校规划是实现学校管理目标的工作蓝图，规划只有实施，才能变成现实，规划不实施就永远只是蓝图，因此规划要落实到具体每一个小目标和完成这些小目标的负责人。

例如，学校可以为一个学期、一年、三年、五年、十年等几个时间跨度制定不同的发展规划，根据近期、中期、长期三个维度，选择教育规划周期进行定位，依照"愿景——目标——重点项目"的规划要求，把具体的目标落实到每天、每个人（教师、学生、家长）的身上，让他们明白自己每天要做什么，每周要做什么，哪个月要完成什么，哪一年要完成什么。这样，学校的规划就能稳步实施。

动态调整，就是学校管理者（校长）在实施学校总体规划的过程中，一方面要确保总体的目标和发展方向不变；另一方面，实施规划的手段、措施与方法可以灵活动调整变化。因为学校的发展不是一帆风顺的，由于政策、人员、外在环境会发生变化，很多时候"计划赶不上变化"。学校管理者（校长）要有能力协调各种矛盾，排除各种干扰，理清工作思路，要"因时、因地、因人"创新各种实施规划的手段、措施与方法，确保学校总体规划的稳妥实施。

为实施规划，需要做好物质保障和精神保障。物资保障就是规划实施过程中所需要的人力、物力、财力的筹措、储备、管理与供应。精神保障，就是通过动员与沟通，做好聚拢人心、统一思想、稳定情绪等思想准备工作。

我们来看一看曹操怎么实施统一全国的规划。

东汉末年，曹操散尽家财起兵，讨伐董卓。随后，曹操做出了长远的规划——"先统一北方，再统一全国"。怎么落实这个规划呢？要统一就需要打仗，要打仗就需要源源不断的军粮。正所谓"兵马未动，粮草先行"。意思是，出兵之前，要先准备好粮食和草料，做好物质保障。

单靠"收租"是不够的，还得"自己种"。为了实施规划、补充军粮，曹操想出了一个保障军粮供应的措施，那就是在统治的区域范围内实行屯田制度。

屯田分民屯、军屯和士家屯田三种。民屯就是征发或招募农民进行屯田生产，军屯就是组织士兵进行屯田生产，士家屯田就是组织士兵家属进行屯田生产。

民屯与士家屯田的收入执行分成制，分成办法以是否使用官牛区分，"持官牛者官得六分，百姓得四分，私牛而官田者与官中分"。军屯的收入不实行分成制，全部归国家所有，作为军资使用。曹操的规划落到了每个士兵、每个农民的身上，大家都很清楚自己要做什么，所以"百姓安之，人皆悦乐"。

曹操实行的"屯田制"，前后历时70多年，很好地解决了粮草短缺的问题，使曹魏集团的实力大增，为后来打败袁绍、统一北方，再打败南方蜀、吴两国，统一全国打下了良好基础。

可见，只有做好物质保障，规划才能长期实施；只有将规划落实到位，才能实现最终的目标。

学校的规划不是一成不变的，而是可以调整的。调整规划的方法有两个：一是通过内部力量调整，二是通过外部力量调整。

通过内部力量调整规划，就是学校管理者（校长）要将人本理念作为校园规划的出发点和落脚点，依靠全体师生、家长的共同努力，"由远及近、由大到小"地落实，还要根据实际情况的变化，激发教师、学生和家长主动参与学校发展规划的实施，尊重大家的意愿，得到大家的高度认同，建立一个有效的信息反馈系统。通过信息反馈系统，及时了解规划实施的情况以及在具体实施中所遇到的问题，及时进行动态调整，进一步完善规划的内容与形式，使规划的各个部分更加协调。

通过外部力量调整规划，就是学校管理者（校长）在制订、修改、完善学校发展规划时，可以"问计于民"，如向其他同类学校取经，特别是向优秀学校的家长委员会成员请教。这些优秀学校的家长委员会往往是学生家长中的精英和代表，尽管他们对学校发展的意见不一定那么专业，但旁观者清，更容易"跳出教育的圈子看教育"，提出有利于学生健康成长的建议，如对学校建筑布局、配套设施及未来师资构成等有独到的见解。

3. 格局远大，学会忍耐

格局远大，就是学校管理者（校长）在制订学校总体发展规划时，所关注的发展空间要更大一些、规划所实施的时间要更长一些。因为那些小格局的规划，因为关注的空间较小、实施的时间较短，只能取得一些小成就，唯有大格局的规划，才能取得大成就。

学会忍耐，就是学校管理者（校长）在修炼规划力时，要有长期吃苦的决心和长期实施的耐心，不论遇到什么困难都要坚守初心、坚守规划，不要轻易放弃，只有经过几十年的努力与坚守，才能采撷胜利之花。

《论语·卫灵公》记载："子曰：'巧言乱德，小不忍则乱大谋。'"翻译过来就是，孔子说："花言巧语会败坏道德。小事上不忍耐，就会扰乱了大的谋略。"朱熹在《论语集注》中解释说："小不忍，如妇人之仁、匹夫之勇皆是。"又说："妇人之仁，不能忍于爱；匹夫之勇，不能忍于忿，皆能乱大谋。"

学校管理者（校长）在制订规划与实施规划时，可能会对一些利益进行重新分配，而这会影响一些教师、学生、家长的利益，他们会不时跳出来阻挠与破坏规划的实施。这时，学校管理者（校长）要学会忍耐，只要学校的规划是为大部分人谋福祉的，就要坚持到底，从容地面对内心的冲突与外界的压力，正如"千磨万击还坚劲，任尔东西南北风"。

我们看一看，西汉大将军韩信是怎么通过忍耐来实现自己的人生规划。

韩信早年的生活十分落魄，经常去别人家里蹭吃蹭喝，人们大多都讨厌他，但他却做好了将来要成为"大将军"的人生规划。

一天，淮阴有个年轻的屠夫侮辱韩信说："你虽然长得高大，喜欢佩带刀剑，但其实是个胆小鬼。"

年轻的屠夫见韩信不理他，又当众侮辱他说："你要不怕死，就拿剑刺死我；如果你怕死，就从我胯下爬过去。"

韩信心生怒气，他仔细地打量了那个年轻的屠夫一番，刚拔出剑想刺过去，可是转念一想，杀人要偿命，为了这样一个人毁了自己的人生规划太不值得了。于是，韩信就忍辱从那个屠夫的裤裆下钻了过去。大伙看到这个情形都嘲笑韩信，韩信却若无其事地走开了，因为没有人知道他心中的发展规划。

后来，韩信参加了农民起义军，屡建战功，被刘邦拜为大将军。随后，他率军击败了项羽，为汉朝的统一立下了汗马功劳。

韩信做了大将军之后，派人找到那个屠夫，提拔他做中尉，让他负责缉拿盗贼。韩信不时把那个屠夫介绍给他的部下说："当年屠夫的行为并无恶意，反而激励了我的意志，让我学会了忍辱负重，我才能有今天。"屠夫听了后羞愧万分地低下头，韩信的手下将士听了都十分钦佩韩信的宽宏大量。

可见，为了大格局规划的实现，实施的道路上如果出现一些意想不到的困难和插曲，也是值得忍受的，正所谓"忍一时风平浪静，退一步海阔天空"。

> 综上，悦心管理"五力"中的规划力，是成功的阶梯。规划力是学校管理者（校长）设定目标与实现目标的能力。规划力无法生俱来，只能靠后天的修炼得来。学校管理者（校长）要修炼规划力，可以从三个方面来开展：一是制订规划，做好预案；二是实施规划，动态调整；三是格局远大，学会忍耐。制订规划，就是制订符合学校实际情况的计划；做好预案，就是要有备选方案和应急方案。实施规划，就是落实到具体每一个小目标和完成目标的负责人；动态调整，就是要因时、因地、因人调整实施规划的方法。格局远大，就是规划所关注的发展空间要更大一些、所实施的时间要更长一些；学会忍耐，就是要有长期吃苦的决心和长期实施的耐心。

第二节　倾听群众心声的沟通力

本节主要阐述悦心管理"五力"中的沟通力，内容包括：什么是沟通力、怎么修炼沟通力。

学校管理者（校长）要做好悦心管理，必须要修炼沟通力，只有具备良好的沟通能力，才能感知人心、打动人心。孟子曾经说过："人之相识，贵在相知；人之相知，贵在知心。"意思是，人与人之间相互认识，最可贵的是互相了解；人与人之间相互了解，最可贵的是互相知心。

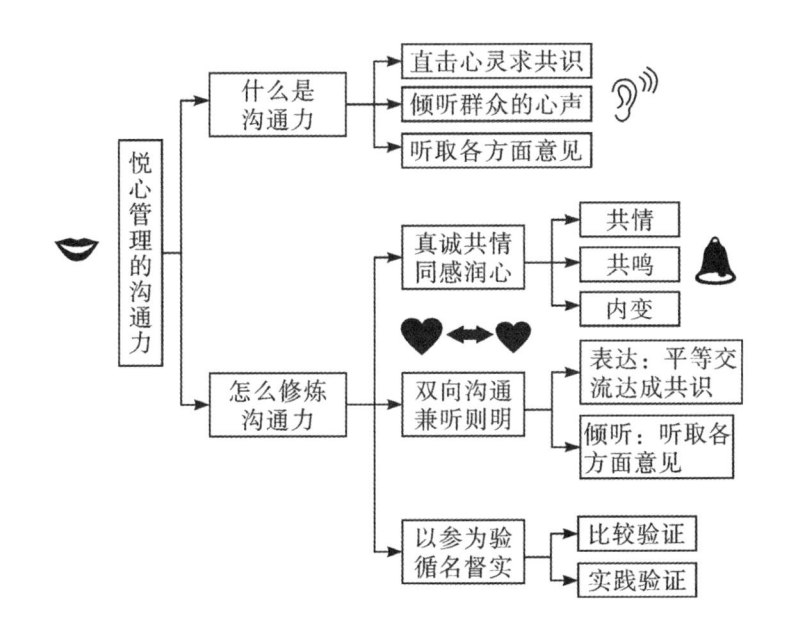

悦心管理的沟通力

一、什么是沟通力

沟通力，就是一种学校管理者（校长）要修炼的直击心灵的沟通能力，学校管理者（校长）要学会在人与人之间、人与群体之间交流思想，表达彼此的观念、感受与意愿，以寻求共识。

沟通力是一种综合的能力，包含着表达能力、倾听能力和设计能力（形象设计、动作设计、环境设计）等，其中"沟"是手段，"通"是目的。在悦心管理中，学校管理者（校长）开展各项工作，都须通过从上到下的层层沟通，来传递信息、表达感情、建立关系、解决矛盾。

我们一起来看看，孔子是怎么与学生进行沟通的。

春秋时期，孔子带着弟子周游列国。有一次，孔子与弟子们在陈国和蔡国之间的地方被人围困，前不着村后不着店，所带的粮食全部吃完，断粮持续了整整七天。

大家饿得实在支撑不下去了，纷纷躺在地上，奄奄一息。在这一危急时刻，学生颜回想办法到外面讨回一些米，然后烧火做饭。

饭快要熟了，孔子看见颜回用手抓锅里的饭吃。孔子不禁闪过一个念头，颜回是不是太饿了，以至于要偷吃饭。

过了一会饭熟了，颜回请孔子和其他弟子们过来一起吃饭。

孔子假装没看见颜回抓饭吃的事情。孔子在吃饭之前，故意对颜回说："我刚才梦见我的先人，我自己先吃干净的饭然后才给他们吃。"

颜回一听，知道孔子误会他了，马上解释说："不能这样的，刚刚有炭灰飘进了锅里，把一些饭粘黑了，我丢掉它又浪费，所以就抓来自己吃了。"

孔子叹息道："按理说，我应该相信看见的，但是看见的并不一定可信；应该相信自己的心，自己的心也不可以相信。你们记住，要了解一个人不容易啊。"

俗话说："眼见为实，耳听为虚。"但是在上面的故事中，孔子发现，眼见不为真，自己的心也不可以相信，所以了解一个人是不容易的，必须进行充分的沟通。一开始，孔子怀疑颜回偷吃饭，不讲"仁德"。但是，怀疑并不等于真相，孔子通过与学生真诚地沟通，消除了误会，重新认识到颜回"偷吃"，并不是"自私自利"，而是"舍己为人"。

学校管理的对象是教师、学生和家长，学校管理者（校长）只有与他们进行直击心灵的沟通，才能了解真相；如果在沟通时有所怀疑，就要亲自去实践、去调查。西汉宗室、大臣、文学家刘向在《说苑·政理》中说道："夫耳闻之，不如目见之；目见之，不如足践之。"意思是，耳朵听见的，不如眼睛看见的，眼睛看见的，不如自己亲自实践得到的。

沟通是世界上最简单的事，也是世界上最难的事。悦心管理的沟通力，是带着真诚、善意与共情进行的沟通，是倾听群众心声的沟通，是直击心灵的双向沟通，是同时听取各方面意见的沟通，人们要杜绝道听途说的无效沟通和以讹传讹的有害沟通。

悦心管理的本质是管心，管心的前提，是要进行心灵的沟通，才能真正理解教师、学生和家长的所思所想。在沟通中，学校管理者（校长）不仅要倾听对方的心声，还要将自己的心声传达给对方，要关注彼此的反应、感受与理解接受的程度。学校管理者（校长）只有进行直击心灵的沟通，才能达到上下通气、行动协调、人际关系融洽的良好状态，才能真正打动人、激励人、改变人。

二、怎么修炼沟通力

学校管理者（校长）要修炼沟通力，可以从三个方面来着手：一是真诚共情，同感润心；二是双向沟通，兼听则明；三是以参为验，循名督实。

1. 真诚共情，同感润心

真诚共情，同感润心，就是学校管理者（校长）通过真诚的沟通，设身处地体验教师、学生和家长的处境，感知与理解他们的情绪情感，以同样的感想、感受去滋润他们的心灵。

分开来说，"真诚"指的是在沟通时要态度诚恳，真心实意，不虚伪不说假话。一切沟通技巧都要以真心为前提，以真心为基础。"共情"即换位思考，是指既能体会他人的情绪和想法、理解他人的立场和感受，又能站在他人的角度思考和处理问题的一种思考方式。

可以说，学校管理者（校长）必须要修炼共情能力，对他人的痛苦、喜悦感同身受，才能做到善解人意，拥有更好的沟通交流能力。

我们来看一看，孔子的马夫是怎么进行真诚共情的沟通的。

明代文学家、戏曲家冯梦龙在《智囊》中记录了这样一件趣事。春秋时期，孔子带着学生出游，他们在路边休息时，马儿挣脱缰绳，去偷吃农夫的庄稼。农夫十分生气，就把马抓起来。

这时，以能言善辩著称的学生子贡自告奋勇，愿意前去沟通，把马要回来。子贡与农夫沟通时，用"之乎者也"说了一箩筐好话，最后用近乎恳求的语气让农夫把马放了。可是，农夫不为所动。

见到子贡垂头丧气地回来，孔子笑着说："夫以人之所不能听说人，譬以太牢享野兽，以《九韶》乐飞鸟也！"意思是，你用农夫听不懂的道理去劝说他，农夫自然是听不懂的。这好比让猛兽去吃祭祀用的熟肉，让飞鸟去聆听高雅的音乐一样，也就不会有什么好效果。

于是孔子让马夫去和农夫沟通。马夫首先设身处地为农夫着想，他对农夫说："你我都是种地的，都很辛苦，马儿偷吃了庄稼，理应受罚，而且你已经惩罚它了。"农夫一听，就放下了戒心。

接着，马夫又对农夫说："虽然你不在我的家乡东海种地，我也不在你的家乡西海种地，但是两地的庄稼都长得绿油油的，马儿根本分不清楚到底吃的是你的庄稼还是我的庄稼。我们就不要为难一匹马了。"

农夫一听，高兴地说："你这话说得明明白白，让人心服口服！"于是，农夫就解开缰绳，把马儿还给了马夫。

故事中，孔子的马夫在沟通过程中能够站在农夫的角度，体谅农夫从事稼穑的辛苦，找到了他惩罚马儿的正当理由，既为农夫着想，也为马儿着想，最终说服农夫，成功要回了马儿。

可见，学校管理者（校长）在与教师、学生和家长沟通时，要清楚地知道自己既是校长也是教师，过去做过学生，现在是孩子的家长，要设身处地为别人着想，让自己的话说到别人心坎里，让自己的真诚言语温暖他们的心，让话语沟通成为心灵上的交流。

在沟通中，学校管理者（校长）不要急于表达自己的要求和期待，更不能将自己的意志强加到教师、学生和家长的身上。正如《论语》所言："己所不欲，勿施于人。"意思是，自己不喜欢的，也不要强加给对方。可见，沟通应该是将心比心的平等交流，这样才能取得良好的成效。

学校管理者（校长）进行真诚共情的沟通，大致可分为三个步骤。

第一步，共情。

通过设身处地地思考、感同身受地沉浸，体会到对方的情绪、心情和观点，让对方感受到自己被关心、关注，被肯定、欣赏。

第二步，共鸣。

通过共情接纳，搭建起沟通的平台，建立情感"连接"，拉近彼此的距离，以情动人，从而引起共鸣。用真情实感去感动对方的方法有很多，如可以进行自我检讨，说出自己的缺点，或讲述自己的经历，唤起对方的同情心和类似的回忆，从而让对方与你产生共鸣。

第三步，内变。

引导对方自我觉察，真诚接纳并主动改变自己的内心想法，形成新的统一行动的意志。

在学校管理中可能会产生一些矛盾，如人事工作中任务安排、评优晋级的矛盾，无意中的言语伤害，对教师工作失误的批评，以及一些小小的误解，都可能会导致部分教师产生心理上的纠结情绪。如果不及时沟通，势必会影响学校工作的正常开展。

因此，在与教师的沟通中，学校管理者（校长）可以按照这三个步骤开展共情沟通。先感受一线教师岗位的压力与责任，肯定与欣赏教师的工作成绩；接着设身处地表达自己过去被人误解后表现出的种种情绪，以引起教师的共鸣；最后，引导教师要以实现学校的总体目标为重，要学会释放与抛弃个人的负面情绪，让教师心悦诚服地、主动从内到外地改变自己，以更加积极的心态投入到工作中去。

在与学生的沟通中，学校管理者（校长）要把心态放正，正视学生的主体地位，看清学生的现状，设身处地理解学生，让他感觉到你的尊重和真诚。当他们感受到你的关心、关注，再进行进一步的启发引导。这样的沟通交流就像春风化雨一样润泽着学生，使他们的心灵受到强烈的震撼，感受到校领导的关心、帮助，进而向好的方向发展。

2. 双向沟通，兼听则明

双向沟通，兼听则明，就是学校管理者（校长）在与教师、学生和家长进行沟通时，要掌握表达与倾听的恰当方法。在表达中，要通过双向平等的交流，最终达成一致意愿与共识。在倾听中，要听取各方面的意见，正确认识事物，做到心中有数，才能做好各项管理工作。

东汉思想家王符在《潜夫论·明暗》中指出："君之所以明者，兼听也；其所以暗者，偏信也。"意思是，要同时听取各方面的意见，才能正确认识事物；只相信单方面的话，必然会犯片面性的错误。

例如有一个学生突然不来上课了，如果学校管理者（校长）不进行全面地沟通，马上扣掉这个班的文明评比分数，那么班里的同学们是不会信服的。学校管理者（校长）应该学会"兼听"，要问问这个班的教师、这个学生的同学、这个学生的家长，甚至问问这个学生的兴趣班老师，全面了解学生的情况，看他是因为生病了不能来，还是有厌学情绪不想来，还是临时有事。只有综合考虑，才能作出正确的判断与处理。

我们来看一看，唐太宗李世民是怎样做到"兼听则明"的。

魏徵是唐朝宰相，他多次直言进谏，对唐太宗李世民的施政方针给以极有益的影响，辅佐李世民开创"贞观之治"。

有一次，李世民想给自己的女儿长乐公主准备丰厚一点的嫁妆。没想到，魏徵竟然站出来说"不"。

魏徵说："现在，侄女（长乐公主）的嫁妆已经超越了姑姑（永嘉公主），是违反礼制的，请不要这样做。"

李世民想来想去，觉得十分有道理，就按相关礼制来办理，没有随意多加嫁妆。

还有一次，李世民嫌弃各地呈送的供果质量太差，生气地说："把这些供果给我退回去。"

这时，魏徵站出来说："隋炀帝杨广在位期间，大肆铺张浪费，穷奢极欲，结果，引发全国范围的农民起义，天下大乱，导致隋朝崩溃覆亡。"

李世民一听，羞愧不已，自己差点就变成了像"杨广"一样贪婪的暴君，于是马上收回成命。

李世民想把嫁妆准备得丰厚一点、想吃好一点的供果，都被魏徵"进谏"，指出其中的"不当之处"。在沟通中，魏徵直言进谏，一点一滴地改变李世民身上的"过失"，最终辅佐李世民成为一代明君。

魏徵死后，唐太宗李世民十分悲伤地对身边的大臣说："人以铜为镜，可以正衣冠；以古为镜，可以知兴替；以人为镜，可以明得失。魏徵没，朕亡一镜矣！"意思是，人们用铜做成镜子，可以用来整齐衣帽，将历史作为镜子，可以观察到历朝的兴衰更替，将人作为镜子，可以明确自己行为的得失。魏徵去世，朕失去了一面绝好的人镜。

可见，李世民"兼听"的三大法宝，就是三镜——以铜镜自查、以史镜借鉴、以人镜沟通。三镜中最重要的是人镜，因为人镜可以随时随地地沟通，随时随地地指出自己的过失，让自己变得更加贤明、更加完美。

李世民之所以能够"兼听"，那是因为宰相魏徵敢于"进谏"。李世民（上级）与魏徵（下级）一个"兼听"，一个"进谏"，两人的沟通是双向的，只有双向的沟通，才是有效的沟通。单向沟通不仅不能全部了解情况，还会造成"适得其反"的无效沟通，甚至是有害沟通。

悦心管理的沟通力，强调学校管理者（校长）在沟通时要做好双向沟通，既要善于同上一级领导沟通，又要注重与下一级教师、学生、家长的沟通。在沟通中，不仅要学会说，还要学会听。在倾听时，要创设条件、搭建平台，多听取各方面的意见，综合评判后研究对策，才能做好学校的各项管理工作。

如学校要改进学校饭堂的伙食、完善饮食结构，既要听取一线人员（教师、学生、家长）的意见，也要听后勤人员（厨师、采购、供应商、第三方服务人员）的意见，还要听取其他学校（饭堂改造、伙食改善）的建议。只有听取各方的意见，才能做好学校饭堂的改进工作。

3. 以参为验，循名督实

以参为验，循名督实，就是学校管理者（校长）在沟通中，要通过考察比较，对原有的认识进行验证，去伪存真、去芜存菁，以教师、学生、家长的名分（名义、身份和地位）来探求实际情况，做到名实相符。

学校管理者（校长）要修炼这项能力，主要是为了防止其他学校领导不分是非曲直、偏听偏信，让谗言陷害了好人，让自己沦为别人的帮凶。

在现实生活中，那些越有能力，越能做好工作的人，经常被人陷害，反而那些不干事的人，永远平安无事。因为不做事的人永远不会犯错，而那些做事的人，一旦犯个小毛病就会被谗言所包围。

古往今来，由于领导听信谗言而导致下属下场悲惨的事例屡见不鲜。爱国主义诗人屈原遭到谗言陷害"失宠"后，被放逐湘沅，楚郢都被攻破时投汨罗江而死；抗金英雄岳飞被秦桧的谗言所害，惨遭杀身之祸。

如今虽然时代不同了，但是恶意中伤人的谗言依然存在，学校管理者（校长）需要采取"参验"的方法，来提防谗言对学校管理工作的干扰。

"参验"是先秦时期韩非提出来的用以检验认识正确性的一种方法。"参"是比较，"验"是验证。"参验"就是通过考查比较，对认识进行验证。韩非主张"循名实而定是非，因参验而审言辞"，"偶参伍之验，以责陈言之实"，他认为判断一种意见、言论是否正确，应通过"参验"的方法去考查。

可见，判明事物的是非真假，最可靠的方法还要通过实践去检验。因此，在沟通中，学校管理者（校长）不仅要听取各方面的意见，综合考虑天、地、人、物等各个方面的实际情况，还要对这些情况进行检验。检验的最好方法就是实践，实践出真知。

如判断一位教师是否有才干，不能只看他的言谈举止，而应该考察他的实际工作能力。判断一位学生是否有道德，不能只听从别人的评价，而应通过观察他的行为来综合判断。

如果在沟通中，学校管理者（校长）不通过"参验"的方法来检验，就很容易犯偏听则暗、以讹传讹的错误。

我们来看一看"凿井得人"的故事。

古代，宋国有个姓丁的人，家里没有井。可是，平时做饭、浇菜地，都要用水。于是，丁家只得派一个人充当挑水的劳动力，每天到村外去挑水。

后来，丁家觉得去外面挑水很不方便，遇到刮风下雨也不好出去挑水。于是，丁家就请人打了一口井，这样全家用水就很方便了。

有一天，丁家人上街逢人便说："我家凿了一口井，等于得了一个人。"

这句话一传十，十传百，最后居然传走了样，变成："丁家凿井挖出一个活人。"

原本凿井这样的小事，居然越传越奇、越奇越传，最后传到宋国国君的耳朵里。

宋国国君感到很惊讶，就派官吏到丁家调查。

派去的官吏经过调查，查明了真相。丁家人哭笑不得地说："我说的是凿了一口井等于得了一个外出挑水的劳动力，不是说从井里挖出一个活人来呀。"

故事中，原来的真相是凿井有水喝，等同于多了一个挑水的劳动力，结果传言成了"凿井挖出一个活人"。真相与传言相差十万八千里，如果不及时参验、调查清楚，就会造成社会的恐慌。

学校管理者（校长）修炼悦心管理的沟通力，既要听取各个方面的意见，也要通过实践来检验。在沟通与检验真伪之后，还要及时以文字的形式记录下来。

如学校在举办家长沟通会时，须撰写必要的会议记录、访谈摘要、沟通记录、对话笔记、调查问卷、调查报告等，某些重要决策文件还需要大家签字确认。如果沟通没有记录，也没有原始材料，大家只是说说而已，很容易出现"以讹传讹"的严重后果。

> 综上，学校管理者（校长）要修炼倾听群众心声的沟通力。沟通力，是一种直击心灵的沟通能力，是表达彼此观念、寻求共识的能力，它包括表达能力、倾听能力和设计能力（形象设计、动作设计、环境设计）等。要修炼沟通力，可以从三个方面来着手：一是真诚共情，同感润心；二是双向沟通，兼听则明；三是以参为验，循名督实。真诚共情的沟通，可以通过三个步骤来实施：第一步，共情（肯定对方）；第二步，共鸣（以情动人）；第三步，内变（心灵变化）。在沟通中，要掌握表达与倾听的方法，在表达中，要通过双向平等的交流，最终达成共识。在倾听中，要听取各方面的意见，做到兼听则明。在沟通中，还要学会用"参验"的方法检验认识的正确性，就是通过考查比较、实践检验，去伪存真、去芜存菁。

第三节　突出跟踪引导的督导力

本节主要阐述悦心管理"五力"中的督导力，内容包括：什么是督导力、怎么修炼督导力。

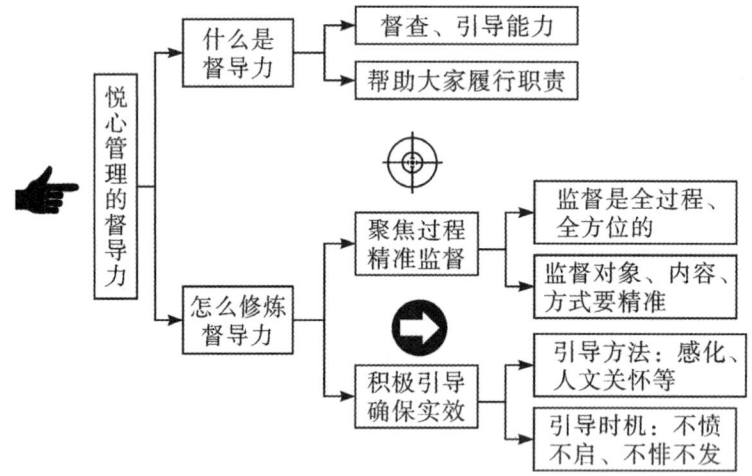

悦心管理的督导力

一、什么是督导力

督导力，是学校管理者（校长）督查、引导教师、学生、家长开展各项工作的能力，是管理者对执行者的检查督促。它可以帮助大家有效地履行职责，从而提高管理效益。

督导的方法，包括听取汇报、实地督导、走动式监督和在一线示范引导等。

我们来看一看，孔子怎么"督导"学生子路做善事。

春秋时期，孔子的学生子路被鲁君任命为蒲城的长官。为了防备水灾，官府调集民工修理各处沟渠。子路见工人工作十分辛苦，而他们带的饭菜也不充足，于是，子路就自作主张，用自己的部分俸禄接济他们，给每位民工一份饭菜、一份汤水。

孔子闻说此事，决定好好"督导"子路怎么做善事。孔子派另外一个学生子贡，直接去掀翻那些饭菜，毁了那些做饭菜的器具。子路发现后，非常气愤，他跑到孔子那里告状："老师难道会嫉妒我行仁义之事吗？我在老师这里学习了仁义之道，现在，我将自己多余的粮食拿出来与大家分享，行仁义之道，老师为何禁止我这么做呢？"

孔子听完后，就引导子路说："你做事还是那么单纯、粗野。你如果觉得民工们饮食不足，为什么不去报告鲁君呢？让鲁君开粮仓去接济他们呀？你用私人的俸禄做善事，这种行为，虽然显示了你自己的仁义，但却障蔽了鲁君的恩泽。现在停止还不算晚，否则，国君就会降罪给你。"

子路听出了深层含义，只好遵师命停止接济。没想到，官府还是派了人来找孔子，问："先生派弟子救济民工，是不是要跟鲁君争夺百姓呀？"

孔子见到鲁君起了猜忌之心，知道解释也没什么用了。于是，孔子就带着弟子，离开了鲁国。

故事中，孔子"督导"学生子路做善事的正确方式，应该是向鲁君申请开粮仓去接济民工，而不是用自己的俸禄去接济民工。子路用自己的俸禄接济民工，表面上行了仁义之道，但是会让鲁君脸面无光。所以，孔子果断派学生子贡去制止子路。

悦心管理的督导力就是督查、引导的能力。督导力的重心不在于"督"，而在于"导"，即引导、指导。学校管理者（校长）在督查过程中如果发现教师、学生、家长的行为有不恰当的地方，要及时引导他们"迷途知返"，走到正确的方向上。

为了发挥督导力的最大作用，学校管理者（校长）需要完善学校的督导组织体系、建立健全督导制度、加强督导队伍建设、创新督导模式和手段。

二、怎么修炼督导力

督导要注重过程、注重细节、注重实效。学校管理者（校长）修炼督导力，可以通过两个方面着手：一是聚焦过程，精准监督；二是积极引导，确保实效。

1. 聚焦过程，精准监督

聚焦过程，精准监督，就是学校管理者（校长）要对学校工作的全过程进行全方位地监督，包括学校总体目标的达成情况，以及学校各项规章制度的执行效果等。要实施精准监督，具体来说，监督的对象要精准，监督的内容要精准，监督的方式也要精准。

悦心管理，要求学校管理者（校长）变传统的管控式管理为引导式管理，变结果式管理为过程式管理。

学校管理者（校长）作为管理者、督导者，要深入学校的各部门了解情况，紧盯关键点，监督各项决策部署是否落实。要坚持从执行入手，抓早抓小，精准监督，对教师的工作状态、学生的学习风气、家长的配合力度以及他们的道德操守等情况实施全程的监督。

例如学校管理者（校长）要对教师的教学行为进行督导，就要从备课、上课、作业、辅导、评价等教学过程入手，进行全程监督、精准监督。监督的内容包括：教学计划执行情况、学生课堂表现、教研活动开展状况、教师业务学习笔记等细节。监督的方式：一"听"，听取学生、家长、社会和其他教师对该教师的评价；二"看"，看教师教案，看课堂气氛，看教学成效的测量与评价；三"查"，采取科任老师自查、互查相结合的方式，让科任老师上一些公开课，接受家长和社会的监督。

我们来看一看，汉武帝是怎么监督地方官员的。

汉武帝刘彻做了皇帝之后，为了加强对地方的控制，监督地方官员的所作所为，他设立专门的官员——刺史，"专人专办"。

元封五年（公元前106年），汉武帝在全国冀、幽、并、兖、徐、青等13个监察区都设立了刺史。刺史每年八月会巡行自己的监察区，监督考察的对象就是地方的一把手——郡国守相（相当于今天的省委书记兼省长）。

监督的内容很精准，就是以"六条问事"：

第一，强宗豪右，田宅逾制，凌弱暴寡。第二，背公向私，侵渔百姓，聚敛为奸。第三，不恤疑狱，刑赏任性，为百姓所疾。第四，选署不平，苟阿所爱，蔽贤宠顽。第五，子弟恃怙荣势，请托所监。第六、阿附豪强，通行货赂，割损政令。

监督的方式有两种，一是公开巡行、听取汇报；二是巧扮巡行、微服私访。如果在监督过程中，刺史查出郡国守相有违反以上六条的行为，则禀报朝廷及时处置。

故事中，刘彻设立刺史专人专办监督大事，在监督中，监督的对象、内容和的方式都十分精准到位。

一般来说，在外部，监督学校的部门主要是教育主管部门，也就是教育局、教育部，还有国务院和地方各级人民政府。在内部，学校管理者（校长）也可以设计一些监督部门（如校纪委、校监会、党委巡察办公室等）行使监督的职能，如果没有监督部门，可以让相关部门兼顾监督的职能。

2. 积极引导，确保实效

积极引导，确保实效，就是学校管理者（校长）通过科学地、积极地启发与指导，让教师、学生、家长明白各项工作的关键所在，确保学校各项工作有成效、有成果。

悦心管理的"督导力"，要求学校管理者（校长）既要学会监督，也要学会引导。在监督引导工作中，既有刚性的力度，又有柔性的温度。刚性的力度，指教师、学生、家长不得违反学校各项规章制度；柔性的温度，指要关心大家的成长，积极开展人性化的指导。

传统的管理更多强调的是自上而下的行政和控制，在这种强硬高压的管控下，被管理者处于被动管理状态，对工作缺乏积极性和主动性。悦心管理的"督导力"，要求学校管理者（校长）在督导的过程中既要关心工作，又要关心人，还要引导他们自觉主动地创造条件，去完成工作。

引导的方法，就是学校管理者（校长）在全面尊重、理解教师、学生、家长情况的基础上，综合运用感召、感化、人文关怀等多种形式，开展深入细致的思想工作，帮助他们转化思想认识、主动发现问题、思考问题、解决问题。

引导的时机，是"不愤不启，不悱不发"的时刻。如果学校管理者（校长）每时每刻都进行引导，喋喋不休地说个不停，那么很容易引起大家的反感。

孔子所说的"不愤不启，不悱不发"，意思是，不到他努力想弄明白而还没有弄明白时，不要去开导他；不到他心里明白却不能完善表达出来的程度，不要去启发他。

学校管理者（校长）在修炼督导力时，既要做到全过程、全方位地监督，也要讲求引导的方法和时机。一般要先鼓励教师、学生、家长执行一段时间，同时进行全程监督，当他们遇到问题时，先让他们发挥聪明才智，尝试自己寻求解决办法。如果解决不了，学校管理者（校长）再出马，进行积极地指引。

我们来看一看，孔子教子夏做官的故事，子夏将莒父治理得井井有条就是孔子"积极引导"的结果。

春秋时期，孔子的学生子夏被派到莒父（现在的山东省莒县境内）做地方官。子夏新官上任，对于治理地方的政事有很多担心与顾虑。

临走之前，子夏去拜望自己的老师孔子，并向孔子请教："怎样才能治理好一个地方呢？"

孔子先后做过季氏吏、中都宰、鲁国大司寇等官，对于做官颇有心得，于是他就积极引导子夏说："不要急于求成，不要贪图小利。急于求成，反而达不到目的；贪小利则办不成大事。"

这段话后来演变成了"欲速则不达"这个成语，意思是：做事不要单纯追求速度，也不要贪图小利。单纯追求速度，不讲效果，反而达不到目的；只顾眼前小利，不讲长远利益，那就什么大事也做不成。

子夏上任之后，按照孔子的教导去做，慢慢把莒父治理得井井有条、政通人和。

故事中，学生子夏很想从孔子哪里讨教几招"锦囊妙计"，好让他到任后能快速出政绩。可是，孔子却引导他不要急于求成，不要贪图小利。学生子夏依计行事，果然政通人和。

可见，学校管理者（校长）只有做到积极引导，才能确保学校各项工作有实效。如果学校管理者（校长）不指导，而教师、学生、家长又不懂得如何做，那么各项工作将无法推进。

可以说，教师的成长是学校可持续发展的源动力，而学校管理者（校长）的使命就是最大限度地引导和帮助教师成长。

修炼督导力的最终目的是为实现教师的自我管理。学校管理者（校长）作为督导者，应站在为教师提供服务的立场上，以培养教师的自觉行为习惯为出发点，在日常教育教学过程中理解教师遇到的困难，并尽力帮助、指导教师解决困惑，让他们在上级领导的理解帮助下，从自身出发，对内心世界和行为方式进行反思和调节，从而学会自我管理。

如果学校管理者（校长）在监督检查中发现某个班级的学习成绩越来越差，就马上更换班主任、扣除老师的各项补贴，这样做既挫伤老师的积极性，又损害老师的利益，那么该老师是不会心悦诚服地接受处理的。学校管理者（校长）应该做出积极的"引导"，带领这个班主任老师去参观学习其他优秀班主任、优秀班级的做法，甚至送老师出去培训、去其他学校学习别人先进的做法，不断培养他、提升他、引导他。这样，既给该老师学习改进的机会，又能积极引导他如何去改变现状，那么该老师才会心悦诚服地接受。

> 综上，在悦心管理中，学校管理者（校长）要修炼跟踪引导的督导力。督导力，是学校管理者（校长）督查、引导教师、学生、家长开展各项工作的能力。督导的方法，包括听取汇报、实地督导等。要修炼督导力，可以从两个方面着手：一是聚焦过程，精准监督；二是积极引导，确保实效。督导要做到全程监督、精准监督。全程监督，就是对学校工作全过程、全方位细节的监督；精准监督，就是监督的对象、内容和方式要精准。积极引导，确保实效，就是通过科学、积极地启发与指导，让教师、学生、家长明白各项工作的关键所在，确保学校各种工作有成效、有成果。引导的方法是综合运用感召、感化、人文关怀等多种形式，开展深入细致的思想工作，帮助他们转化思想认识、主动发现问题、思考问题、解决问题。引导的时机是"不愤不启，不悱不发"的时刻。

第四节 发挥精神领袖的感召力

本节主要阐述悦心管理"五力"中的感召力，内容包括：什么是感召力、怎么修炼感召力。

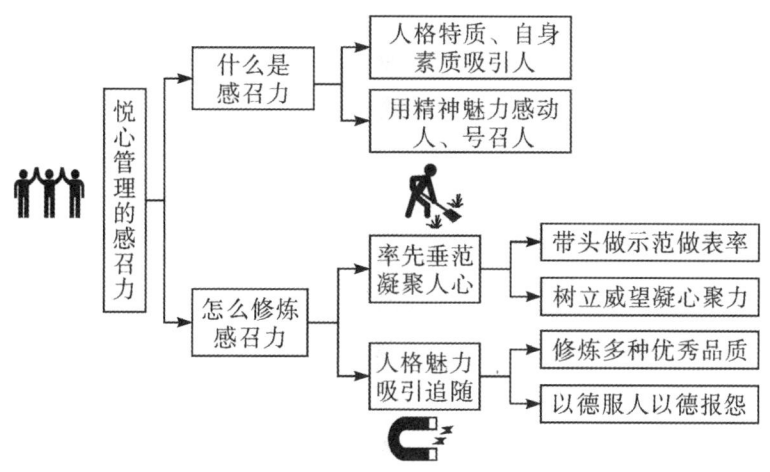

悦心管理的感召力

一、什么是感召力

感召力，是学校管理者（校长）具有的一种人格特质，它对广大教师、学生、家长具有强大的吸引力，能让学校管理者（校长）得到他们的拥护与追随。这种感召力不是建立在传统的职位权威上，而是建立在大家对学校管理者（校长）道德与才能的感知上，是由学校管理者（校长）的自身素质产生的。简而言之，感召力就是用精神魅力感动人、号召人。

感召力，具有感动别人、号召别人的作用。《庄子·杂篇·渔父》有言："真者，精诚之至也。不精不诚，不能动人。"意思是，真诚的人，专一、诚实到了极点；不专心、不真诚，就不能打动别人。

学校管理者（校长）在修炼感召力的过程中，一方面要加强自身素质修养，待人真诚、有正义感，才能带动人；另一方面要学会鼓舞教师、学生、家长的士气，充分调动每个人的专长，发挥大家的主观能动性，让大家走向成功，这样他们才会自愿追随你。

可以说，一个具有感召力的学校管理者（校长），是一所学校的核心与灵魂，是大家乐于追随与效仿的对象。

我们来看一看，明朝抗倭名将戚继光怎么感召"戚家军"。

明朝时期，日本倭寇猖獗，经常抢掠沿海城镇。嘉靖三十四年（1555年），戚继光被调往浙江担任参将，负责防守宁波、绍兴、台州三郡。

戚继光到任后，发现那些防守的将士作战能力一般，于是，他决定自己重新训练一支军队。

在兵源方面，戚继光发现浙江一带民风剽悍，于是他就招募了三千民工。这些人大多是长期从事体力劳动的、身强体壮的农民，和开山碎石、钢筋铁骨的矿工。

在士气方面，民工一下子变成了士兵，难免有畏敌心理，于是，戚继光就教导士兵说："你们大多是种田的百姓，知道家里种田的艰难。现在你们是兵了，老百姓供养你们很不容易！如果你们不肯拼命杀倭寇保护老百姓，那老百姓养你们有什么用！"戚继光的发言，极大地鼓舞了士兵的士气。

在练兵方面，戚继光写了《纪效新书》和《练兵实纪》两本兵书，里面详尽地描写了练兵的方法。

首先，严明军纪。戚继光创立了"连坐法"。上阵杀敌，谁退却就杀谁的头。如果将领战死士兵逃回来，也要杀头。如果战友遇险而不救，不论将士都要杀头。

其次，研发装备。为了不让士兵白白送死，戚继光亲自研发新火器、庞大的战舰和实用的战车等装备。如戚继光发明的——狼筅（在毛竹上装有多层尖刃），成了杀倭利器。

最后，研究战法。戚继光根据东南沿海地区多丘陵沟壑、河渠纵横、道路窄小和倭寇散兵作战等特点，研究出鸳鸯阵，此阵配有盾牌手、狼筅手、长枪手、短兵手、火枪兵。此阵行动方便，长短兼具，攻守兼备。

在戚继光强大的感召力下，"戚家军"有了好的兵源，铁的纪律，精良的装备和灵活的阵法。在后来的岑港之战、台州之战、福建之战中，"戚家军"屡建奇功，几乎将东南沿海一带的倭寇全部消灭。

故事中，一支由民工组成的军队，在戚继光强大的感召力下，变成了上阵杀敌、保护海疆的"铁军"。戚继光作为"戚家军"的精神领袖，具有保家卫国、坚决抗倭的信念，又有严明治军、敢打硬仗、善打胜仗的本领。

在悦心管理中，学校管理者（校长）要修炼感召力，这个感召力是由学校管理者（校长）的信念、修养、知识、智慧、才能等所构成的一种内在的吸引力。学校管理者（校长）只有不断完善自身的修养，率先垂范，塑造模范典型，才能用独特的人格魅力带动他人，凝聚人气，鼓舞人心，从而引领教师、学生、家长实现共同进步、共同发展。

二、怎么修炼感召力

管理者（校长）修炼悦心管理的感召力，可以从两个方面着手：一是率先垂范，凝聚人心；二是人格魅力，吸引追随。

1. 率先垂范，凝聚人心

率先垂范，凝聚人心，就是学校管理者（校长）想让教师、学生、家长做的事情，自己要先冲在前面，率先垂范、以身作则，自己带头给大家做示范、做表率；其次，要凝聚人心，带领大家一起干，才能形成合力、干成大事业。

学校管理者（校长）起带头模范作用，胜过口头的激励和鞭策。俗话说："火车跑得快，全靠头来带。"学校的发展需要一个核心，需要一个标杆，需要一个领军人物，而学校管理者（校长）就要扮演好这个角色。

《宋史·宋祁传》有言："人不率，则不从；身不先，则不信。" 意思是，如果自身不能作出表率，就无法让别人听从；如果不能以身作则，就不会使别人信服。学校管理者（校长）要躬身亲为，通过自己的敢为人先、勇于担当的言行举止，潜移默化地影响人、吸引人、凝聚人。

我们来看一看公孙仪退鱼的故事，看他怎么给学生做示范。

战国时期，鲁穆公手下的丞相公孙仪，特别喜欢吃鱼，每天餐桌上的菜几乎都是用鱼做成的。

有一天，国内有人送给他一条特别肥美的鱼。

可是，公孙仪怎么也不肯接受。

公孙仪的学生问他说："您喜欢吃鱼却不接受别人送的鱼，这是为什么？"

公孙仪笑着说："正因为爱吃鱼，我才不接受。假如收了别人送来的鱼，一定会欠他们人情，要迁就他们；迁就他们，就会枉法；枉法就会被罢免相位。（丢了官位之后）我虽然爱吃鱼，但这些人一定不会再送给我鱼，我自己也没有钱再买鱼。如果我不收别人给的鱼，就不会被罢相，虽然我爱吃鱼，却能够长期自己买鱼吃。"

公孙仪的学生听后，若有所悟地点点头，纷纷效仿他的做法。

故事中，公孙仪清正廉洁，并带头给弟子作示范"爱鱼而退鱼"，感召自己弟子安守本分、自食其力、不要贪得无厌。

在悦心管理中，学校管理者（校长）要修炼自身的感召力，就要勇于带头、做出示范，引领广大教师、学生、家长改变自己、争取进步。因为榜样的力量是无穷的，校长的一言一行都是大家学习的榜样，是一种召唤，是一种无形的力量。

学校管理者（校长）一旦通过表率，在学校中树立起威望，将会让上下同心，凝心聚力，可以集中力量办大事、办难事。正如孔子所言："其身正，不令而行；其身不正，虽令不从。"

意思是，管理者如果自身行为端正，不用发布命令，事情也能推行下去；如果本身行为不端正，就算发布了命令，百姓也不会听从。

如果学校要在教研方面出成果，学校管理者（校长）就要先带头做出一定的教研成果，比如自觉提高自己的论文发表数量、专著出版数量等，才能更好地感召人。然后再带出各个学科的带头人，再让各个学科的带头人去带动更多骨干教师投入到教学研究工作中，最后让骨干教师吸引与带动全校普通教师投入到教学的研究工作中。从而在全校形成"科科有专题、人人有研究"的良好局面，以提升整个学校的教研水平。

2. 人格魅力，吸引追随

人格魅力，吸引追随，就是学校管理者（校长）通过修炼自身的性格、气质、能力、道德品质等方面的优秀品质，形成吸引人、带动人的力量，这种力量会让更多教师、学生、家长自觉地追随。

正如孔子所说："为政以德，譬如北辰，居其所而众星共之。"意思是，用仁德来治理国家，就像北极星一样处在一定的位置，有众多的星星围绕着它。

如果学校管理者（校长）用道德的力量去治理学校，以德服人、以德报怨，那么广大教师、学生和家长都就会像星星一样环绕在校长的周围，校长可以支配的资源就越来越多，何愁办不成大事。

我们来看一看，三国时期的诸葛亮如何靠人格魅力吸引人、带动人。

诸葛亮的人格魅力包括讲求诚信、心系百姓、公正处事、廉洁自律等，这些优秀的品质，让他成为蜀国的丞相、军中的"军神"和民间的"卧龙"。

在讲求诚信方面，诸葛亮忠于主公刘备，从"隆中对"到"出师未捷身先死"，从来没有背叛过刘备。诸葛亮对将士也很讲诚信。有一年，十万魏军进攻卤城，军情紧急。这时，有一半士兵要轮换回家耕种庄稼。有下属建议说："换班的军队可全部留下退敌。"诸葛亮却说："不可。我们调兵遣将，以诚信为本，难道一遇到紧急的事情就要失信于人吗？"

随后，诸葛亮传令轮换士兵照常回家。由于少了一半士兵，诸葛亮就利用山川河流等有利地形把敌人诱入包围圈，魏军粮草用尽，只能突围逃跑。

在处理政事方面，诸葛亮事无大小，都亲自从公决断。有一次，蜀汉重臣李严因筹备军粮不力，诸葛亮按律例要斩杀他，但调查得知是因为下雨道路泥泞导致延误后，就将他贬为平民。同时，又将李严的儿子李丰封为长史。父亲贬官，儿子却升官，可见，诸葛亮理政既公平又公正。

在自律方面，诸葛亮清正廉洁。诸葛亮虽然位至丞相，集军政大权于一身，但从不贪图国家一分一毫。诸葛亮死时，家产仅有一些桑树和薄田。诸葛亮还告诫子孙说："臣死之日，不使内有余帛，外有赢财。"

故事中，诸葛亮依靠自身的人格魅力，吸引大批军民追随，将开局仅有"桃园结义"三个人（刘备、关羽和张飞）的"小团队"发展成为一个拥有近百万人口、十多万军队的蜀国，成为三国鼎立的一足。

学校管理者（校长）要想发挥人格魅力带动人，要先提高自身的思想道德修养，提高自己的内涵和品质，提高为人处事的能力。

在提高自身道德修养方面，学校管理者（校长）可以尝试修炼五种美德，即温和、善良、恭敬、有节制、谦虚。正如子贡曾经评价老师孔子那样："老师温顺、善良、恭敬、俭朴、谦让，赢得了别人的尊重，老师参与政事的方式，大概与别人不同吧。"

需要注意的是，学校管理者（校长）修炼人格魅力，不是为了追求权力、地位、财富，而是为了追求一种威望、影响力和吸引力。因为权力和财富不叫人格魅力，而是身外之物。

学校管理者（校长）修炼人格魅力、修炼五德，吸引大家的追随是不求回报的。

明代思想家洪应明在《菜根谭》中指出："施恩者，内不见己，外不见人，则斗粟可当万钟之惠；利物者，计己之施，责人之报，虽百镒难成一文之功。"意思是，一个施恩惠给别人的人，不能老把这种恩惠记在心头，更不能对外张扬，这样即使付出很少，也可以得到极大的回报。一个用财物帮助别人的人，如果总是计较自己对人的付出，而且要求他人的报答，这样即使付出很多，也难以成就一点的功德。

比如一位校长修炼出了"爱生如子"的师德，为了改善教学环境，他拿出自己积攒下来的工资修楼顶、硬化操场、建食堂和宿舍。他发现学校里有很多留守儿童，没有吃早餐就来上学，于是就四处借钱补贴学生餐费，每天凌晨天还没亮就去菜市场买菜回来，亲自做早餐。当孩子们吃完早餐后，他就带着孩子早读，接着上课……该校长"无私奉献、不计回报"的人格魅力，感动了无数的教师、学生与家长，附近的居民纷纷出钱出力，自发组织大量的人力物力，把小学建设得更好，让越来越多留守儿童回到校园，接受教育。

在悦心管理中，学校管理者（校长）坚定的办学方向，精湛的业务能力，强烈的事业心，一丝不苟的治学态度，还有"无私奉献、不求回报"的社会责任感等，都会散发出巨大的人格魅力，对广大教师、学生、家长产生强大的吸引力，从而吸引大家的追随与效仿，大家一起为校园建设、提高教育教学水平添砖加瓦、贡献力量。

可以说，校长是一所学校的灵魂和统帅，有什么样的校长，就有什么样的学校。实践证明，学校档次之间的差距，师资力量的强弱，学生素质的高低，生存发展的好坏，在很大程度上取决于校长的品格与能力。

因此，学校管理者（校长）要修炼自身的感召力，不能单纯地依靠行政手段，或依赖一些规章制度，而要更加注意加强自身的道德修养，充分地展现自己的人格魅力，从而形成强大的凝聚力。这样，才能带领大家出色地完成各项目标，把学校建设得更加美好。

综上，在悦心管理中，学校管理者（校长）要发挥感召力。感召力，就是学校管理者（校长）具有的一种人格特质，它对广大教师、学生、家长具有强大的吸引力。简而言之，感召力就是用精神魅力感动人、号召人。一个具有感召力的学校管理者（校长），是一所学校的核心与灵魂，是大家乐于效仿的对象。修炼感召力，可以从两个方面着手：一是率先垂范，凝聚人心；二是人格魅力，吸引追随。学校管理者（校长）要身体力行，率先垂范，自己带头做示范、做表率，凝聚人心，带领大家一起干，才能形成合力、干成大事业。学校管理者（校长）要加强修炼自身的优秀品质（包括性格、气质、能力、道德品质等），打造人格魅力，形成吸引人、带动人的力量；在道德方面，可以修炼五德（温和、善良、恭敬、有节制、谦虚）。学校管理者（校长）只有在学校中真正做到以德服人、以德报怨，才能达到"众星拱月"的感召效果。

第五节　持续评价与修正的反馈力

本节主要阐述悦心管理"五力"中的反馈力，内容包括：什么是反馈力、怎么修炼反馈力。

学校管理者（校长）只要修炼了全部"五力"（规划力、沟通力、督导力、感召力、反馈力），就可以游刃有余地实施悦心管理。

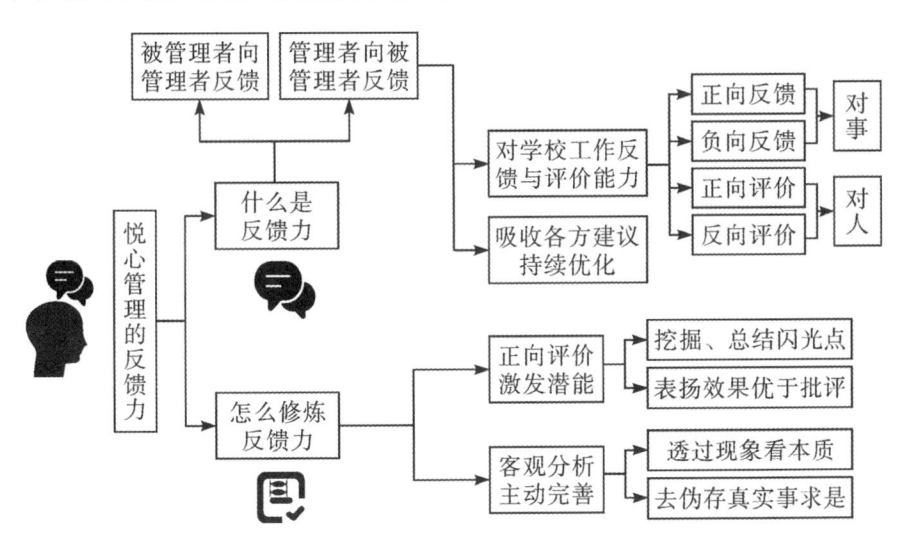

悦心管理的反馈力

一、什么是反馈力

反馈力，是双向的，包括学校管理者（校长）向被管理者（教师、学生、家长）反馈，也包括被管理者向管理者反馈。本节我们重点分析学校管理者（校长）向被管理者（教师、学生、家长）的反馈，也就是学校管理者（校长）对学校各项工作反馈与评价的能力，反馈的内容包括学校执行的各种计划和分配给教师、学生、家长相关任务的实施进度及效果等。

反馈是一个过程，是一种反思方式，是一种强大的力量，它能使管理者及时掌控事情的进展，可以减少工作过程中不必要的曲折与延误，从而大大提高执行的效率。

可以说，反馈力就是在学校各项工作中吸收各方面的建议，不断修正、持续优化，赢在终点。

我们来看一看，孔子是怎么根据学生反馈开展正向评价的。

《论语·公冶长》记录了这样一个小故事。春秋时期卫国大夫孔圉曾经以下乱上攻打国君，而且随意将自己女儿嫁来嫁去，这些都是不符合礼法的行为。但是在孔圉死后，卫国国君却赐给他一个"文公"的称号。

孔子的学生子贡也是卫国人，他认为孔圉不应该被赐予"文公"的称号。有一次，子贡忍不住向老师孔子反馈自己的意见："在卫国，比孔圉有才华的人多的是，卫国国君凭什么赐给孔圉'文公'的称号？"孔子根据学生子贡的反馈意见开展了正向评价："孔圉虽然做出过不符合臣子的行为，但是他聪明好学，又非常谦虚，而且他有任何不懂的事情，就算对方地位或学问不如他，他都会大方而谦虚地向别人请教，一点都不感到羞耻，这就是他难得的地方，因此赐给他'文公'的称号并不会不恰当。"

卫国国君赐给孔圉"文公"的称号，重点赞扬了他"敏而好学，不耻下问"的精神，至于他过去做的一些不合礼法的事情完全可以忽略不计。经过孔子这样的正向评价，子贡终于服气了。

故事中，孔子听了学生子贡对孔圉的反馈意见后，并没有被学生的负面评价牵着鼻子走，而是做出自己的客观公正的判断和评价，让人心服口服。所以，学校管理者（校长）要虚心听取教师、学生和家长的反馈意见，如果存在问题就积极进行自我修正、自我纠错，如果没有问题就要做好正向评价、共勉共励。

悦心管理的反馈力是一个持续循环的优化系统。教师、学生、家长针对学校管理过程中存在的问题不断进行反馈，学校管理者（校长）根据这些反馈不断完善自己、提高认识、优化工作方法，形成一个认识，实践，提高，再认识，再实践，再提高，不断循环往复的过程，最终实现悦心管理的持续优化。

二、怎么修炼反馈力

学校管理者（校长）要修炼反馈力，可以从两个方面着手：一是正向评价，激发潜能；二是客观分析，主动完善。

反馈力是双向的，学校管理者（校长）既可以向被管理者（教师、学生、家长）反馈相关情况，管理者（教师、学生、家长）也可以向学校管理者（校长）反馈各种问题。

1. 正向评价，激发潜能

正向评价，激发潜能，就是学校管理者（校长）要善于发现教师、学生、家长身上的闪光点，学会欣赏与挖掘他们的个性优势；同时，还要引导他们通过自我暗示、自我超越、兴趣引导等方式，激发他们潜在的能力。

一般来说，反馈是对事，针对管理过程中存在的问题客观表述；评价是对人，对人的主观看法。反馈，可分为正向反馈和负向反馈。正向反馈，是对人们所做的事情进行表扬、肯定、欣赏和鼓励；负向反馈，就是对人们所做的事情进行批评、否定、惩罚和修正。评价，可分为正向评价与反向评价。正向评价，就是分析的别人优点、闪光点、积极的方面；反向评价，就是分析别人的缺点、阴暗面、不足的地方。

很多时候，反馈与评价同时出现。例如在孔圉获赐"文公"称号的故事中，子贡对孔圉进行了负向反馈，孔圉曾经做过一些无礼的事情所以不应该获得"文公"的称号。同时，子贡也对孔圉进行了负向评价，在卫国比孔圉有才华的人多的是，卫国国君却偏偏赐给孔圉"文公"的称号，显然有些名不符实。

学校管理者（校长）修炼反馈力，不仅要虚心听取别人的负向反馈、反向评价，更重要的是学会对教师、学生、家长作出正向反馈、正向评价。

因为悦心管理强调以人为本，所以学校管理者（校长）一定要重点修炼正向评价，多挖掘和总结教师、学生、家长身上的闪光点，然后展示给全校师生，让大家积极效仿，以形成良好的风气。

在正向评价方面，学校管理者（校长）可以围绕师德与能力、生德与成绩、家风与配合等多个方面，发掘与放大教师、学生、家长身上的闪光点，每个闪光点可以辅以两个具体事例作为支撑，避免言之无物、泛泛而谈。

我们来看一看赫洛克的一个著名实验。

美国著名的心理学家赫洛克曾经做过这样一个实验，他把测试者分成4个小组，分配了同样的任务：

第1组为激励组，每次工作后管理者都予以鼓励和表扬；

第2组为受训组，每次工作后管理者对存在的问题都要严加批评和训斥；

第3组为被忽视组，每次工作后管理者不给予任何评价，只让其静静地听其他两组受表扬和挨批评；

第4组为控制组，让他们与前三组隔离，且每次工作后也不给予任何评价。

实验结果显示，成绩最差者为控制组，激励组和受训组的成绩则明显优于被忽视组，而激励组的成绩不断上升，学习积极性高于受训组，受训组的成绩有一定波动。

此实验的结果被人们称为夸奖心理学赫洛克效应，就是指及时对工作结果进行评价，能强化工作动力，对工作起促进作用。适当表扬的效果明显优于批评，而批评的效果比不予任何评价的好。

在实验中，由于激励组接受了不断的鼓励和表扬，也就是受到了管理者施加的正向评价，所以工作成绩不断上升。因此，在悦心管理中，学校管理者（校长）也要如法炮制，努力"夸出"好教师、好学生、好家长。

悦心管理的反馈力，要求学校管理者（校长）关注与发现"做得不错"的教师、学生、家长，要明确告诉他们哪些地方做得最棒，及时公开点赞他们，鼓励他们继续保持。正如夸奖心理学赫洛克效应那样，学校管理者（校长）想让教师、学生、家长发展成为什么样子，就要鼓励他们朝着那个方向去发展。

如学校设置点赞台，定期让家长和老师之间，师生、师师、生生之间写出具体事件互相点赞。清晰和诚实的正向评价成为一种积极的、和谐的、流动的正能量，同时激发了大家的创造活力和内在潜能。这样以挖掘每个人价值、亮点为切入点的正向评价，使学校中的每位师生都能各尽所能，努力为学校的发展贡献力量。

如在教学过程中，教师针对学生的学习态度、学习方法、学习效果等方面，通过语言、体态、神态等及时地进行正向点评、反馈、引导，有助于激发和调动学生的积极性和主动性。

如在学生足球比赛中，输球时教练老师依然采用正向评价来进行总结，今天这场球踢得最好的是谁，命中率最高的是谁，失误控制最好的是谁等。这样会使学生队员从遗憾、懊悔的心情中走出来，激励他们把关注点转移到对失败原因的查找上来。通过正向评价，即使没有批评指责，仍然能达到批评与自我反思的效果，并且提升了学生队员下一步达成目标的信心。

2. 客观分析，主动完善

客观分析，主动完善，即学校管理者（校长）下达学校各种愿景、目标、决议、计划之后，在执行过程中要客观分析教师、学生、家长的反馈与评价（包括建议、投诉和举报等），要透过现象看本质，掌握真实的情况，去伪存真，实事求是，因校制宜，主动完善学校各项工作的内容与方式。

有时候，有些反馈与评价是真实可信的，可以客观地反映真实情况；而有些反馈与评价却是虚假的，根本没有事实依据。所以，学校管理者（校长）在虚心接受别人的反馈与评价时，也要擦亮眼睛，认真辨别其中的真假。辨别反馈与评价真假的最好方法，就是亲身做调查，实践出真知。

我们来看一看，邹忌与徐公比美的故事。

战国时期，齐国大臣邹忌拥有一米八米的伟岸身材，颜值又很高。

有一天，他穿上华丽的衣服问妻子，自己与城北美男子徐公比起来，谁美？妻子与妾都说他更美。

第二天，邹忌又问家里的来客，自己与城北美男子徐公谁美？客人也说他更美。

听到这么多人说自己比徐公美，邹忌有些飘飘然。

直到有一天，城北徐公来到邹忌家里做客，那容貌、气质、衣着打扮，完全胜过邹忌。

城北徐公走后，邹忌照了照镜子，感到自愧不如，他知道别人虚假的评价长期蒙蔽了自己的双眼。

不久后，邹忌面见齐威王，进谏说："我确实知道自己不如徐公美丽。可是我的妻子偏爱我，我的妾害怕我，我的客人有事想要求助于我，所以他们都说我比徐公美。如今齐国有方圆千里的疆土，一百二十座城池。宫中的姬妾及身边的近臣，没有一个不偏爱大王的，朝中的大臣没有一个不惧怕大王的，国内的百姓，没有不对大王有所求的，由此看来，大王您受到的蒙蔽太严重了！"

齐威王说："说得真好。"随后，齐威王下了一道命令："所有的大臣、官吏、百姓，能够当面批评我的过错的，可得上等奖赏；能够上书劝谏我的，得中等奖赏；能够在众人聚集的公共场所指责议论我的过失，并能传到我耳朵里的，得下等奖赏。"

政令刚一下达，许多大臣都来进谏献言，宫门和庭院像集市一样热闹；几个月以后，还不时地有人进谏；一年以后，人们即使想进言，也没有什么可说的了。燕国、赵国、韩国、魏国听说了这件事，都到齐国来朝见齐王。这就是身居朝廷，不必用兵就战胜了敌国。

故事中，邹忌通过与徐公"照面"和自己"以镜自照"的实践调查，识破了妻子、小妾和客人的虚假评价。所以，他要积极改变自己，改掉自己身上"自欺欺人"的毛病，虚心接受别人的意见。

齐威王听了邹忌的建议之后，就设置三个等级的奖赏，也是为了持续接收别人的反馈与评价，以修正自己为政的过失，让国家达到"政通人和、超越敌国"的理想状态。

在悦心管理中，学校管理者（校长）为了能获得教师、学生、家长持续的反馈与评价，需要设定一些激励机制，如反馈有奖、评价有礼等，让人们心悦诚服地多反馈、多评价，而不是害怕反馈、害怕提意见，甚至害怕被报复。

同时，学校管理者（校长）还要注意通过调查研究和亲身实践，辨别反馈的虚实、评价的真假，去伪存真，这样才能根据真实客观的反馈与评价，改正自己的错误、修正自己的思想和行为，让自己变得更加完美，让学校各项教学教育工作日臻完善。

比如学校可以设立开放日、发放各种线上有奖调查问卷、开设校长直通车（公开校长手机、邮箱等），为教师、学生、家长开辟反馈的渠道与路径，及时倾听大家的心声。学校管理者（校长）平常乐听、勤听、会听教师、学生、家长的及时反馈与评价，对于批评、意见和建议，不怕挑刺，哪怕是当面的牢骚也要虚心听取，做到有则改之，无则加勉。特别是一些教师、学生与家长的表扬、赞美，要善于客观分析，从中辨出真伪、听出弦外之音，以便及时调整与完善学校的各项工作，最终让学校成为弘扬正气、传递正能量的乐园。

综上，学校管理者（校长）要修炼持续评价与修正的反馈力。反馈力是双向的，既包括学校管理者（校长）向被管理者反馈，也包括被管理者向管理者反馈。学校管理者向被管理者反馈，就是学校管理者（校长）对学校各项工作反馈与评价的能力。通过反馈能及时掌控事情的进展，减少工作过程中不必要的曲折与延误，从而大大提高执行的效率。要修炼反馈力，可以从两个方面着手：一是正向评价，激发潜能；二是客观分析，主动完善。反馈对事，可分正向反馈和负向反馈；评价对人，可分为正向评价与反向评价。悦心管理强调以人为本，所以学校管理者（校长）要重点修炼正向评价，多挖掘和总结教师、学生、家长身上的闪光点，然后展示给全体师生，让大家积极效仿，以形成良好风气，要努力"夸出"好教师、好学生、好家长。当然，对于大家的反馈与评价，学校管理者（校长）须持谨慎态度，要透过现象看本质，去伪存真，实事求是，因校制宜，主动完善学校各项工作。

第五章
学校悦心管理：凝聚人心，推动学校发展

　　学校悦心管理，就是悦心管理在学校管理中的具体应用。实践是检验真理的唯一标准，在学校悦心管理中，学校管理者（校长）要做到理论联系实际，在实践中检验和发展悦心管理"一本三化五力"的相关理论知识。

第一节　确立目标，成就幸福师生

学校悦心管理，先要确立目标，才能有的放矢。悦心管理"三化"中的"目标化"位于首位，我们这里说的目标，是学校发展的总体目标、第一级目标。

学校最大的目标就是总体目标（愿景），即学校通过长期发展，希望未来能看到的更美好的情景。学校管理者（校长）在确立目标时，要充分体现教师、学生、家长的共同利益，让学校发展的总体目标与个人发展目标保持和谐一致。只有大家目标一致，才能同向而行，才能增强教师、学生、家长的凝聚力，使大家拧成一股绳，劲往一处使，集中力量办大事，最终成就幸福师生。

学校管理者（校长）实施悦心管理的"目标化"，需要做到两个方面：一是学校总体目标要高远；二是做好学校总体目标的设计。

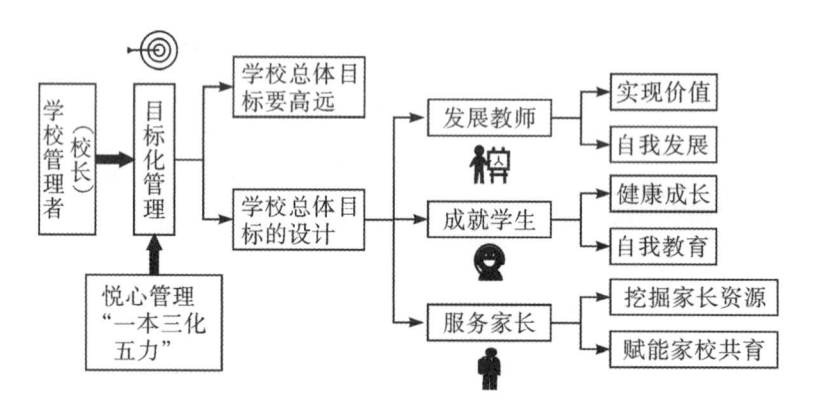

确立目标，成就幸福师生

一、学校总体目标要高远

学校管理者（校长）要设计学校发展的总体目标（愿景），这个目标要高远。

学校设立高远的目标，可以长期激励与指引一批批师生为之奋斗、为之进步。

在《诸葛亮集·诫外甥书》中有言："夫志当存高远，慕先贤，绝情欲，弃凝滞，使庶几之志，揭然有所存，恻然有所感。"意思是，一个人应当有高尚远大的志向，仰慕先贤，节制情欲，抛弃阻碍前进的因素，使先贤的志向，在自己身上显著地得到存留，在自己内心深深地引起震撼。

宋代理学家张载也说："志小则易足，易足则无由进。"意思是，人的志向小了就容易满足，容易满足的人就无法再进步。

学校管理者（校长）在设计学校的总体目标时，设计高远的发展目标，也就是要解决教育的根本问题——培养什么人、怎样培养人。学校悦心管理所设立的总体目标，就是要立足本根教育"育人为本，立德为根"的理念，全程全方位依托中华优秀传统文化管理智慧，培育德才兼备的人，成就师生幸福人生。

我们来看一看，岳麓书院的山长张栻是怎么设立高远目标的。

南宋孝宗乾道元年（1165年），著名学者、教育家张栻出任岳麓书院的山长（古代书院的负责人，相当于"院长"）。

张栻首先确立了岳麓书院的高远目标，就是要培养经国济世的人才。经国济世，就是治理国家，济助世人。可见，岳麓书院不是要培养一般儒生，而是要培养既有家国情怀又有治国救世能力的人才。张栻在《潭州重修岳麓书院记》中说："盖欲成就人才，以传道而济斯民也。"意思是，要想成就人才，就要向他们传授大道，让他们去以救济老百姓，也就是说学生要学以致用，为国为民贡献力量。

其次，为了实现这一高远目标，张栻创新了教学内容和形式。

在教学内容方面，张栻以儒家经典为基本教材。

在教学方法方面，张栻主张循序渐进、学思并进，并注重培养学生的独立思考能力。

在教学程序方面，张栻先对学生进行"小学""六艺"的教育，通过"洒扫应对"之类的日常锻炼，让学生履行弟子职责；再"习乎六艺之节"，让学生参与各种儒家祭祀和实践活动；再加以"弦歌诵读"，使学生进入高级学习阶段；然后再研修深造，进入《大学》所说的格物致知阶段。

经过高远目标的指引和创新实现目标的手段，岳麓书院培养了众多知名学生，包括胡大时（张栻门生中的首领）、王夫之（明末清初思想家）、魏源（清代思想家）、曾国藩（晚清政治军事人物、湘军首领）、左宗棠（晚清政治家、军事家）等。

在上面的事例中，岳麓书院因为有了明确高远的目标，再加上创新了教学的内容与形式，所以能够源源不断地培养出经国济世的人才，实现了书院的总体目标。

同理，在学校悦心管理中，学校管理者（校长）也要因校、因时、因地制宜，设计高远的总体目标。

二、学校总体目标的设计

学校的悦心管理要"以人为本"，最重要、最根本、最值得关注就是"人"，即教师、学生、家长。因此,学校的总体目标可设计为三个方面的内容:一是发展教师,二是成就学生,三是服务家长。

1. 发展教师

发展教师,即学校管理者(校长)与教师进行充分沟通,确立共同目标,将教师个人的发展目标与学校的发展目标结合起来,搭建更好更大的育人舞台、平台,让更多教师实现自我价值、自我发展、自我超越,激发教师的潜能,让他们成为德才兼备的"名师、名儒、明星",让教师主动自觉为学校的发展尽心竭力。

学校悦心管理强调以人为本,针对教师的发展,就是以师为本。在"学生的发展""教师的发展""学校的发展"这三个发展里面,"教师的发展"是关键。因为"教师的发展"是一切教育教学工作的前提,只有教师有发展,学校才有发展,学校有发展了,才能实现终极目标——学生的发展。

我们可以看一看蔡元培校长是如何发展教师的。

1917年至1927年,蔡元培任北京大学校长,实施了"囊括大典,网罗众家,思想自由,兼容并包"的治校方针,学校发展的总体目标是要培养"自由、民主、平等"的社会新人。

北大要发展,要先发展教师。蔡元培说:"要有良好的社会,必先有良好的个人;要有良好的个人,必先有良好的教育。"

为了选聘优秀教师,蔡元培制定了《教员选聘实施细则》,选聘教师坚持学术造诣较深、知识面较广的标准,他还组织了一个教员聘任委员会,凡新聘或延聘的教授,都要通过委员会的审查决定去留。蔡元培先后聘请了鲁迅、陈独秀、胡适、辜鸿铭等人作为北大老师。

其中,蔡元培对鲁迅这位"老师"的发展起到了关键作用。

鲁迅从日本公费留学回国之后,曾经度过一段迷茫困顿的时光。

为了谋生,鲁迅先是担任了师范学堂的生理学和化学教员,兼任日本教员的翻译,后来还担任了绍兴府中学堂的教员兼监学。在业余时间,鲁迅开始创作文学作品。

1912年,在蔡元培的引荐下,鲁迅出任教育部社会教育司第一科科长。鲁迅从中学教员,一举发展成为教育部门的公务员。

1920年,蔡元培选聘鲁迅,将其从公务员发展成为北大中文系讲师。

后来,鲁迅写文章等抨击反动当局,悼念被残害的爱国青年学生,遭当局通缉。鲁迅只能从北京南下教书,几经波折,来到上海谋求出路。

1927年,鲁迅因为生活所迫,不得不托人向蔡元培求助。

蔡元培得知情况后,马上聘用鲁迅为"特约著述员"。鲁迅不用上班,只要在家写特约评论文章,每月就可以拿到300块的稿酬,比当时复旦大学教授的月薪还要高。

这个工作,彻底解决了鲁迅的生计问题。鲁迅在家里除了写评论文章外,还创作了大量文学作品,包括《呐喊》《彷徨》《故事新编》等。

1936年鲁迅去世后,蔡元培还帮助整理出版鲁迅生前所创作的未结集出版的杂文作品。

蔡元培这位"北大校长"把鲁迅这样一个迷茫困顿的中学老师,发展成为北大讲师,再发展成为中国现代知名的文学家、思想家,就是发展教师的典型例子。因为蔡元培看中了鲁迅敢于伸张正义、针砭时弊的特质,有利于培养思想独立的社会新人,所以蔡元培不断引荐他、发展他,此举体现蔡元培贯彻了"思想自由"的治校方针。

同理,在悦心管理中,校长要善于观察与沟通交流,把教师身上的优点、特质发挥出来,使教师在自己感兴趣的科目、擅长的领域获得强化发展,实现自我价值与社会价值。这样,既发展了教师,也发展了学校。

例如校长在公开课中发现,有一位语文老师将漫画绘制融入课堂教学,让课堂教学变得特别生动、活泼、有趣。于是,校长就因势利导,努力发展这位语文老师,先帮助语文老师整理结集出版《语文漫画教学法》,让教师升级为"作家+金牌导师",然后让该老师在周末业余时间开"培训班",培养其他对此感兴趣的语文老师,教他们如何绘制漫画、如何展开漫画教学。结果,不仅本校的师生来听,连附近的学校的师生也慕名来听课,大大提升了让该老师的成就感与幸福感。

2. 成就学生

成就学生,即学校管理者(校长)要善于设计一些奖励与鼓励机制,因材施教、因势利导,让学生们顺利实现个人的目标与志向,包括学业进步、道德提升、全面发展综合素质、激发天赋潜能等,让他们成为学生中的佼佼者,成为其他学生的好榜样,最终成就学生的每一种可能。

学校悦心管理强调以人为本,针对学生的发展,就是以生为本。"以生为本"是学校悦心管理学生发展观的核心,在具体的教育教学工作中,学校管理者(校长)要做到以学生为主体,把成就学生健康成长作为学校一切工作的出发点和落脚点。

成就学生,不仅要让他们健康成长,还要让他们学会自我教育。

自我教育,就是学校管理者(校长)通过积极引导,让学生把学校对学生的要求变为自己的个人目标,从而培养学生自我认识、自我监督和自我评价的能力,让学生树立明确的是非观念,学会追求真、善、美,反对假、恶、丑。

学生学会自我教育,有利于提高学生的主体意识,有利于发挥学生的主体作用,有利于调动学生的积极性和创造性。在悦心管理中,学校管理者(校长)可以通过激励(物质激励与精神激励)来唤起学生的自我教育意识,激发学生的自觉意识和自我教育的主动性。事实证明,有效的激励可以使学生获得成就感,从而激发学习兴趣,强化良好行为。长期的激励有利于挖掘学生的内在潜力,调动其创造性、主动性,激励学生愉快地学习,健康地成长。

我们来看一看中国物理学之父吴大猷是怎么成就学生,教出两位诺贝尔奖获得者的。

1929年,吴大猷毕业于南开大学,后来在美国密歇根大学留学,获得硕士和博士学位,主要做光谱学、原子和原子核物理学方面的研究。回国后,吴大猷先后在北京大学、西南联大任教。

在战乱时期，吴大猷白天为了生计四处奔波，晚上则安心教育与培养学生。在严峻的时局下，他坚持在西南联大教授经典力学，先后培养和成就了杨振宁、李政道等著名物理学家。

当时，学生杨振宁写毕业论文，不知道研究方向在哪里，曾经感到十分苦闷。经过老师吴大猷的悉心指点，杨振宁确定将粒子物理和统计物理作为自己一生的物理研究方向。

学生李政道家境贫寒，但是十分喜欢物理学，他从浙江千里迢迢跑到昆明，希望能进入西南联大求学，但是他的条件不符合校方规定，无法获得学籍。这时，吴大猷发现了李政道在物理研究方面的天赋，于是他力排众议，破格让李政道在教室外旁听。

李政道十分珍惜这个旁听的机会，上课时认真学习，课后虚心向吴大猷请教，他身上有股坚持不懈的学习钻劲。

1946年，吴大猷赴美深造的时候，力荐李政道作为交流生，跟随他一起进入芝加哥大学攻读博士学位，此举，让名不见经传的李政道获得了出国深造的机会。

1957年，杨振宁与李政道提出了"宇称不守恒理论"，共同获得了当年的诺贝尔物理学奖。

李政道是中国历史上第一位没有本科文凭的博士，当他和杨振宁一起获得诺贝尔物理学奖之后，专程写信感念恩师吴大猷："假如1946年您没有给我这个机会，那就不可能有我今日的荣光。"

吴大猷并没有把学生的功绩归功于自己身上，而是称赞自己的学生说："金子之所以能发光，是因为它本身是金子。"

故事中，吴大猷在兵荒马乱的年代，克服重重困难，努力培养学生、成就学生，激发他们的天赋潜能，他不仅帮学生杨振宁确定了物理研究方向，还给学生李政道旁听学习、出国留学的机会，最终让两个学生共同摘得诺奖。

同理，在悦心管理中，校长要善于发现学生的天赋，要以长远的眼光来看待学生的发展，对学生进行长期坚持不懈的培养，让学生的内在潜质充分绽放，让学生在自己擅长的领域取得一个又一个辉煌的成果。

例如校长发现有位学生经常沉默寡言、坐在教室里发呆，可是当他到坐到钢琴面前，却能如痴如醉地弹奏起来。根据这个情况，校长特别安排音乐老师在业余时间给这位学生"补课"，在学校的各种文艺演出中给他安排节目，让他有更多的表演机会。后来，该学生顺利考入音乐学院，发展成了知名的轻音乐演奏家。

在悦心管理中，校长确立学校发展的总体目标，努力发展教师、成就学生，最终的目标是成就幸福的师生。

那么，什么是幸福呢？孟子对幸福是这样诠释的。

孟子曰："君子有三乐，而王天下不与存焉。父母俱存，兄弟无故，一乐也；仰不愧于天，俯不怍于人，二乐也；得天下英才而教育之，三乐也。"意思是，君子有三件值得快乐的事，称王天下不在其中。父母都健在，兄弟没病没灾，这是第一件快乐的事；抬头无愧于天，低头无愧于人，这是第二件快乐的事；得到天下的优秀人才而教育他们，这是第三件快乐的事。

可见，教师们的幸福所在，是"得天下英才而教育之"，培养出比自己更优秀的人才。学生们的幸福所在是"仰不愧于天，俯不愧于人"，成长成为对社会有用的人。

3. 服务家长

服务家长，就是学校管理者（校长）要增强服务意识，搭建各种形式的服务平台，为家长提供多种服务项目（包括咨询服务、培训服务和家长课程等），不断更新家长们的教育理念、教育方法，充分挖掘家长资源，赋能家校共育，让家长成为教育的"合伙人"，确立共同的目标，将家长个人的发展目标与学校的发展目标结合起来。

学校管理者（校长）为什么要服务家长呢？

因为家长作为学生的监护人，对学生的生活、学习、行为习惯等多个方面具有长期的影响，正如人们常说的"家长是孩子的第一位老师""好妈妈胜过好老师"。

有些家长认为学生的健康成长只是学校的事，只要把孩子送进学校，一切都是学校的事，家长可以放手不管。正是这种"做甩手掌柜"的思想，导致了这样的现象——一些学生在学校是好学生，但在家并不是好孩子。

因此，学校管理者（校长）在设计学校的总体目标时，不仅要发展教师、成就学生，还要服务家长。

服务家长，不仅要在思想上有服务家长的意识，也要在行动上有服务家长的具体措施。

例如某学校设计的发展的总体目标是"运转有序、协调有力、督促有效、服务到位"，在服务家长中，共实施了五项举措。

一是设立"家长接待等待区"。在校门两侧安放长椅、遮雨棚，为接送孩子的家长提供临时休息点。

二是设立"家长接待日"。接待日当天，校长接受家长的现场访问和电话咨询，对家长提出的问题，想办法予以解决。

三是设立"家委会办公日"。办公日当天，家委会成员协同校长一起收集、听取学生、家长对学校管理、班级管理、课程设置、活动开展的意见和建议，通过群策群力，集中快速解决各种问题。

四是丰富家校课堂。由家长及教师志愿者组成项目组，定期组织开展运动会、游艺会、科技节、义卖会等丰富多彩的第二课堂活动。

五是研发家长课程。学校吸纳优秀家长和优秀教师组成"家庭教育专家团"，针对家长开展一系列的培训，带领家长学习国内外先进的育儿理念与方法。

综上，在学校悦心管理中，"三化"中的"目标化"要摆在首位。我们这里说的目标，是学校发展的总体目标、第一级目标。学校管理者（校长）只有确立了总体目标，才能增强教师、学生、家长的凝聚力，使大家拧成一股绳，劲往一处使，集中力量办大事，最终成就幸福师生。实施悦心管理的"目标化"需要做到两个方面：一是学校总体目标要高远；二是做好学校总体目标的设计。学校总体目标要高远，就是要解决教育的根本问题，做到"育人为本，立德为根"。悦心管理强调"以人为本"，这个"人"就是教师、学生、家长。因此，学校的总体目标可设计为三个方面：一是发展教师，让教师实现自我价值、自我发展；二是成就学生，让学生健康成长，学会自我教育；三是服务家长，挖掘家长资源，赋能家校共育。

第二节 双向反馈控制，持续调整优化

悦心管理五力中的"反馈力"是双向的，既包括管理者向被管理者反馈，也包括被管理者向管理者反馈。

管理者向被管理者反馈，就是学校管理者（校长）主动及时向被管理者（教师、学生、家长）清晰阐述各项工作的重点，并提出具体建议。在执行中，学校管理者（校长）要进行跟踪指导，遇到问题时须平等沟通解决，学校管理者（校长）只有不断获得有效反馈，才能稳步实现学校的总体目标。

被管理者向管理者反馈，就是被管理者（教师、学生、家长）向学校管理者（校长）反馈各项工作的执行情况，寻求更多资源与支持。

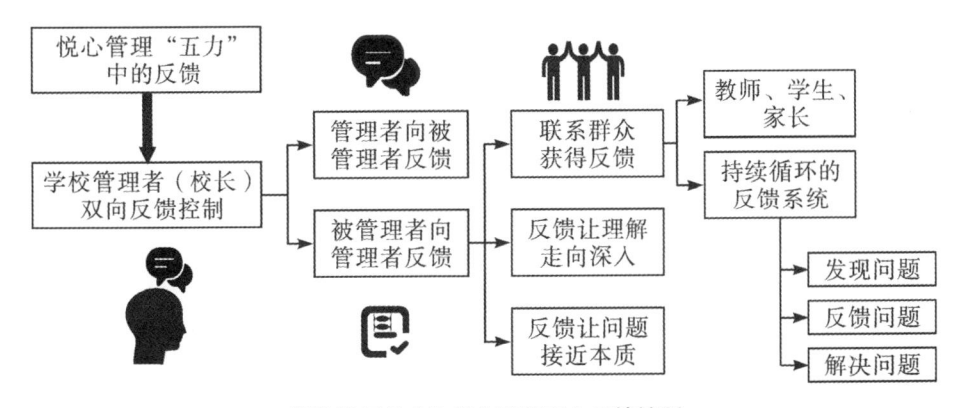

学校管理者（校长）进行双向反馈控制

一、什么是双向反馈控制

悦心管理五力中的"反馈力"具体应用到学校管理中，就是学校管理者（校长）要学会双向反馈控制，才能积极调整改变、持续优化学校的各项工作。

双向反馈控制，是指学校管理者（校长）既要主动及时地向被管理者（教师、学生、家长）反馈各项工作的重点与具体建议，也要创造良好条件不断获得被管理者的反馈。

在学校悦心管理中，反馈是十分重要的。校长对教师、学生、家长工作、学习情况的

反馈，可以规范大家的行为、帮助大家学习，有效推动进工作进度。教师、学生、家长对校长工作成效的反馈，可以帮助学校管理者（校长）及时发现问题、解决问题，从而让学校各项工作有序运转。

如果学校管理中没有反馈，教师、学生、家长不仅无法心悦诚服地工作，还会产生"职业倦怠感"。

"职业倦怠感"是一种身心消耗过度、精力衰竭的综合征。如果学校管理者（校长）无论好的、坏的结果都不给大家反馈，甚至连绩效考核都没有，大家各自埋头苦干、自行摸索，既没有表扬也没有批评，也没有任何人的信任和认可，长此以往，教师、学生、家长就会认为学校的各项工作都没有价值、没有意义。慢慢地，大家的身体疲惫，心态疲软，工作进度变得越来越慢，越做越觉得没劲，最后学校里的很多事情都是虎头蛇尾、不了了之。

反馈的最终目的就是调整和优化现有的管理模式。

我们来看一看，徐特立是如何处置群众的反馈的。

徐特立是中国革命家和教育家。

1912年，徐特立抱着发展平民教育的愿望，与友人一起创办了长沙师范学校并任校长。

1913年，徐特立又在长沙县五美乡（今江背镇）观音庙创办五美高等小学堂，免费吸收贫苦学生入学。

徐特立一生始终保持着朴素节俭的优良品质，时刻接受广大人民群众、教师、学生和家长的监督。

虽然徐特立做了校长，但是他的住处十分简单，没有大皮箱，也没有大柜子，更没有什么值钱的家具，有的只是破旧的书籍。

当时，有些教师向他反馈说："教师是体面的人，出门都要坐轿子，以显示绅士派头。"

徐特立得到这些反馈，马上反驳说："俭朴的生活，不但可以使精神愉快，而且可以培养革命品质。"

就这样，徐特立出入从不坐轿子。他在长沙师范学校当校长，又在湖南第一师范做兼职老师，两个学校相距约10里地，可是他每次都是步行往返。有时候下雪了，他就穿着"钉鞋"，打着雨伞，夹着讲义，提前出门，走路去上课，从不缺课或迟到。

两个学校的教师们看到徐特立校长都是走路来上课的，很受触动，慢慢地教师们也学习徐特立校长，不坐轿子了。

故事中，徐特立做好了双向反馈控制，一方面获得被管理者的反馈，根据教师反馈的意见，始终坚持朴素节俭的品质；另一方面，还主动向教师反馈俭朴生活的重要性，让大家都养成俭朴的风气。

二、根据反馈优化管理

下面，我们重点分析被管理（教师、学生、家长）者对学校管理者（校长）的反馈。

学校管理者（校长）先要创设条件及时获得被管理者（教师、学生、家长）的反馈，然后才能根据这些反馈优化学校的悦心管理模式。

学校管理者（校长）根据反馈优化管理可从三个方面着手：一是联系群众获得反馈；二是反馈让理解走向深入；三是反馈让问题接近本质。

1. 联系群众获得反馈

联系群众获得反馈，就是学校管理者（校长）可以委派专员自上而下采集教师、学生、家长的反馈意见，也可以设计一些激励机制与沟通渠道，让被管理者（教师、学生、家长）自下而上地反馈问题。

我们来看一看，古代管理者是如何联系群众、采集"民意"的。

古代采集"民意"的途径有两种：

第一种，自上而下，朝廷派出巡抚使或者台谏官员到地方，了解、考核当地官员任职情况、德才情况。

南宋淳熙七年（1180年）冬，辛弃疾调任隆兴知府兼江西安抚使，当时江西旱情严重，辛弃疾担负起救荒使命，他在大街上贴出赈济榜文，只用八字："劫禾者斩，闭粜者配！"意思是抢粮的要杀头，囤积粮食拒不出售粮食的要发配充军。有一次，辛弃疾收到群众举报，从地方官那讨回被其扣押的数船粮食。

第二种，自下而上，名为"举留"，朝廷鼓励民众直接向上一级领导部门"告状"，检举与告发地方官的不良行为。

南宋绍兴二十八年（1158年），陆游出任福建宁德县主簿，做了不少利民的好事，当地群众对他十分爱戴。可是他的领导，却嫉妒其才能，随意捏造一些罪名，准备诬陷他。浙东南路监司到宁德检查工作时，被上千名群众拦下。群众群情振奋，直接发问："陆主簿（陆游）究竟犯了什么罪？"

这位监司大人看到人民群众集体反馈的场面，极为震撼，一回到衙门，就把诬告陆游的领导驳斥得体无完肤。最后陆游不仅没有被处分，皇帝还特意下诏给予表扬，赐其为"进士出身"。

故事中，古代采集"民意"的途径基本有两种，一是派专员自上而下采集；二是人民群众自下而上反馈。同理，学校管理者（校长）也可以照此操作，通过密切联系群众以获得持续不断的反馈。

在学校悦心管理中，学校管理者（校长）要引导被管理者（教师、学生、家长）积极反馈意见，以资改进学校管理，从而形成一个持续循环的反馈系统：发现问题—反馈问题—解决问题—提升管理—再发现问题—再反馈问题—再解决问题—再提升管理。

学校管理者（校长）需要不断鼓励教师、家长、学生对学校的教育内容、教育手段、教育途径、教育环境、教学制度等方面出现的问题进行反馈。

例如学校可以开通教师QQ群、微信群、钉钉群，建立"校长信箱"，开通"校长直通车"，举办"家长沙龙"，让师生随时随地反馈意见，让家长尽情分享家庭教育、监护工作中的快乐与幸福，倾诉困惑与压力，对学校工作指出合理化意见和建议。校长根据大家反馈的意见，不断改进各项工作内容与方式，让大家心悦诚服。

2. 反馈让理解走向深入

反馈让理解走向深入，即学校管理者（校长）要虚心听取被管理者（教师、学生、家长）多层次的反馈意见，综合分析这些反馈信息可以深入理解教师、理解学生、理解家长。

古人云"言为心声，语为心境"，"观其言而知其行"。因为反馈所以理解；因为理解，所以才有尊重与宽容。

我们来看一看，孔子因为理解所以尊重人的故事。

春秋时期，孔子和学生们路过一个村庄，他看到一个老人，正在吃力地从深井里把水提起来，然后又挑去浇菜地。在烈日暴晒之下，这个老人独自一人做着这样沉重的体力活，累得满头大汗，让人看着就觉得心疼。

孔子认为这个老人可能没有听说过现在有先进的提水与输水设备。当时，人们已经发明了桔槔（提水设备）、辘轳、翻车（输水设备）、筒车、戽斗、刮车等提水工具，用来帮助农业灌溉。

孔子走过去对老人说："你听说过现在有先进的机器吗？用它们可以非常容易地从井里打水，你做十二个小时的工作，它们可以在半小时之内就完成。你可以马上引进这样的机器，为什么偏偏费这么大的力气呢？要知道你已经是一位老人了，力气不如年轻人了。"

没想到，这个老人居然给孔子反馈这样的意见："用双手工作总是好的，因为每当狡猾的机器被使用的时候，就会出现狡猾的头脑。事实上，只有狡猾的头脑才会使用狡猾的机器。你这不是存心败坏我吗！我是一个老人，让我死得跟生出来的时候一样单纯。用双手工作是好的。一个人会保持谦卑。"

孔子回到学生那里。学生们问："您跟那个老人谈什么呢？"

孔子说："他看起来似乎是老子的门徒。他狠狠地批评了我一番，而且他的论点好像是正确的。"

故事中，孔子原本给老人反馈意见，建议老人使用先进的提水与输水设备，以降低劳动强度。没想到，那个老人居然反馈说，还是用双手工作更好，因为使用狡猾快捷的机器，很容易出现狡猾、投机取巧的头脑，人会变得更加懒惰。于是，孔子就虚心接受了老人的批评和建议，尊重他的想法，包容他的做法，不去改变老人的劳动状态。

在悦心管理中，校长要虚心听取群众反馈的意见，多听听广大教师、学生和家长的心声，不能将自己的"先进理念与做法"强加到他们身上。因为只有他们及时反馈，校长才能更加深入地理解他们；只有理解他们，才能尊重与包容他们。

例如在平板电脑风行全国的时候，有校长规定全校师生改用平板电脑教学，把所有教材、课程全部输入平板电脑，师生上课只需带着一个平板电脑，走进电教化课室上课就可以了。后来，有家长反馈意见说，孩子经常提笔忘字，建议还是恢复原来的教学模式，让学生用传统的纸和笔来写字，而不是整天在平板电脑上通过"语音"来翻译。

校长获得反馈后，又亲自与老师沟通交流情况，还特意找来一些学生测试，结果学生们虽然会读、会说，但是写起字来，不是不会写，就是写错别字。最后，校长作出了调整，恢复原来的课堂教学方式，只将电教化教室作为辅助学习的工具。

3. 反馈让问题接近本质

反馈让问题接近本质，即学校管理者（校长）接收到教师、学生和家长反馈的意见后，通过逻辑推理、归纳总结，透过现象看本质，找到解决问题的关键所在。

在悦心管理中，学校管理者（校长）最厉害的地方，不在于他有地位有多高，能力有多强，身份有多显赫，而在于他能不能根据多种反馈意见，化繁为简、化零为整，立马看透问题本质，对症下药，迅速地解决各种疑难问题。

古人云："金玉其外，败絮其中。" 意思是，世上有一些人和事物徒有华美的外表，本质却是一团糟，就像外表黄灿灿的柑子，里面的瓤可能干得像烂棉花一样。正因为一些人和事物的现象与本质之间有着巨大的反差，所以学校管理者（校长）每当遇到一个新问题时，需要综合分析各方面的反馈意见，才能接近和抓住问题的本质。

我们先来看一看，战国时期田单将军虚心听取别人反馈的故事。

公元前284年，燕国纠集赵、魏、韩、秦组成五国联军一起攻打齐国。齐军节节败退，很快齐国就只剩下莒和即墨两座城池了。在危难之际，田单被军民推举为将军，组织残兵败将抵抗。即墨之战中，田单将军以"火牛阵"大败燕军，一举扭转战局，并乘胜收复齐国大部分失地。

不久后，田单将军领军杀到狄城之外，在进攻之前，田单将军去拜见了一位叫鲁仲连的高人，想让他帮忙出个奇谋。没想到，鲁仲连一见到田单将军就说："将军这次进攻狄城，是攻不下的。"

田单将军生气地说："当年我在即墨的时候，只有一座孤城，带着残兵败将，尚且能打败强大的燕国，为什么现在要进攻一个小小的狄城，却攻不下呢？"

没想到，果真如鲁仲连所言，田单将军三个月都没有攻下狄城。

田单将军只好硬着头皮回去向鲁仲连请教。这时，鲁仲连给他反馈了中肯的意见："将军以前在即墨时，坐着和士兵一起编织草袋，站着和他们一起舞动铁锹，身先士卒，将军有战死的决心，士卒也没有贪生怕死的想法，大家奋勇杀敌。这就是当初您打败燕国的真正原因。现在，将军每天在自己的封地里有收不完的租税，有享受不尽的快乐，您现在有了贪生怕死之意，当然难打胜仗了。"

田单将军恍然大悟地说："我有决死之心，先生您就看着吧！"

第二天，田单将军亲自下到前线激励士气，日夜巡视城防工事，还选择在敌人的箭石攻击范围之内的地方给将士们擂鼓助威，将士们见田单将军有了决死之心，没有一个贪生怕死的，大家经过几轮冲锋就把狄城攻破了。

故事中，田单将军一开始打胜仗，后来却打了败仗，田单将军并不知道本质原因是什么。后来，田单将军听了高人鲁仲连反馈的意见，才知道自己打败仗的本质原因是自己的心态变了。当初自己在即墨时有决死之心，后来因为打了胜仗，封官晋爵，有了封地，开始享受生活，失去了战死的决心，所以打了败仗。为此，田单将军身先士卒，重拾决死之心，最终反败为胜，攻下了狄城。

在悦心管理中，校长要密切联系群众（教师、学生、家长），虚心接受他们的反馈，并综合分析、总结这些反馈意见，找到问题的本质所在，及时调整工作思路与方法，妥善解决问题，才能让人们心悦诚服。

例如校长发现校运会中学生的比赛成绩越来越差，一届不如一届。于是，校长就发动全校师生、家长反馈意见，寻找原因和解决办法。有人反馈说是学生的体质变差了，学校里很多近视、肥胖的学生，比赛时速度、耐力、柔韧性、爆发力等体能素质根本发挥不出来。有人反馈说，由于疫情原因，大家长时期宅在家里，锻炼时间减少，导致比赛成绩不好。有人反馈说，校运会那几天天气实在太热了，影响了学生的发挥。校长综合分析这些反馈意见，发现这些都不是本质的原因，因为同一时期附近几所学校的校运会学生的比赛成绩都还算可以。

最后，有一位体育教师反馈了中肯的意见：学校里很多家长普遍存在"重文轻体"的观念，平常只管学习成绩不管体育成绩；有些家长怕孩子练体育吃苦，一年四季开车开着空调全程接送孩子上学、放学，孩子连走路锻炼的机会都没有。校长根据体育教师反馈的意见，找到了校运会赛事成绩滑坡的本质原因，那就是家长的"漠视与不忍"。于是校长对学生的课程安排进行了一些调整，增加了晨跑的频率与时间，同时把体育成绩与各项评优挂钩，还向家长倡议在接送孩子时尽量不开车、不骑车，乘坐公共交通出行。经过一年多的努力，学生校运会的比赛成绩有了明显回升，有个别学生还破了校运会纪录。

综上，学校管理者（校长）要进行双向反馈控制，持续调整优化学校的各项管理工作。学校管理者（校长）既要主动及时地向被管理者（教师、学生、家长）反馈各项工作的重点与具体建议，也要创造良好条件不断获得被管理者的反馈。根据反馈来优化管理可从三个方面着手：一是联系群众获得反馈；二是反馈让理解走向深入；三是反馈让问题接近本质。联系群众获得反馈有两种方法：一是派专员自上而下采集；二是人民群众自下而上反馈。反馈的最终目的就是调整和优化现有的管理模式。学校管理者（校长）可以设计一些激励机制与沟通渠道，采集与分析大家的反馈，最终让理解走向深入，真正做到理解教师、理解学生、理解家长，也让问题接近本质，并找到解决问题的关键所在。

第三节　以师为本，引领教师主动发展

悦心管理的"一本"是以人为本，具体应用到学校悦心管理中，对教师而言，是要做到"以师为本"。

学校管理的核心工作，是促进教师主动发展。因为只有教师主动发展，才能促进学生的主动发展。

学校悦心管理要重视教师的参与意识和创造意识，让教师通过各种方式和渠道参与学校的管理，在学校事务中体现出主人翁意识，提高自我价值感，从而使教师的才能得到充分发挥，使学校的核心竞争力得以提高。

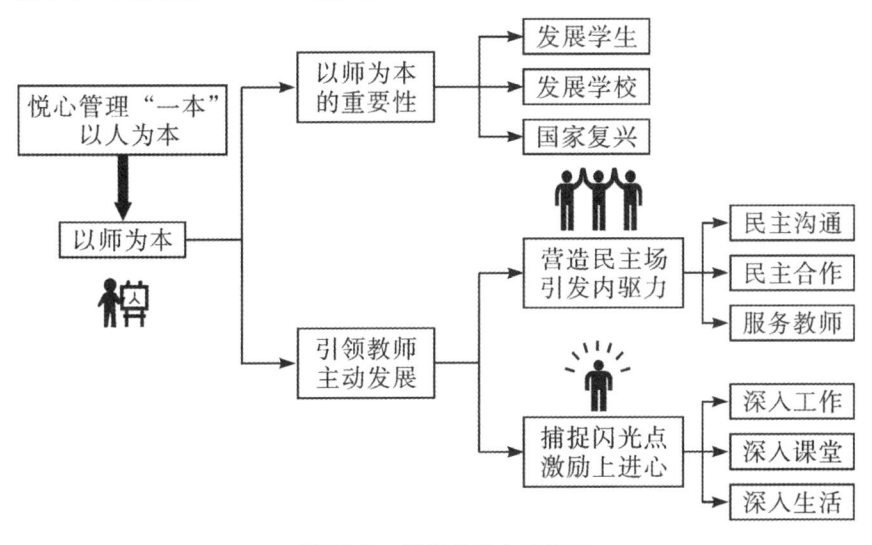

以师为本，引领教师主动发展

一、以师为本的重要性

以师为本，就是学校管理者（校长）要以教师为本，尊重教师、理解教师、发展教师，要挖掘教师身上的闪光点，引领教师主动发展。

以师为本，对于国家复兴十分重要。《荀子·大略》有言："国将兴，必贵师而重傅；贵师而重傅，则法度存。国将衰，必贱师而轻傅；贱师而轻傅，则人有快；人有快则法度坏。"意思是，国家想要振兴，必须尊敬教师，重视传授专业技术的师傅，教师受尊重，国家的法律制度就能得到保存。国家如果趋于衰败，一定轻视教师，教师不受到尊重，人就会放纵性情，人肆意放纵，国家的法律制度就要受到破坏。

以师为本，对于发展学生、发展学校十分重要。

《荀子·儒效》有言："故人无师无法而知，则必为盗，勇则必为贼，云能则必为乱，察则必为怪，辩则必为诞；人有师有法，而知则速通，勇则速畏，云能则速成，察则速尽，辩则速论。故有师法者，人之大宝也；无师法者，人之大殃也。"意思是，如果一个人聪明，但是没有老师、没有法度，就会成为盗贼；要是再有勇气、胆量，那就会成为贼寇；要是各方面能力和影响力很大，那就必定会作乱；要是善于觉察，那就会发表奇谈怪论；要是能说会道，就一定会虚妄诡辩。如果有老师的教导、懂得法度，聪明的话，很快就能声名显达；勇敢的话，就会有畏惧之心，有所为有所不为；各方面能力强，很快就会脱颖而出，功成名就；善于觉察，就会全面透彻地认识事物；能言善辩，就会很快决断出是非曲直。所以，有老师教导、有法度，是人们最大的财富；没有老师的教导、没有法度，会成为人们的灾祸。

以师为本既要尊重教师、理解教师，也要发展教师。

我们来看一看，陈垣校长是怎么通过发展教师来发展学校的。

1926年至1952年，陈垣先生担任辅仁大学校长。

当时，辅仁大学只是成立不久的教会学校。为了发展学校，陈垣校长先要发展教师，在教师聘用方面他不分党派、出身，只要有真才实学就选聘进来。同时，陈垣校长还善于挖掘教师身上的闪光点，引领教师主动发展。

陈垣校长先后聘请了张星烺、余嘉锡等教师。

1929年，陈垣校长选聘张星烺为史学系主任。张星烺曾于1906年赴美国哈佛大学化学系学习，所修的专业、获取的学位是化学，完全与史学无关。但是，陈垣校长通过调查发现，张星烺除了研究化学之外，还兼顾研究历史，这个闪光点被陈垣校长挖掘出来了。

1931年，陈垣校长又选聘余嘉锡为国文系主任。余嘉锡既没有毕业，也没有学位，但是有一个特长就是精通"目录学"。这个闪光点，也被陈垣校长挖掘出来。

像张星烺这种"专业不对口"的教师、余嘉锡这种"没有学位"的教师，按正常的审批流程，是不可能登上大学讲台，更没有资格担任系主任之职的。但是，陈垣校长不拘一格地选聘教师，挖掘他们的闪光点，引领教师主动发展。

余嘉锡进辅仁大学后，出版有《目录学发微》《四库提要辨证》等，成为中国近现代历史上著名的文献学与目录学家。张星烺也出版有《中西交通史料汇编》《马可波罗》等，成为近代著名历史学家。

陈垣校长通过选聘与培养一大批老师，将教师的闪光点放大，既提高了学校名气，也办出了学校的"文史特色"，使辅仁大学成为与北京大学、清华大学、燕京大学并称为"北平四大名校"。

故事中，陈垣校长不拘一格地选聘教师，挖掘其闪光点，并将其发扬光大，最终既发展了教师，也发展了学校。

二、怎么引领教师主动发展

引领教师主动发展，学校管理者（校长）要不断挖掘教师身上的闪光点，创造条件、搭建平台，让教师实现自我价值、自我超越。引领教师主动发展，可以从两个方面来着手：一是营造民主场，引发内驱力；二是捕捉闪光点，激励上进心。

1. 营造民主场，引发内驱力

学校管理者（校长）须在学校里营造民主和谐的教育氛围、轻松融洽的人际环境，吸引教师积极参与学校的各项活动。同时要激发教师的内驱力，引导教师从内心深处自我激励，这样才能为教师主动发展提供源源不断的动力。

如学校教师有什么问题都可以通过教师群、官网、校长信箱等途径"自由表达、直言不讳"，对于教师好的建议校长可以果断采纳并当众表扬教师，对于说得不对的地方，校长可以私下与教师沟通解决。最终，让教师心悦诚服地参与到学校教育、教学与管理的各项工作中。

学校管理者（校长）营造民主氛围，引发内驱力，可以通过民主沟通、民主合作、服务教师三个方面来实现。

（1）民主沟通

学校遇到有关发展教师、发展学校的大事时，如制定学校章程制度、确立办学方向和目标、职称评聘、评先表模、骨干教师评选、福利奖金分配等，学校管理者（校长）都应同教师商量，多听教师的心声，按照大多数教师的意见办理，因为这些事情涉及教师的切身利益。校长进行民主沟通，体现了对教师的尊重、信任，可以激发教师"主人翁"的意识和责任感，增强教师的内驱力，形成"比学赶帮超"的良好氛围。

（2）民主合作

学校管理者（校长）要有效吸纳教师们的集体智慧，在教育研究、教学工作、学校行政管理等方面，要组织多元主体进行合作，共治共管，提升学校的治理水平。如有学校通过"自荐与民主推荐相结合"的方式吸引一些教师担任志愿值日教师、值周教师，明确工作职责，协助校长一起合作搞好学校各项管理工作。

（3）服务教师

学校管理者（校长）要树立为全校教师服务的意识，关心教师的身心健康，关心教师的冷暖，努力创造条件服务教师、发展教师，如通过一系列的培训学习开阔教师们的视野，不断提高他们的教学能力和教研水平，引导教师开展一些课题研究，让他们获得成果与荣誉。

2. 捕捉闪光点，激励上进心

学校管理者（校长）要挖掘每位教师身上的闪光点，将闪光点放大，树立为典型。因为发展教师就是发展学校，如果每个教师身上都能挖掘出闪光点，都能获得更大的发展，那么学校的各项事业就更加容易成功。

教师和学生一样都需要学校管理者（校长）的尊重，需要表扬，更需要激励。当学校管理者（校长）把教师当成自己的学生那样去关心、尊重时，教师便会以最大的热情投身到教育教学工作中去。

在捕捉教师闪光点方面，学校可以创设"爱生如子奖""孔明奖""跃进奖""引领示范奖""勇挑重担奖""默默奉献奖""老当益壮奖"等个性化奖项，或通过家长的"老师我想对你说"、学生的"夸夸我的好老师"等活动，挖掘、放大与传扬老师的闪光点，不断激励老师，调动老师的积极性，引领教师主动发展自己，将自己的优势发扬光大。

学校管理者（校长）捕捉闪光点，激励上进心，可以从深入工作、深入课堂、深入生活这三个方面来实现。

（1）深入工作

学校管理者（校长）要经常到教师办公室走访、交谈，观察教师们是怎么开展工作的，看有没有值得表扬的细节。

如有校长到教师办公室走访发现，有位教师不仅办公桌上收拾很干净，还在办公桌周围放置一些能净化空气的花草，如吊兰、斑马叶橡皮树、文竹和绿萝等。校长就在全校教职工大会上提出来，表扬该教师不仅办事井井有条，还懂得办公室养生，十分注重自己的身心健康，鼓励其他教师向该教师学习。如果有教师要采购花草可以先登记，再由学校统一购买。

（2）深入课堂

学校管理者（校长）要经常到教师的课堂上听一听，看看老师是怎么上课的，有什么值得推广的优点。

如校长旁听一位数学老师的课，发现该数学老师居然把数学课上成了童话课。该数学老师通过奇妙的构思，把课堂所学的数学概念、计算方法编成了童话故事，让同学们积极参与情境表演，既活跃了课堂气氛，又能让学生把知识点牢牢记住。校长就在学校光荣榜上，把该数学老师的闪光点写上去并配上图片为证，让全校师生每天路过时都能看见该教师的"优势"。该数学老师受此激励，上进心越来越强烈。

（3）深入生活

就是学校管理者（校长）要经常到教师的生活环境走走、看看，观察老师在课堂之外怎么安排业余生活，怎么备课和做学术研究。如果校长发现有闪光点，就可以把这个闪光点、优点放大，让所有教师共同来学习。

如有校长通过走访，发现有位英语老师，经常利用周末的时间去学习同声翻译，练就一口流利的英语。校长就把这个英语老师推荐给校委会，充当"同声翻译志愿者"，当有外国家长来到学校请求帮助时，就让该老师出面帮助沟通解决，校委会和外国朋友不时送感谢信和锦旗到学校来，使该教师产生强烈的荣誉感和自豪感，同时也对其他教师起到了激励和鞭策作用。

> 综上，在学校悦心管理中，学校管理者（校长）要以师为本，引领教师主动发展。以师为本，即以教师为本，尊重教师、理解教师、发展教师，挖掘教师身上的闪光点，引领教师主动发展。以师为本十分重要，因为发展教师既可以发展学生、发展学校，还有助于国家复兴。引领教师主动发展，可以从两个方面来着手：一是营造民主场，引发内驱力；二是捕捉闪光点，激励上进心。营造民主氛围，引发内驱力，可以通过民主沟通、民主合作、服务教师三个方面来实现。捕捉闪光点，激励上进心，可以从深入工作、深入课堂、深入生活这三个方面来实现。引领教师主动发展，关键是要激发教师的内驱力，引导教师从内心深处自我激励，这样才能为教师主动发展提供源源不断的动力。

第四节 以生为本，促进自主成长

悦心管理的"一本"就是以人为本，具体应用到学校悦心管理中，对学生而言就是要做到"以生为本"。

以生为本，即学校管理者（校长）以学生为本，尊重学生、理解学生、发展学生，激发学生的学习兴趣，挖掘学生身上的潜能，放大学生身上的闪光点，让学生做自己想做的人，促进学生自主成长。

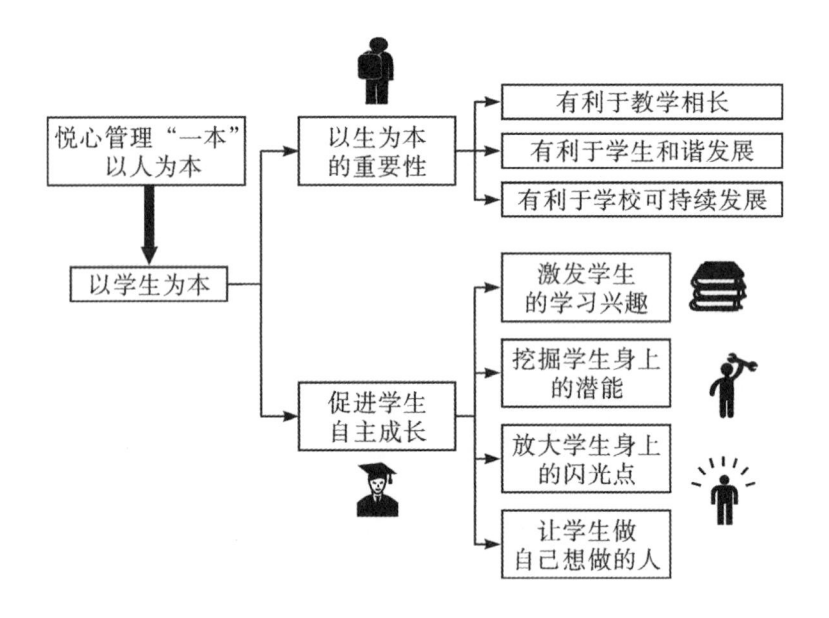

以生为本，促进自主成长

一、以生为本的重要性

在学校悦心管理中，以生为本非常重要，具体包括以下三个方面。

1. 有利于教学相长

以生为本，有利教学相长。西汉戴圣在《礼记·虽有嘉肴》中有言："是故学然后知不足，教然后知困。知不足，然后能自反也；知困，然后能自强也。故曰：教学相长也。"意思是，学习之后才知道自己的不足之处，教导人之后才知道困惑不通。知道自己不足之处，才能够反省自己；知道自己困惑的地方，才能自我勉励。所以说：教与学是互相促进的。

如果学校里没有学生，教师虽然满腹经纶，但是没有传授的对象，就没有与众多学生交流与探讨的机会，所以就不能持续反省自己、提高自己的学问。

2. 有利于促进学生和谐发展

以生为本，有利于促进学生和谐发展，有效引导学生进行自我教育、自我管理、自主成长，让学生在校内与教师融洽相处、和谐发展，在校外与家长、与社会上的其他人和谐相处。

如果学校管理者（校长）不尊重学生，不理解学生，往往很难与学生和谐相处，也无法将学生凝聚在自己的周围，更不能很好地发展学生。

学校管理者（校长）只有以生为本、求同存异，尊重学生的个性、理解学生的需求，才能培养他们的兴趣、挖掘他们的潜能、让他们实现全面发展。《论语·子路》有言："君子和而不同，小人同而不和。"意思是，君子追求与人和谐而不人云亦云，盲目附和，小人追求与人相同、盲目附和，但不能与人和谐相处。

3. 有利于学校的可持续发展

以生为本，有利于学校的可持续发展。学校培养学生的目的，是要把他们培养为德智体美劳全面发展的社会主义建设者和接班人。学校管理者（校长）要牢记教育的本根：育人为本，立德为根。在教学过程中，学校管理者（校长）要重视培养学生的良好品德，塑造学生的健康人格，提高学生应用知识的能力和创新发展的能力。

学校只有培养出适应社会发展需要、能够为国家为人民各项事业发展服务的合格的毕业生，才能确保学校可持续发展。如果学校培养的学生既无法实现升学与就业，也无法提升自己的学问与道德修养，甚至成为社会的负担，那么是不利于学校可持续发展的。

我们来看一看，竺可桢校长是怎么发展学生的。

竺可桢是中国物候学的创始人，对地理学和自然科学史都有深刻的研究。

1936年，竺可桢担任浙江大学校长，并把学校发展的总体目标确定为"要培育出公忠坚毅，能担大任，主持风气，转移国运的领导人才"。

在新生座谈会上，竺可桢校长经常向学生们提"两个问题"："第一，到浙大来做什么？第二，将来毕业后要做什么样的人？"竺可桢校长解释说："第一，诸位求学，应不在科目本身，而且要训练如何能正确地训练自己的思想；第二，我们人生的目的是在服务，而不在享受。"

为了发展学生，竺可桢根据社会需求不断扩展学系，他指出："大学因为包涵万流，所以成其为大。"他把浙大由文理、工、农3个学院16个学系，扩展到文、理、工、农、法、医、师范 7 个学院 25 个学系，基本涵盖了当时社会急需的自然科学与社会科学各方面人才。

在任期间，竺可桢校长培养了一大批人才，如苏步青、王淦昌、贝时璋、李政道、钱人元、程开甲等。这些学生都在自己的工作岗位上担当重任，努力服务社会。

故事中，竺可桢校长通过拓展"学院与学系"实现了多元化育人、发展学生的目标。同理，学校管理者（校长）也可以借鉴竺可桢先生的做法，以学生为本，多设计一些生动活泼的课堂，让学生活学活用。

二、怎么促进学生自主成长

在学校悦心管理中，以生为本的最终目标是促进学生自主成长。学校管理者（校长）可以从四个方面来着手：一是激发学生的学习兴趣；二是挖掘学生身上的潜能；三是放大学生身上的闪光点；四是让学生做自己想做的人。

1. 激发学生的学习兴趣

激发学生的学习兴趣，学校管理者（校长）要在教学中创设生动、有趣、多样的教学情境，来调动学生的学习兴趣，让学生在兴趣的指引下自觉学习、自主成长。

教学情境包括实物参观、播放多媒体课件、学生自编自导课本剧表演等。在实施过程中，学校管理者（校长）要善于总结与记录每个学生的兴趣所在，这样才能真正做到因势利导、因人而异，以兴趣为师，助力学生在知识的殿堂自由飞翔。

学生们学习的内容大部分来自学校课程，学生们的兴趣也大多来源于此。因此，在悦心管理中，校长要做到以学生为本，培养全面发展的人，合理分配学校资源，每门课程都须安排优秀的老师执教，不要"偏科"培养学生，不能主科、副科区别对待，顾此失彼，而是"专通结合"地综合培养学生。

由于学生的兴趣爱好是有差异的，所以在学校悦心管理中，学校管理者（校长）要让教育从"人性"出发，从每一个活生生的人出发。不同年级的、不同爱好的学生，他们的身心发展千差万别，这就决定了教育活动要因材施教。学校管理者（校长）要对不同兴趣、爱好和能力倾向的学生进行不同内容的教育，对具有不同性格特点和发展速度的学生采取不同的教育方法。

比如校长创造条件进行多学科教学、多元化培养学生，既办好必修课（国家标准课程、地方标准课程），也设计一些选修课（校本课程）、兴趣班、学生社团等，让学生根据自己的兴趣爱好自由选择，心悦诚服地到知识的海洋中畅游。

2. 挖掘学生身上的潜能

挖掘学生身上潜能，学校管理者（校长）须通过长期观察、客观分析、制造机会、组织实践等方式，挖掘学生身上尚未发挥的潜在能力，开发学生从未开发过的潜质，创设条件发展学生的特殊才能（如记忆潜能、想象潜能、创作潜能、演讲潜能、组织潜能、总结归纳的潜能、发明创造潜能等）。

我们来看一看，颜元老师是如何挖掘学生身上的潜能的。

颜元是清朝初期的思想家和教育家。颜元的教育思想就是强调实用，提出了"实行、实文、实体、实用"的教育观。

颜元不仅在课堂内教授学生学习六艺（礼、乐、射、御、书、数六种技艺），还带领学生一起到课外参加实训，发挥学生身上的潜能。

有一次，颜元带领学生到野外进行射箭比赛。他连发六箭，箭箭射中靶心，学生们在旁一片喝彩。等参加比赛的学生们一一射完以后，颜元发现，学生中成绩最好的也只射中两箭。学生都称赞老师是"神箭手"，可是颜元却高兴不起来，他希望能提升学生的射箭水平，让学生们都超过自己。

颜元在主持漳南书院时，为了挖掘学生的潜能，他给予学生很多自由发挥的空间，任由他们张扬个性。在课堂上，颜元老师和学生一起讨论兵农、辩商今古，一起学习礼仪、诗歌、书计、举石、跳跃、击拳等。

颜元一生培养了众多学生，其中有记录可查者达100多人。很多学生都是一专多能，其中"一专"为六艺，"多能"为工、农、商、学、兵等，学生多方面的潜能都得到了开发。其中学生李塨，继承和发展了颜元的学说，后人称其为"颜李学派"。

故事中，颜元老师主修六艺，选修工、农、商、学、兵，让学生如鱼得水，自由学习、自主成长。同理，学校管理者（校长）要做到以生为本，积极开展素质教育，挖掘学生身上的潜能，发展个性、发挥特长。

如学校为落实以生为本，在数理化学习中给学生更多的时间与空间，将"教师一言堂"的学习方式变成让学生动手实践来学习，鼓励学生提问、独立思考和提出自己的想法。结果，学生在学习的过程中可以自由探索和享受乐趣，发展了发明创造的潜能，为全校师生发明出很多实用的工具。

3. 放大学生身上的闪光点

放大学生身上的闪光点，学校管理者（校长）要挖掘与放大学生身上的优点、优势与积极方面，同时引导学生与自身缺点和不足作斗争。

学校管理者（校长）挖掘与放大学生身上的闪光点，有利于传递正能量，有利于让学生自主成长为阳光少年。苏联著名的教育家马卡连科曾经说过这样一句话："教师要用放大镜看学生的优点，用缩小镜看学生的缺点。"

辅仁大学校长陈垣先生曾经这样教导新教师："教师要以鼓励夸奖为主。不好的学生，包括淘气或成绩不好的，教师要尽力找出他们一小点好处，加以夸奖。教师要有教课日记，自己和学生有某些优缺点，都记下来，包括作文中的问题，记下以备比较。"

我来看一看，孔子是怎么分析学生的闪光点的。

春秋时期，有一次，学生子夏问孔子："颜回这个人怎么样？"孔子回答说："颜回的信用好极了，我不及他。"

子夏又问："那么，学生子贡这个人又怎么样呢？"孔子回答说："子贡嘛，挺聪明的，我不及他。"

子夏接着问："那么学生子路又怎么样？"孔子回答说："子路的勇敢，远近驰名，我不及他。"

子夏再问："那么学生子张又怎么样？"孔子回答说："子张严谨庄重，我不及他。"

学生子夏越听越糊涂，忍不住问："老师说的话真叫人迷惑，既然他们都各有长处，而且比您还要了不起，那他们为什么还要跟您学习呢？"

孔子和颜悦色地告诉子夏："颜回很守信用，但不懂得变通；子贡聪明，但他不够谦虚；子路很勇敢，但宽厚、忍让方面仍有待学习；子张处事谨慎，为人严肃，可是旁人却不容易亲近他。我这四个学生虽然各有优点，但都还要不断学习啊！"

子夏点头称是，他明白这也是老师对自己的教育。

故事中，孔子总结与放大了学生的闪光点，学生颜回的信用很好、学生子贡很聪明、学生子路很勇敢、学生子张很严谨庄重，他们的优点连自己都赶不上。

同理，学校管理者（校长）要做到以生为本，挖掘与放大学生身上的闪光点，让学生们在不断的赏识与激励中越学越精、越做越好。

4. 让学生做自己想做的人

让学生做自己想做的人，学校管理者（校长）要引导学生学会做人，通过言传身教、树立榜样、营造良好的道德环境、进行理论教育、讲授名人故事、分析古代圣贤之道、努力践行真善美等手段，让学生学会自我立志，自我管理，持之以恒地付出努力，最终成为自己想做的人。

在学校悦心管理中，学校管理者（校长）要引导学生要做德才兼备的人。

《礼记》有云："师也者，教之以事而喻诸德也。" 意思是，作为一个老师，要注重德才兼备，不仅要授学生"谋事之才"，更要传学生"立世之德"，而传德尤为重要。

陶行知也曾说过："先生不应该专教书，他的责任是教人做人；学生不应该专读书，他的责任是学习人生之道。"

可见，教师在"传道授业解惑"中，最重要就是引导学生学会做人。

我们来看一看，孔子是如何教学生子贡做人的。

春秋时期，有一次，学生子贡问孔子："贫穷但不去巴结别人，富裕而不骄傲自大，这样的人怎么样？"

孔子回答说:"这样算可以了,但是还不如虽然贫穷但依旧快乐,富裕依然礼节很好的人。"

子贡又问:"《诗经》上说的'要像对待骨、角、象牙、玉石一样,先开料,再粗锉、细刻,然后磨光。就是这样的意思吧?"

孔子一听,很高兴地说:"端木赐(子贡姓端木,名赐)啊!你能从我已经讲过的话中领会到我还没有说到的意思,我可以与你论《诗经》了。"

故事中,孔子做人的标准是"贫而乐,富而好礼",也就是说一个人处在贫困中而依然快乐学"道",富裕之后更要讲究礼仪,因为这是做人的根本。孔子所说的道,就是仁德之道;孔子所说的礼,就是自律之道。子贡能够举一反三,孔子也及时表扬他。

我们现在面对的很多学生,物质生活优越、贪图安逸、十分懒惰。他们在学习上不思进取,做事缺乏积极性、主动性,缺少毅力和恒心,还经常以自我为中心,不懂得感恩,说话做事不考虑后果,对别人比较挑剔,遇事好冲动,不会控制自己的情绪。这些不良的行为举止表明:现代学生缺乏耐挫力,正义感和荣辱意识,不懂得做人的道理。

因此,作为新时期的教育工作者,学校管理者(校长)不仅要教会学生知识,更重要的是要教会学生做人。

综上,在学校悦心管理中,学校管理者(校长)要以生为本,要促进学生自主成长。以生为本,就是要以学生为本,尊重学生、理解学生、发展学生。在悦心管理中,以生为本十分重要,它有利于教学相长,有利于促进学生和谐发展,有利于学校的可持续发展。以生为本的最终目标是促进学生自主成长。促进学生自主成长可以从四个方面来着手:一是要激发学生的学习兴趣;二是挖掘学生身上的潜能;三是放大学生身上的闪光点;四是让学生做自己想做的人。面对学生道德滑坡的现象,学校管理者(校长)要引导学生要做德才兼备的人,做孔子所提倡的那种"贫而乐,富而好礼"的人。

第五节　尊重人性、自主自治

把悦心管理的"一本三化五力"运用到班级管理中，学校管理者（校长）要做到以人为本，尊重人性。

班级是学校的基本单位，整个学校教育功能的发挥主要是在班级活动中实现的。可以说，学校悦心管理，就体现在班级悦心管理。

学校由不同的班级组成，不同的班级由不同的班主任老师进行管理。有时候，学校管理者（校长）既要做班主任，也要对其他班主任老师进行管理。人的时间与精力是有限的，如果学校管理者（校长）不引导学生进行自主自治，那么很容易陷入顾此失彼、疲于奔命的被动局面。

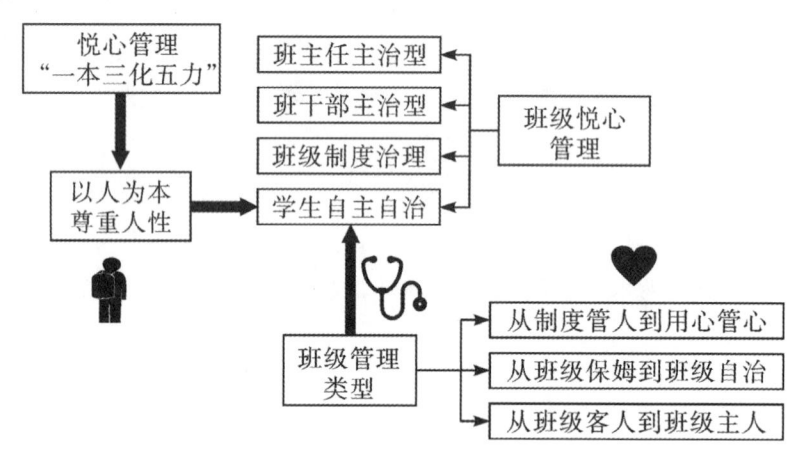

班级悦心管理：尊重人性、自主自治

一、班级管理的类型

班级管理大致可分四种类型：班主任主治型、班干部主治型、班级制度治理、学生自主自治。班级悦心管理，主要采用学生自主自治的管理方法。

1. 班主任主治型

班主任主治型主要依靠班主任老师一个人的力量来治理班级，通常是班主任老师忙前忙后，事无巨细、亲力亲为，几乎每天二十四小时跟踪服务班级学生。这种管理，让学生习惯了听从、习惯了被管，学生们会慢慢丧失自主意识。班主任在的时候，学生们还能遵守规矩，如果班主任不在，学生们就会乱成一锅粥。

2. 班干部主治型

班干部主治型是班主任老师组织班上的学生通过选举组建班干部小团队，然后通过授权，使班干部小团队成为治理班级的主要力量。平常，班主任老师只是做"宏观调控"，在高处密切注视班级的动态，具体事情则由班干部小团队去执行。这种管理，需要有管理天赋的班干部才能做到有效管理，否则，有一些不服班干部的学生，最终还得由班主任老师来亲自管理。

3. 班级制度治理

班级制度治理是班主任老师通过组织全班学生集体讨论制定班级公约、班级规章制度，通过制度管理班级学生。班主任就像是一位"法官"，依据班级规章制度对学生进行"赏罚"。这种管理成功的关键在于，全班学生都认可班级规章制度，班主任老师的赏罚也公正严明。否则，很多学生会阳奉阴违，班级规章制度就会形同虚设。

4. 学生自主自治

学生自主自治是班主任老师培养学生的"慎独"精神，引导每位学生做好自我管理，让在班级中人人都是班长，人人都是班主任，人人都是自己的主人，最终实现班级自主自治。

所谓的"慎独"精神，就是引导学生加强自我道德修养，保持高度的自我管理能力。《礼记·中庸》有言："是故君子戒慎乎其所不睹，恐惧乎其所不闻。莫见乎隐，莫显乎微。故君子慎其独也。"意思是，品德高尚的人在人们看不见的地方也自觉地警惕谨慎，在人们听不见的地方也仍然战战兢兢。越是隐蔽的地方越是明显，越是细微的地方越是显著，所以品德高尚的人在一人独处的时候也十分小心谨慎。

班主任老师通过管心，让学生自主自治，也即要唤醒学生的道德自觉，培育高尚人格，陶冶高尚情操并纠正学生身上的一些不当行为。

班级悦心管理，要强调以人为本，尊重人性，采用第四种班级管理方法，通过管心，培养学生"慎独"精神，让学生人人做好自我管理、自我约束，严于律己，最终实现班级的自主自治。

只有能激发学生进行自我教育、自我管理的教育才是真正的教育；只有引导学生自主自治，班级才能实现悦心管理。就像所有人在心中都自觉遵守交通规则，即使在没有交警、没有摄像头的地方，大家也能秩序井然，不越雷池一步。只要所有班级都实现悦心管理，学校实现悦心管理就是水到渠成的事情。

我们来看一看，大学里的少年班如何进行悦心管理。

1974年5月，诺贝尔物理学奖获得者李政道认真考察了国内的科技、教育事业，建议国家要着重培养一支"少而精的基础科学研究团队",在全国范围选拔少数十三岁左右的少年"趁早培养",也即在大学里开设少年班。很快,中国科学技术大学、西安交通大学、东南大学三所高校先后设置了少年班。

少年班如何进行管理呢?

李政道对少年班的学生们说:"遇到任何问题的时候,要敢于问为什么,之后再从最简单的方面去寻找答案,即使答案是错的也没有关系,作为一个年轻人不要怕错,错了马上改正就行。最怕的就是提不出问题,如果提不出问题,就迈不出第一步。"

李政道又对少年班的老师们说:"一定要培养少年班学生们的好奇心,要重视学生们的实际动手能力。"

多年来,少年班为国家培养了很多早慧人才,少年班九成以上毕业生获得了硕士或博士学位。

故事中,李政道对少年班的管理,尊重人性、用心管心,推行自主自治。尊重人性即尊重学生的天性,发现那些对科研感兴趣的学生,把他们选拔进来,然后进行专业化的系统培养。用心管心,即老师要用心引导、循循善诱,不断激发学生的好奇心,让他们科学探索的脚步永不停歇。自主自治,即学生要学会自我管理,自己主动研究,遇到问题时,敢于问为什么,然后自觉主动去想办法解决问题。

同理,在班级悦心管理中,学校管理者(校长)也要尊重人性、用心管心,让学生实现自主自治。

二、怎么实现班级悦心管理

学校管理者(校长)要实施班级悦心管理,让学生实现自主自治,可以从三个方面着手:一是从制度管人到用心管心,二是从班级保姆到班级自治,三是从班级客人到班级主人。

1. 从制度管人到用心管心

在班级管理中,如果采用班级制度治理(也就是第三种班级管理类型),可以较快形成他律,但是班级制度缺乏弹性,过于塑型而缺乏展性,容易抑制学生的活动性、自主性和创造性。

班级悦心管理,重心灵沟通、重思想教育、重情感投入,方法灵活多变,而且能做到因人而异、因事而异、因时而异。

在班级悦心管理中,班主任既要运用合理的制度管人,也要学会用心管心。用心管心的本质,就是尊重人性。

什么是人性?《论语·阳货》有言,"子曰:'性相近也,习相远也。'""性",是人(或生命)先天具有的纯真本性。"习",是后天习染积久养成的习性。翻译过来就是,孔子说,人(或生命)先天具有的纯真本性,互相之间是接近的,而后天习染积久养成的习性，互相之间却差异甚大。

可见，孔子认为大部分人的人性是可善可恶的，人性的发展会受到后天教育和学习的影响。

在班级管理中，学校管理者（校长）利用班规、班级公约、班级规章制度管人，可以说只能暂时约束与抑制学生们的本性，但是几乎不能改变学生的本性。所以，只有用心管心，利用真心的教育、用心的引导，通过长期的思想教育与情感投入，才能塑造学生良好的本性。

孟子曰："无恻隐之心，非人也；无羞恶之心，非人也；无辞让之心，非人也；无是非之心，非人也。"意思是，一个人，如果没有同情怜悯之心、羞耻憎恶之心、谦逊辞让之心、明辨是非之心，就不能算是个人。

孟子认为人有四心，学校管理者（校长）要想管心，可以从四心管理起，要培养学生拥有同情怜悯之心、羞耻憎恶之心、谦逊辞让之心、明辨是非之心。

例如，虽然有的小学规定学生们要严格按照《小学生守则》来要求自己，做到尊老爱幼，平等待人，不欺负弱小，不讥笑、戏弄他人，尊重残疾人。但是班主任发现，有的同学经常嘲笑同班残疾的同学，那位同学的右手多长了一根手指，有的同学就经常嘲笑他是怪物，还合伙欺负他，缺乏同情怜悯之心。

班主任得知情况之后，并没有马上惩罚那些嘲笑别人的学生，而是先把嘲笑同学的学生找来谈话，用自己的爱心激发学生的同情心。班主任老师说："你们这样做，既没有爱心，也没有同情心，大家都是同窗，是难得的缘分，应该平等待人，应该像对待自己的兄弟姐妹那样相互友爱，而不要嘲笑戏弄同学。如果你哪天没有了一根指头或者是多出一根手指头，同学们也来嘲笑你，你该怎么办？"

不久后，班主任又把那位残疾的同学找来谈话，用自己的关心温暖孩子的心。班主任说："有些同学嘲笑你，是因为他们道德修养不高，我们知道你是一个很懂事的孩子，你要学会欣赏自己，接纳自己，并让其他同学慢慢学会尊重你。"

后来，班主任通过家访，发现这位残疾同学的家庭条件比较困难，班主任就呼吁全校师生爱心捐款，让残疾的同学通过激光手术把多余的手指截掉。就这样，没有了多余的手指，也没有同学们的嘲笑，该同学渐渐变得越来越阳光，与同学们相处得越来越和谐。

2. 从班级保姆到班级自治

在班级悦心管理中，学校管理者（校长）要突出"人本思想"，从"保姆"化身"导演"，积极探索班级自治、学生自主管理的方法。要彻底抛弃以往"你管我服、你讲我听、你指我做"的家长制。放弃那种一言堂的管理方式，唤起学生的独立自主意识，实行"开放式"的自我管理和自我达成的"目标管理"模式。

关于民众自治管理，老子说："我无为，而民自化；我好静，而民自正；我无事，而民自富；我无欲，而民自朴。"意思是，政府减少对社会的干预，放手让民众自我管理，自会形成良好的社会风气；政府保持政策的平稳，减少政治的动荡，民风自正；政府少兴事，少徭役赋税，民众自己会追求致富，政府没有自我膨胀的物质欲望，民风就会质朴。

可见，管理者"无为而治"，百姓就会实现"自我管理、自我教化、自我发展"。

同理，应用到班级悦心管理上，班主任可以减少干预，一开始学生还不能完全实现自主自治时，可以先采用班干部主治（也就是第二种班级管理类型），让班委、家委、学科代表主动自发地进行班级管理。

在悦心管理中，班主任教师可以通过班级民主选举，选出班委，再通过家长民主选举，选出家委会，让班委会与家委会密切合作，一起商量办理班级的各项事务，比如订购辅导书、添置班级设备、设计班服、制作班级墙报等。班主任教师可以减少干预，让班委与家委实施"自治管理"，让学生们自己管理自己班级里的事情。当学生和家长请求帮助时，班主任教师再向学校申请相关资源的支持。

3. 从班级客人到班级主人

在班级悦心管理中，最高级的管理就是学校管理者（校长）采用学生自主自治的管理方式（也就是第四种班级管理类型），让班级的事情由学生们自己想办法解决，让学生做班级的主人，让学生当家作主、自己做自己的主人。

学校管理者（校长）要引导班级学生根据学校发展的总体目标，讨论、制订出本班的奋斗目标与行动计划，然后号召每个学生都朝着目标前进。因为计划和目标是学生们集体讨论商定的，所以每个学生都成了班级小主人、树立了主人翁意识，人人都有发言权，献智慧出主意，最终形成一套适合班级特点的管理方法。

让学生自己"当家作主"，才能激发学生的责任感和担当精神。《管子·牧民》有言："以家为家，以乡为乡，以国为国，以天下为天下。"意思是，（应该）按照治家的要求治家，按照治乡的要求治乡，按照治国的要求治国，按照治天下的要求治理天下。不论是治班，还是治家、治乡、治国、治理天下，都需要发挥主人翁意识，让学生做班级的主人，不做局外人，才能按相关要求治理好班级。

在班级悦心管理中，学校管理者（校长）要引导学生"以班为班"，按治班的要求治班，让每个学生成为班级的主人，培养学生的"慎独"精神，让每个学生严以律己，做好自我管理，让每个学生都珍惜班集体荣誉，努力做好自己，为班集体争光。

现在，在一些学生经常把自己当成班级的客人，班级遇到什么事情都"坐等靠要"，等班主任老师来给自己解决、等校长给自己支持，实在没有等到自己想要的，就想着逃跑，就闹着转班、转校。在班级悦心管理中，学校管理者（校长）要努力改变这种观念，鼓励学生积极参与班级的各项事务，化班级客人为班级主人，努力为班级服务，为同学们服务，最终也是为自己服务。

例如由班主任老师联合班委会、家委会一起组织同学们开展"我是班级主人，我为班级服务"的主题演讲活动。在演讲前，呼吁同学们通过观察研究，找出目前班级上出现的问题，然后提出解决办法，表明我是班级的主人，我要主动为班级服务，自觉帮助班级解决所存在的各种问题。

在演讲中，有的同学说，要提倡同学之间相互借课外书，书非借不能读，好的图书要在全班范围内漂流。有的同学提出，住在同一小区的同学上学和放学时可以相互等待，结伴而行，既安全又可以解决迟到早退的问题。有的同学提出要采购新的拖把，以解决地板拖地后水难干的问题。还有的同学提出，有些桌子椅子的脚移动起来声音太响、太刺耳，需要加一些塑料垫子等。

经过十几个同学的激情演讲，学生们把班级上存在的问题和需要改进的地方，几乎都提出来了。在演讲结束后，由班委与家委根据这些问题，组织学生们一件一件地落实解决，让学生自己当家作主，自己想办法解决自己班级的事情，最终打造出了超越其他班级的优秀班集体。

综上，班级是学校的基本单位，学校悦心管理体现在班级悦心管理。悦心管理的"一本三化五力"运用到班级管理中，就是学校管理者（校长）要做到"一本"，以人为本，尊重人性。班级管理大致可分四种类型：班主任主治型、班干部主治型、班级制度治理、学生自主自治。班级悦心管理强调以人为本，尊重人性，要采用第四种班级管理方法，通过管心，培养学生"慎独"精神，让学生人人做好自我管理、自我约束，严于律己，最终实现级的自主自治。要实现班级悦心管理，让学生实现自主自治，可以从三个方面来着手：一是从制度管人到用心管心；二是从班级保姆到班级自治；三是从班级客人到班级主人。在班级悦心管理中，既要运用合理的制度管人，又要学会用心管心。班主任老师要减少对班级的干预，可以采用班干部主治的模式，让班委、家委、学科代表主动自发地进行班级管理；也可以积极引导学生自己"当家作主"，自己做班级的主人，"以班治班"，全面激发学生的责任感和担当精神。

第六章
家庭悦心管理：心灵沟通促进家庭和谐

　　家庭悦心管理，即悦心管理模式在家庭管理中的具体应用。家庭是社会的细胞，家庭和睦是社会和谐的重要基础。学校管理者（校长）在学校是领导，在家里可能就是家长，在管理自己的家庭或者引导其他家长（学生的父母）进行家庭管理时，都可以运用悦心管理"一本三化五力"的相关理论，以实现家庭悦心管理。

第一节　尊重孩子的个性与潜能发展

家庭管理的内容较为丰富，包括组织、决策、指导、协调、研究和实践家庭生活事务等方方面面，具体包括家庭成员管理、家庭经济管理、家务劳动管理、家庭饮食管理、家庭投资管理、家庭环境卫生管理、家庭安全管理和家庭娱乐管理等。

家庭中对孩子的教育与管理，属于家庭成员管理的范畴，在家庭管理中占有重要的地位。因为孩子是家庭的希望，是学校的风景，是国家花朵，是民族未来的脊梁。但是，有些家长不懂得如何教育孩子，经常出现各种各样的困惑与烦恼。

因此，学校管理者（校长）要引导家长（父母）做好对孩子的管理，也就是将悦心管理的"一本"应用到家庭悦心管理中，对孩子要做到"以孩子为本"。

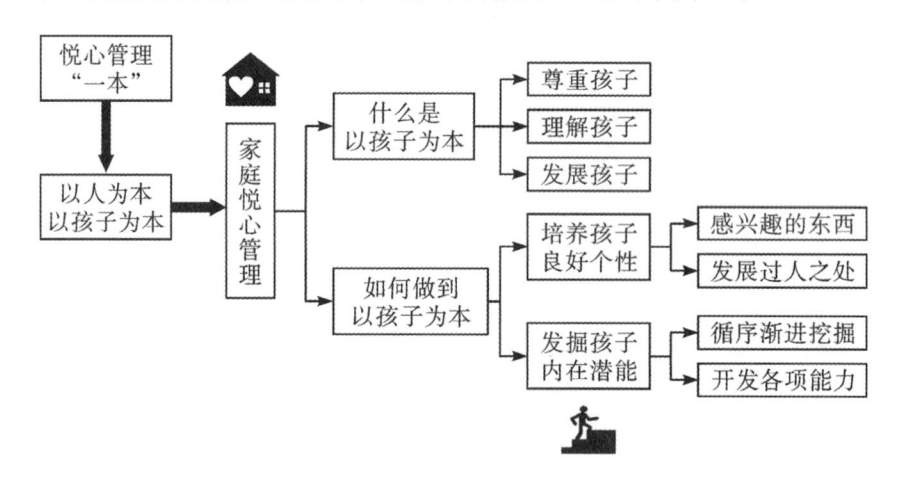

家庭悦心管理中的"一本"

一、什么是"以孩子为本"

以孩子为本，就是尊重孩子、理解孩子、发展孩子，具体包括尊重孩子的独立人格、理解孩子的内心世界、发展孩子的潜能等。

我们来看一看，鲁迅先生是怎么尊重孩子、理解孩子的。

有一次，鲁迅先生在家中宴请客人。儿子海婴同席一起吃饭。在吃鱼丸的时候，客人都说新鲜可口。可是，海婴突然说："妈妈，鱼丸是酸的！"

一时间，气氛有些尴尬，许广平以为孩子是故意捣蛋，便责备海婴说："不要乱讲，没礼貌。"儿子海婴有些闷闷不乐，吃饭也不积极。鲁迅见状，决定亲自尝一下，他把海婴咬过的那个鱼丸拿过来尝了尝，果然不怎么新鲜。

鲁迅感慨地说："孩子说不新鲜，我们不加以查看就抹杀他的看法，是不对的，看来我们也得尊重孩子说话的权利啊！"许广平和客人都十分赞同鲁迅先生的话，马上就把鱼丸换掉了。

鲁迅认为要教育好孩子，首先要尊重和理解孩子，孩子说了真话，父母应该理解、鼓励与支持。他说："如果不先行理解，一味蛮做，便大碍于孩子的发展。"

1936年，鲁迅先生去世的第二天，上海《大公报》发表了他的遗嘱。里面有一条是鲁迅先生留给儿子周海婴的："孩子长大，倘无才能，可寻点小事情过活，万不可去做空头文学家或美术家。"

当时，周海婴只有7岁。周海婴长大后，谨遵父亲的遗嘱，"做一个实实在在的人"，从北京大学物理系毕业后，成为我国著名的无线电专家。

故事中，鲁迅尊重孩子发表自己见解的权利，还通过亲自尝试验证孩子话语的真假，从而发现孩子是一个敢说真话的人，因此鼓励孩子做一个实实在在的人、做实实在在的事。

在家庭教育中，父母只有理解孩子、关爱孩子、尊敬孩子，才能得到孩子的反向理解、关爱、尊敬。这样，亲子关系才会越来越融洽，才更有利于父母开展因势利导、循循善诱的教导，全面发展孩子的个性与潜能。

孟子曰："君子所以异于人者，以其存心也。君子以仁存心，以礼存心。仁者爱人，有礼者敬人。爱人者，人恒爱之；敬人者，人恒敬之。"意思是，君子与一般人不同的地方在于，他内心所怀的念头不同。君子内心所怀的念头是仁，是礼。仁爱的人爱别人，礼让的人尊敬别人。爱别人的人，别人也会爱他；尊敬别人的人，别人也会尊敬他。

可见，父母心怀"仁德"，做到"有礼有节"，才能影响孩子、教育孩子、发展孩子。

在家庭悦心管理中，学校管理者（校长）要引导家长（父母）依据悦心管理"一本"——以人为本的理念，做到以孩子为本，尊重孩子、理解孩子、发展孩子。

具体来说，家长（父母）要尊重孩子的个性和发展潜能。家长不要试图去改变孩子的个性，而是找到适合孩子个性发展的教育方法，要发现、接受、理解和欣赏孩子的个性，找到孩子的闪光点，避免教育误区，杜绝"棍棒教育、严厉教育"，提倡"温情教育、仁爱教育"。

由于孩子很多时候都在学校里上学，因此家长（父母）在关注孩子课业的同时，也要引导孩子在家里培养自己的一些兴趣爱好。家长要给孩子更大的发展空间，激发孩子的好奇心和探究欲望，赞美与激励孩子的积极行为，同时也要及时防范与阻止孩子的不良举动，让孩子成为自由、健康和快乐的人，这样孩子就能心悦诚服地接受家长（父母）的教育与管理。

二、如何做到"以孩子为本"

在家庭悦心管理中，如何做到以孩子为本？学校管理者（校长）可以引导家长（父母）从两个方面努力：一是培养孩子良好个性，二是发掘孩子内在潜能。

1. 培养孩子良好个性

个性，是指一个人在一定的社会条件和教育影响下形成的比较固定的特性。由于每个人的个性千差万别，所以个性又叫个别性、个人性。培养孩子形成良好个性，家长（父母）要善于发现孩子的特性，尊重孩子感兴趣的东西，让孩子做自己喜欢做的事情，积极发展孩子的"过人之处"。

我来看一看，王羲之的祖父是如何培养王羲之的个性的。

东晋时期，王羲之满一岁时，他的祖父邀请了亲朋好友到家聚餐庆生。

很快就到了抓周环节，只见一个大桌子上摆满了印章、经书、笔、墨、纸、砚、算盘、钱币、账册、首饰、花朵、胭脂、吃食、玩具等。祖父将王羲之抱到桌子上，不给他任何诱导，让他自由挑选。

王羲之看了看那些东西后，唯独抓了毛笔。祖父见状，又连续三次让王羲之自由去抓自己喜欢的东西，没想到王羲之连续三次都抓了毛笔。王羲之的祖父据此判断王羲之可能喜欢书法，于是决定好好培养他。几年后，祖父给王羲之请了当地的一位书法名人当他的启蒙老师。

没想到，王羲之真的很喜欢书法，他拿笔练字十分刻苦。据说他练字用坏的毛笔，可以堆成一座小山，称为"笔山"，他用来清洗毛笔和砚台的水池都变黑了，称为"墨池"。

人们问王羲之为什么这么辛苦地练习书法。王羲之说："我的字虽然写得不错，可那都是学习前人的写法。我要有自己的写法，自成一体，那就非下苦功不可。"

经过长期间的摸索与实践，王羲之终于自创了自己的写法——"羲体"，他撰写的《兰亭序》成为"天下第一行书"。王羲之凭借着自创的书法，成为一代"书圣"。

《晋书·王羲之传》记载："尤善隶书，为古今之冠，论者称其笔势，以为飘若浮云，矫若惊龙。"意思是说，王羲之的书法，有时飘逸得像天上飘浮的云朵一样；有时刚劲矫健，如同飞龙缠绕。

故事中，王羲之的祖父，在抓周中发现王羲之对书法感兴趣，于是尊重他的个性、尊重他感兴趣的东西，并请来私人老师专门培养孩子的书法，最终成就了一代"书圣"。

在家庭悦心管理中，家长（父母）要尊重孩子的个性、因势利导、因人制宜，让孩子向有利于自己发展的方向发展。如果父母不尊重孩子的个性，而是将父母个人的喜好强加到孩子身上，那么孩子不仅不乐意接受，有时还会与父母"冷战、对抗"。

如有的父母都是学医的，从小就逼着孩子读一些古代医书，把什么《伤寒论》《神农本草经》等典籍一个劲往孩子的书包里塞。结果孩子只喜欢玩航模，不仅不愿意学医书，最后连学校里的语数英课本也不愿意学了，适得其反。

2. 发掘孩子内在潜能

潜能，即人潜在的能量，每个孩子的潜能都是无限的。挖掘孩子的潜能，家长（父母）要长期观察与发掘孩子身上的潜能所在，循序渐进地挖掘孩子的潜能，努力开发孩子的各项能力。

我们来看一看，淳于意是怎么发掘自己孩子的潜能的。

西汉时期，淳于意曾经在官府里做官，任太仓长（粮仓主管）。后来他努力钻研医术，成为有名的医学家。

有一年，一个有权有势的人到官府去告发淳于意，说他不肯治病，害人性命。糊里糊涂的地方官没有调查清楚就判淳于意有罪。当时法律规定做过官的人犯罪，要押到长安城执行肉刑。

淳于意没有儿子，只有五个女儿。淳于意临走前，看着五个哭哭啼啼的女儿，长叹道："生女不生男，遇到急难，没有一个有用的。"没想到，15岁的女儿缇萦，居然站了出来，说："女儿愿随父亲去长安，找机会解救父亲。"

淳于意不知道女儿有什么办法，就带着女儿缇萦去碰碰运气。到了长安城，缇萦冒着生命的危险，直接上书汉文帝为父求情。缇萦奋笔泪书："我父亲是朝廷的官吏，人民称赞他廉洁奉公，现被判刑。我痛心的是人死不能复生，受刑致残也不能复原，即使想改过自新也不能如愿。我情愿自己在官府作奴婢来替父赎罪，使父亲有改过自新的机会。"

汉文帝看了信，十分同情这个小姑娘，于是召集大臣们说："人们犯了罪该受罚，这是无话可说的。可是受了罚，也该让他们重新做人才是。你们商量一个代替肉刑的办法吧！"大臣们经过商议，决定把肉刑改为打板子。随后，汉文帝就正式下令废除了肉刑。

就这样，缇萦不仅救了自己的父亲，还给天下犯错的人争取了重新做人的机会。

故事中，淳于意带女儿缇萦去长安城受罚，让缇萦的潜能得到了全面开发。缇萦不仅孝心满满，还懂得写信上书，游说别人，请求做奴婢替父赎罪，最终得到汉文帝的同情。为了解救亲人，缇萦的潜能得以发挥，不仅解救了自己的父亲，还为天下人废除了肉刑，成了"最有用的女儿"。

可见，家长不要片面地否定孩子（特别是个别家长受重男轻女思想的影响，认为女孩子没用），若充分发掘、发挥孩子的潜能，他们可能会取得比父母还要大的成就。父母所需要做的就是，通过长期观察，发掘孩子的潜能，创造各种机会与情景让孩子自由发挥，循序渐进地开发孩子的潜能，做好家庭教育与管理，就能让孩子成为"大器之材"。

《礼记·学记》有言："玉不琢，不成器。人不学，不知道。"意思是说，如果玉不精心雕琢，就不能成为有用的器物；如果人不努力学习，也就不会懂得道理。家长（父母）如果能及时发现与挖掘孩子的潜能，再经过精心的雕琢，每个孩子最终都能成才。

综上，学校管理者（校长）要引导家长（父母）做好家庭悦心管理，即将悦心管理的"一本"应用到家庭管理中，对孩子就要做到"以孩子为本"。以孩子为本，就是尊重孩子、理解孩子、发展孩子，具体包括尊重孩子的独立人格、理解孩子的内心世界、发展孩子的潜能等。在家庭悦心管理中，如何做到以孩子为本？学校管理者（校长）可以引导家长（父母）从两个方面努力：一是培养孩子良好个性，二是发掘孩子内在潜能。可以说，孩子是家庭的希望，是学校的风景，是国家花朵，是民族未来的脊梁。家长（父母）只有做到以人为本，以孩子为本，才解化解各种各样的困惑与烦恼，才能让孩子心悦诚服地接受家庭教育与管理，最终把孩子培养成"大器之材"。

第二节 对子女持续进行品德教育

悦心管理三化中的"目标化"应用到家庭悦心管理中,就是制定目标,明确未来要把子女培养成什么样的人。教育的本根是:育人为本,立德为根。同理,家庭教育的本根是要培养具有良好品德的子女,故而要对子女持续进行品德教育。

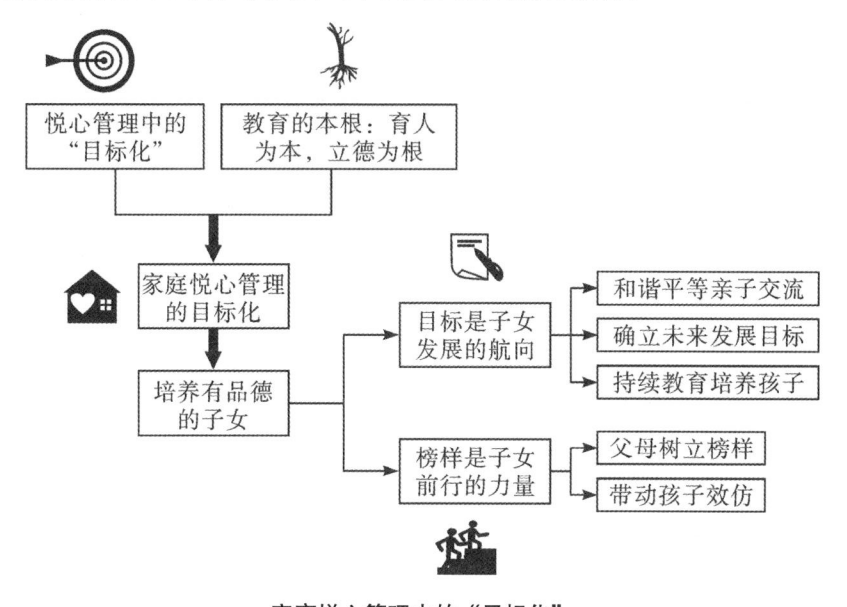

家庭悦心管理中的"目标化"

一、家庭品德教育的重要性

家庭品德教育具有举足轻重的作用。家庭是人生的第一个课堂,家长(父母)是子女的第一任老师。相对于学校品德教育、社会品德教育来说,家庭品德教育是第一条道德防线,家长(父母)的道德品质与家庭环境对于孩子道德品质的形成有很大影响。

当今社会,很多家长(父母)只注重培养子女的智力,而忽视子女的道德教育,这些家庭里培养出来的子女,他们的品德修养往往较差,很容易引发家庭矛盾与社会冲突。

家庭教育涉及很多方面,但最重要的是品德教育,也就是教育子女如何做人。品德是一个人立足社会的通行证。自古以来，人们都十分重视家庭品德教育，引导子女走正路。

先秦左丘明在《石碏谏宠州吁》中有言："臣闻爱子，教之以义方，弗纳于邪。骄奢淫逸，所自邪也。四者之来，宠禄过也。"意思是，我听说一个人爱自己的儿子，一定要以正确的礼法来教导约束他，这样才能使他不走上邪路。骄傲、奢侈、淫荡、逸乐，就是走向邪路的开端。这四个恶习的产生，都是宠爱和赏赐太过的缘故。

《资治通鉴·晋纪十八》也有言："爱之不以道，适所以害之也。"意思是，父母爱护子女的方式如果不正确，那样恰恰是害了子女。

我们来看一看，孔子是怎么教育自己的儿子孔鲤的。

春秋时期，有一天孔子的学生陈亢问孔子的儿子孔鲤："您在夫子那里，有得到过与众不同的传授吗？"

孔鲤不假思索地回答："没有。不过，有一次，我父亲一个人站在院子里，我刚好从院子经过，看见他，我就快步走开。没想到，我父亲却叫住了我，问：'你学《诗经》没有？'我连忙回答说：'没有。'我父亲就教训我说：'不学习《诗经》，就不善于言谈。'我马上就学习了《诗经》。有一天，我父亲又一个人站在院子里，我遇见了他。他问我：'学习《礼记》了没有？'我回答：'还没有。'他教训我说：'不学习《礼记》，就没有办法立足于社会。'我马上学习了《礼记》。我只碰到过这两件事情。"

陈亢听了高兴地说："我问了一个问题，却明白了三件事：第一件，学习《诗经》才能善于言谈；第二件，学习《礼记》才能立足于社会；第三件，老师对自己的儿子并不特别亲近，也没什么特别的传授。"

从故事中，我们可以看出，孔子教育儿子时"两手都要抓"，一手抓语言学习，苦学《诗经》；一手抓品德教育，苦学《礼记》。其中，学礼特别重要，因为孩子不知礼节，不懂得尊重别人，就无法立足于社会。孔子所说的礼，既指国家的礼乐教化、社会的规章制度，也指个人的道德修养。

在家庭悦心管理中，学校管理者（校长）要引导家长（父母）对孩子的品德教育实行悦心管理的目标化管理，即制定一个培养子女的目标，培养德才兼备的子女。

家长要发扬民主、坦诚交流，与子女充分讨论，确定子女未来发展的目标。父母可以在实现目标的不同阶段，培养孩子不同的品德，如爱心、善良、尊重、诚实、合作、谦虚、宽容、节俭等。

二、如何进行家庭品德教育

学校管理者（校长）要引导家长（父母）创造条件积极开展家庭品德教育，对子女的品德教育可以从两个方面着手：第一，目标是子女发展的航向；第二，榜样是子女前行的力量。

1. 目标是子女发展的航向

很多家长（父母）都希望子女有一个成功的人生，有一个美好的前程，能过上幸福的生活，并为子女付出一切。《祝母寿诗》有言："世间爹妈情最真，泪血溶入儿女身。殚竭心力终为子，可怜天下父母心！"意思是，人世间最真挚的感情就是父母的爱，子女身上流着父母的血。竭尽心力只是为了孩子过得好，最应该珍惜的就是父母的爱子之心啊！

怎样才算成功？子女成功就是能如愿以偿地实现既定的目标。

悦心管理的目标化是制定学校管理的总体目标。同理，子女的发展也需要制定一个总体目标，目标是孩子发展的航向，只有孩子人生的目标确定了，他们才能坚定不移地穿越茫茫大海，到达成功的彼岸。

家长（父母）通过和谐、平等的亲子交流，给孩子确立一个未来的发展目标。在目标的指引下，家长（父母）要持续对子女进行思想品德教育，因为有些人生目标，需要通过很长时间的努力、修炼很多优良的品德才能实现。

我们来看一看，欧阳修的母亲是如何教育自己孩子的。

欧阳修五六岁的时候，他母亲就开始教他读书识字，教他做人的道理。

当时，欧阳修家里很穷，没钱买纸和笔，于是，欧阳修的母亲就每天用芦苇秆在沙地上不停地写与画，教欧阳修写字和读书。

有一次，欧阳修问母亲："家里这么穷，为什么还要读书呀？"

母亲说："你父亲死后，我能守寡抚孤，是因为我了解你父亲的高尚品德。我爱他，也爱你，我决心把你培养成像你父亲那样的人，所以再苦再累我们也要坚持读书。"

随后，欧母开始讲起了自己的经历和欧阳修父亲的为人："我嫁到欧阳家的时候，你奶奶已经去世了。可是，我从你父亲对你奶奶的纪念中，知道他是个孝敬长辈的好人。你父亲在家时，懂得尊敬长辈；在外当官时，对公事严肃认真，从不马虎。他白天办公，晚上回家还要看公文和案件材料，往往熬到深更半夜。对于死刑犯的材料，他总是反复调查、核实。他常说，人命关天，马虎不得。后来由于劳累过度，积劳成疾。他知道自己快不行了，就对我说：'我不能看孩子长大了，希望你今后把我的话告诉孩子，人不要贪财图利，生活上不要过分追求，要孝敬长辈，要有一颗善良的心。'这是你父亲的遗言，望你好好勉励自己。"

欧阳修听后，感动地说："我一定继承父亲的遗志，做一个品德高尚的人。"

后来，欧阳修发展成了北宋著名的政治家、文学家，官至翰林学士、枢密副使、参知政事。

故事中，欧母帮助欧阳修确立了人生的发展目标，就是让欧阳修成为像父亲那样品德高尚的人。为了实现这个目标，欧母十年如一日，坚持不懈地用芦苇秆在沙地上写画，一点一滴地教育孩子。

在家庭悦心管理中，家长（父母）与子女要多沟通、多交流，确立发展目标，在目标的指引下，孩子才有源源不断的动力与激情去争取实现目标。

比如有家长（父母）经常问孩子长大了想做什么，孩子说想登上月亮。这时，父母就可以因势利导地给孩子树立一个奋斗目标："月亮离我们地球有些远哟，你要举头看明月，低头看书本，不仅要学习科学文化知识，还要学会与别人合作，长大了努力成为宇航员。这样，你就可以跟伙伴们一起开着飞船，去月亮旅游了。"

如果父母没有给孩子确立一个明确的发展目标，孩子在"爱玩天性"的影响下，很容易变得东游西荡、无所事事。

很多家长（父母）经常抱怨自己的孩子做事很慢，没有时间观念，早上起不了床，中午不睡午觉，下午放学回家不写作业，每天都拖到晚上11点左右才写完作业，放寒暑假时也不做假期作业，等到开学前一两天才拼命写，孩子写得头昏眼花，最后上学了还没写完……孩子都不知道自己每天该做些什么，更不用说，一周、一个学期、一个学年到底要做什么了。孩子就这样糊里糊涂地混日子，正如明代诗人钱福在《明日歌》中所言："明日复明日，明日何其多。我生待明日，万事成蹉跎……"

学校管理者（校长）要引导家长（父母）透过现象看本质，以上这些现象都是因为孩子们没有目标而引起的，也就是孩子们没有计划地生活所导致的结果，而不是因为孩子的作业太多、太难。凡是目标明确、每天能坚持完成作业目标的孩子，他们的学习与生活都很快乐。

美国斯坦福大学曾经做过一项调查，他们随机抽取了一群年龄、家庭条件、学历等都大体相同的人，调查发现，27%的人没有什么目标，60%的人目标模糊，10%的人有明确目标，3%的人不仅有明确的目标，而且能把目标写下来，经常对照检查。

25年之后，再次对这群人进行调查，结果发现：

当初27%的没有目标的人都处在社会的最底层，他们贫困潦倒，靠社会救济金过日子，有的甚至成了流浪汉。60%的目标模糊的人，普普通通，没有什么作为，处在蓝领阶层。10%目标明确的人成为白领，属于专业人士，进入上流社会。那些占3%的人把目标写在纸上并经常检查的人，成了社会的顶尖人士及各行各业的领袖。

调查得出结论：目标对人生具有巨大的导向作用，有什么样的目标就会有什么样的人生。

因此，学校管理者（校长）要引导家长（父母）给子女制定人生发展目标，还要经常检查目标的实现情况，这些目标包括子女人生发展的总体目标（愿景）、阶段目标（规划）、执行目标（实施计划）等。唯有这样有目标地学习、有目标地生活，孩子才能提高学习效率、提升生活的幸福感。

2. 榜样是子女前行的力量

学校管理者（校长）要引导家长（父母）努力做好自己，为孩子树立榜样。因为榜样是推动子女不断前进的无形力量。

宋代王应麟在《三字经》中有言："养不教，父之过；教不严，师之惰。"意思是，生养子女却不教育，是父母的过错；教育学生却不严格，是老师的失职。家长（父母）既是养育子女的"保姆"，又是教育子女的"第一任老师"。

因此家长（父母）要努力做好榜样，保持优良的品德、健康的心态，才能教育出内心向善、活泼可爱的孩子。家长（父母）的品德修养程度，是子女品德发展的基石。只有父母这个品德的基石坚如磐石，子女的品德修养才能屹立不倒。

家长（父母）要做好榜样，最简单的做法就是，父母想让孩子长大之后变成什么样的人、具备什么样的品德，那么自己要先成为这样的人。如果家长（父母）都没有成为理想中的人，那么就不要强求孩子做到。只有家长（父母）说到做到，发挥榜样的影响力和辐射力，子女才能心悦诚服地学习与效仿。

我们来看一看，陶母是怎么"截发延宾"给儿子做好榜样的。

东晋时期，陶侃的父亲很早就去世了，家里又很贫寒，所以陶母湛氏只好带着陶侃回到外祖父家。

到了外祖父家后，陶母通过帮人家纺织赚钱，一边养活陶侃，一边供陶侃上学。

随着年龄的增长，陶侃开始结交一些朋友。在交友方面，陶母告诫陶侃务必"结交胜己者"，即交朋友要交比自己强的人。后来，陶侃与同郡名人范逵结交为朋友。当时，范逵很有名望，被举荐为孝廉（孝顺亲长、廉能正直，是古代选官的标准）。

有一次，范逵到陶侃家做客。当时，天降大雪，陶侃家里根本没有什么食物来招待客人。可是，范逵的车马、仆从又很多，陶侃有些惊慌失措。

这时，陶母对陶侃说："你只管把客人留下，其他的我来想办法。"

陶母看到自己的头发又黑又长，长度可以拖到地上，她就剪下来做成两条假发，拿到街上换回来几担米。陶母发现家里没有柴烧，就把房屋里的每根柱子都削下一半用来当作柴烧，又把睡觉用的草垫子都剁碎了，做成草料来喂马。

到了傍晚，桌上摆上了精美的饮食，陶母把范逵和他的随从招待得很周到。

席间，范逵得知陶母"截发延宾"的情况后，既赞赏陶侃的才智，又对陶母的盛情款待感到很惭愧，并表示衷心的感谢。

范逵走了之后，到处称赞陶侃和陶母的优秀品质，很多人听说后都慕名而来，想要帮助他们。后来，陶侃成了东晋时期的名将，官至郡守、太守、刺史等职。

故事中，陶母给自己的儿子做出了好榜样，既然邀请客人来到家中做客，就要招待好客人及其仆人，家里没有食物，就要想办法创造条件去准备一些食物。于是，陶母卖掉长发买回粮食，削下柱子当柴烧，剁碎草垫子作马的草料。为了宴请儿子的客人，陶母全力以赴，既给足了儿子面子，又给儿子树立了一个"以礼待人"的良好榜样。

在家庭悦心管理中，家长（父母）说一千遍，不如带头做一次。只有家长（父母）做出了好的榜样，当子女自己做不到时，父母才有资格教育孩子。如果连家长（父母）自己都做不到，却要强求子女做到，那么孩子是不会心悦诚服的。

如有家长（父母）为了让孩子少接触手机游戏，每天晚上等孩子做完作业了，就带着孩子出去散步，观察街灯与星星，比较一下哪一盏更亮一点。通过这个活动，孩子渐渐摆脱了对电脑、电视、手机游戏的依赖。如果家长（父母）一个劲地叫孩子早点去睡觉，而自己却没日没夜地"追剧打游"，对自己和对孩子实行双重标准，区别对待，那么孩子是不会服从父母的安排的，他们可能假装去睡，然后躲在被子底下玩手机。甚至父母看多久电视，孩子就要玩多久手机，来"报复"父母的"不公平待遇"。

养育子女、对子女进行品德教育，从来不是一劳永逸的事情，需要长期持续地付出真情。学校管理者（校长）要引导家长（父母），在家庭悦心管理中实现"目标化"，帮助子女制定人生目标，然后多花一点时间和精力陪伴孩子、教育孩子，培养孩子的诸多美德。家长（父母）自己必须做好榜样，发挥表率作用。这样，孩子会在潜移默化中受到教育。如果父母做不了榜样，也可以给孩子找一个良好的品德教育环境，正所谓"近朱者赤，近墨者黑"。

> 综上，悦心管理的"目标化"应用到家庭管理中，就是要制定目标，明确子女的发展目标，也即要培养具有良好品德的子女，对子女持续进行品德教育。家庭品德教育可以从两个方面着手：第一，目标是子女发展的航向；第二，榜样是子女前行的力量。学校管理者（校长）要引导家长（父母）学会与子女进行平等、和谐的沟通与交流，制定未来的发展目标，实现有计划的学习与生活。父母要做好子女的榜样，发挥榜样的影响力和辐射力，让子女心悦诚服地学习与效仿。

第三节 传承家训、订立家规、弘扬家风

悦心管理的"制度化"应用在家庭管理中,就是传承家训、订立家规、弘扬家风,通过家庭"规矩"的约束,把家庭治理得井井有条。事实证明,一个不曾受到任何约束、也不愿接受任何约束的人,艰难成就一番事业。

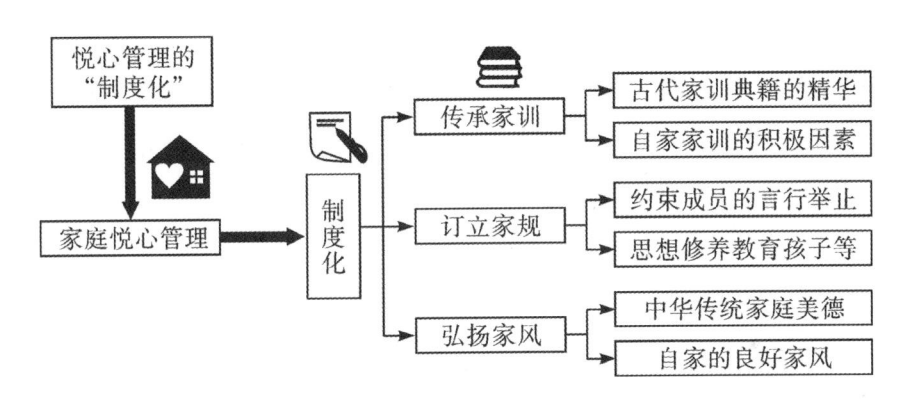

家庭悦心管理中的"制度化"

一、家庭管理需要"制度化"

家庭悦心管理需要制度化,家庭的管理制度,包括家训、家规、家风等。通过制度管理家庭成员,大小诸事可以有章可循、有矩可蹈、有据可查,能够合理分配家族(家庭)资源,让家庭成员和睦相处,让家族发展壮大。

我们来看一看司马家族是怎么做好家庭管理的。

司马家族里最重要的人物就是司马谈。司马谈是西汉时期著名史学家,是《史记》作者司马迁的父亲。司马谈曾经担任太史令,主要负责记载史事,编写史书,兼管国家典籍、天文历法、祭祀等。

司马谈在临死的时候,拉着儿子司马迁的手说:"孝道始于奉养双亲,进而侍奉君主,最终在于立身扬名。扬名后世来显耀父母,这是最大的孝道……"

这就是司马谈留下来的家训与遗命——《命子迁》。

在《命子迁》中，司马谈希望自己死后，司马迁能继承他的事业，认真撰写史书，此举可以扬名后世来显耀父母，是"最大的孝道"。

司马谈死后，儿子司马迁不负父亲的遗训，发奋著书，最终写出了《史记》。它是中国历史上第一部纪传体通史，记载了上至上古传说中的黄帝时代，下至汉武帝太初四年（前101年），共3000多年的历史。

《史记》不仅是史学作品，还是一部优秀的文学作品，在中国文学史上有重要地位，被鲁迅誉为"史家之绝唱，无韵之《离骚》"。

故事中，司马家族的管理方法，是通过家训《命子迁》，规劝后代司马迁要继承父亲的家训与遗命，实现扬名于后世的目标。

如今很多家长（父母）不懂得如何治理家庭，因此学校管理者（校长）可以通过适当的方式，引导家长（父母）依据悦心管理"一本三化五力"的指导，实现家庭悦心管理的"制度化"。

家庭悦心管理的制度化，即制定一些约束制度，规范与约束家庭成员的行为，具体来说就是传承家训、订立家规、弘扬家风。家长（父母）要发扬民主，让家庭成员积极参与家规制定，特别是要组织子女们参与进来，让子女充分表达自己的想法，这样子女对规则的认可度会比较高，执行起来也更加顺利。

家长（父母）要告诉大家制定家规的目的和意义，在遵守规则、坚守底线的基础下，自由发挥每位家庭成员的专长，让家庭成员和睦相处，全面发展自己。

二、家庭管理如何实现"制度化"

家庭悦心管理要实现"制度化"，可以从三个方面着手：一是传承家训；二是订立家规；三是弘扬优良家风。

1. 传承家训

家训是一个家族、一个家庭内部对后辈子孙的教诲和训导。在中国古代，经过数代人的努力，形成了很多有品位、有格局、有实力、有影响的大家族。大家族里往往有成熟的"家训"体系，他们能够把一代又一代人的生活阅历、经验教训和人生思考，经过累积总结，采用家训的方式流传下来，成为可供后代子孙学习的丰厚精神遗产。

传承家训，学校管理者（校长）要引导家长（父母）善于从中国古代的家训家规典籍中汲取精华内容和积极因素，将其传承、优化与创新，并应用到自家的家训上。

中国家训传统源远流长，诞生出一大批优秀的家训家规典籍。其中影响较大的有：汉代班昭的《女诫》、蔡邕的《女训》、三国时诸葛亮的《诫子书》、晋代嵇康的《家诫》、南朝宋颜延之的《庭诰文》、北齐颜之推的《颜氏家训》、唐代李世民的《帝范》、宋代司马光的《家范》、陆游的《放翁家训》、元末明初郑文融的《郑氏规范》、明代仁孝文皇后的《内训》、庞尚鹏的《庞氏家训》、清代孙奇逢的《孝友堂家训》、朱柏庐的《治家格言》、康熙的《圣谕广训》《庭训格言》等。此外，还有郑板桥、林则徐、曾国藩等人的《家书》。

这些家训家规典籍都是古人进行家庭教育与管理的经验总结，值得家长（父母）们认真研读、传承与发扬光大。

如诸葛亮在《诫子书》中说："夫君子之行，静以修身，俭以养德。非淡泊无以明志，非宁静无以致远。"意思是，有道德修养的人，依靠内心安静来修养身心，以节俭来培养自己高尚的品德。不恬静寡欲无法明确志向，不排除外来干扰无法达到远大目标。这是在教育孩子如何修身、养德、明志。

颜之推在《颜氏家训》中说："父母威严而有慈，则子女畏慎而生孝矣。"意思是，父母在子女面前有威严而又能关怀爱抚他们，子女就会对父母敬畏、谨慎而孝顺。这是引导父母们对待子女时应严慈并存。

曾国藩在《家书》中说："盖无故而怨天，则天必不许；无故而尤人，则人必不服，感应之理，自然随之。"意思是，如果没有缘故地埋怨上天不公、命运不好，那么上天必定不能允许（遭报应、没有好结果）；如果不讲道理、没有缘故地责怪他人，那么他人必定不服你的指责、埋怨。这是在教育孩子如何面对纷繁复杂的社会，在困难面前，父母要教育孩子要积极乐观，不要怨天尤人。

传承家训有两层意思：一层意思是家长（父母）从中国古代其他家族的家训家规中吸收积极因素，将其传承与丰富；另一层意思是家长（父母）将自己家族、祖先、长辈遗留下来的良好家训家规传承下来，严格执行。

如有父母把《曾国藩家书》与自己祖上的家训结合起来，编成了一本适用于新时代的《家训书》。茶余饭后，全家人就拿出一两句家训名言，进行研读、讨论、领悟与思辨，然后将讨论的结果用于指导自己目前的工作、学习与生活。

2. 订立家规

以家规治家，是悦心管理"制度化"在家庭管理中的具体应用。古往今来，家规是治家教子、立身处世的重要载体。家庭有了家规，家庭成员的言行举止就有了约束，让孩子从小就知道什么事情是该做的，什么事情是不该做的，学会在各种规则中成长，在未来的学习和工作中更容易取得成功。

订立家规，学校管理者（校长）要引导家长（父母）根据家庭的实际情况，在与家庭成员商量沟通后，制定一些家庭管理规范。家规约束的范围很广，包括家庭关系、经济开支、思想修养、生活习惯、家务劳动分工、教育孩子等方面。

家长（父母）订立家规之后，要坚决贯彻、带头执行，家庭成员之间相互监督，做得好的人有表扬奖励，做得不好的人要有批评惩罚。这样就能不断增强"家规"的说服力和威慑力。

在教育孩子、思想修养方面，家长（父母）可以通过家规来约定具体的做法，规定父母如何教、孩子如何学，让大家心里有数，大家就能心悦诚服地执行家规。

我们来看一看，曾国藩是如何以家规治家的。

曾国藩是清朝著名军事家、理学家、政治家，他的家规散见于多封《家书》之中。曾国藩在《家书》中说："家俭则兴，人勤则健，能勤能俭，永不贫贱。"意思是，一个家庭只有保持俭朴的传统才会兴旺，人只有保持勤快身体才会更加健康；既俭朴又勤快的人，生活上便永远不会贫贱。曾国藩以《家书》的形式指出，摆脱贫困的具体做法是要做到"家俭人勤"。

以俭持家、勤于治学，曾国藩不仅这样说，还带头这样做。

在穿着上，曾国藩和他的家人平常穿着跟其他老百姓一样的粗布衣服，他只有一件在新年和重大庆典上穿的天青缎马褂。在饮食上，曾国藩不像其他官员那样，满桌子山珍海味，而是每顿饭只有一个菜，全家吃完再添另外一个菜。在住所上，曾国藩的九弟曾国荃曾经想出钱让曾国藩把旧宅翻修一下，但是被曾国藩拒绝了。

曾国藩多次以《家书》的形式规劝家族成员遵守"家规"，让大家保持俭朴，以兴旺家族。

可见，家长（父母）与家庭成员商量制定家规后，父母能否带头执行很重要。因为家规只有在不断地执行中，才有活力与生命力。如果父母制定了很多家规，自己却没有一条能执行下去，那么就会失信于孩子。如果家长（父母）自己说的话，所制定的家规，连自己都做不到，那么孩子更加做不到。

3. 弘扬家风

先有家训、家规，后有家风。当一个家庭的家规、家训成为家庭的公众行为习惯时，就构成了优良家风。家风是一个家族代代相传的，体现家族成员精神风貌、道德品质、审美格调和整体气质的家族文化风格，往往是家族的核心价值观。

弘扬家风，学校管理者（校长）要引导父母发扬中华民族传统家庭美德、发扬自己家族史上的良好家风，促进家庭和睦，促进亲人相亲相爱，让老年人老有所养、老有所依，让下一代健康成长，壮有所用。

我们来看一看，杨震怎么弘扬"勤劳俭朴"的优良家风。

杨震是东汉末年的名臣，为官清廉，品德高尚。在弘扬家风、教育孩子方面，杨震认为"传子以金不如传子以德"。

有一次，杨震与儿子在院子里种菜，正好有客人来访，杨震暂时离开去接待客人。杨震送走客人后，回到菜地，发现菜已经全部种好，感到奇怪，一问才知道，原来是儿子叫来几个学生帮忙种菜。

杨震严厉批评儿子说:"劳作虽然辛苦,但能去惰养德,凡是自己能做的,必须尽力而为,不可依赖他人,今将菜拔去重种,既示自己劳动,又示再不要人代劳。"

儿子去太学读书后,杨震要求他不许乘车上学,只能步行来往,穿的没有锦绣丝绸,吃的都是家常便饭。

一天,儿子身体不舒服,想要坐杨震的马车上学。杨震大声呵斥他说:"这是朝廷拨给我的专车,并非私车,你不应享用。"最后,儿子只能租一辆破马车去上学。

一天,有朋友登门看望杨震,发现杨震的住所狭小而且简陋,就问他:"你为什么不修一座新宅子。"杨震摇头说:"在京师之地,不少人仍是无家可归,我们一家老少得以安居于此,已心满意足,不敢再有奢求。"朋友又劝说:"按照常理,身为父母者,攒积家产以传子孙是理所当然的事,无可非议。"杨震笑说:"古有明训,传子以金不如传子以德,人遗子孙以钱财,吾遗子孙以清白吏之德。这份遗产,丰厚之至!"

在杨震的言传身教下,他的儿子们生活简朴、为官清廉,皆以"清白吏"而誉满天下。

在杨震教子的故事中,杨震清廉俭朴的优良家风,感染和影响了孩子们的一生。

在家庭悦心管理,家长(父母)要做良好家风的传承者、弘扬者和开拓者。如果父母没有良好的道德修养,就很难形成良好的家风,也没有值得弘扬的东西。孩子们在家里得不到良好家风的熏陶,要么跟着父母"学坏使坏",要么被社会上别人家的坏孩子牵着鼻子走,最终落得误入歧途、身陷囹圄的下场。

> 综上,悦心管理的"制度化"应用到家庭管理中,就是要以家训、家规、家风治家。家庭悦心管理要实现"制度化",可以从三个方面着手:一是传承家训;二是订立家规;三是弘扬优良家风。古人有言:"国有国法,家有家规。没有规矩,不成方圆。"家长(父母)传承家训、订立家规、弘扬家风,既可以从中国古代其他家族的家训、家规、家风中吸收积极的因素,将其传承与丰富;也可以将自己家族、祖先、长辈遗留下来的良好家训、家规、家风传承下来,严格执行。

第四节　长辈与晚辈双向和谐交流

悦心管理"五力"中的"沟通力",是指一种直击心灵的沟通能力,即人与人之间通过交流表达彼此的观念,以寻求共识。悦心管理的"沟通力"应用到家庭悦心管理中,就是要修炼家庭"沟通力",努力做到长辈与晚辈双向和谐交流。

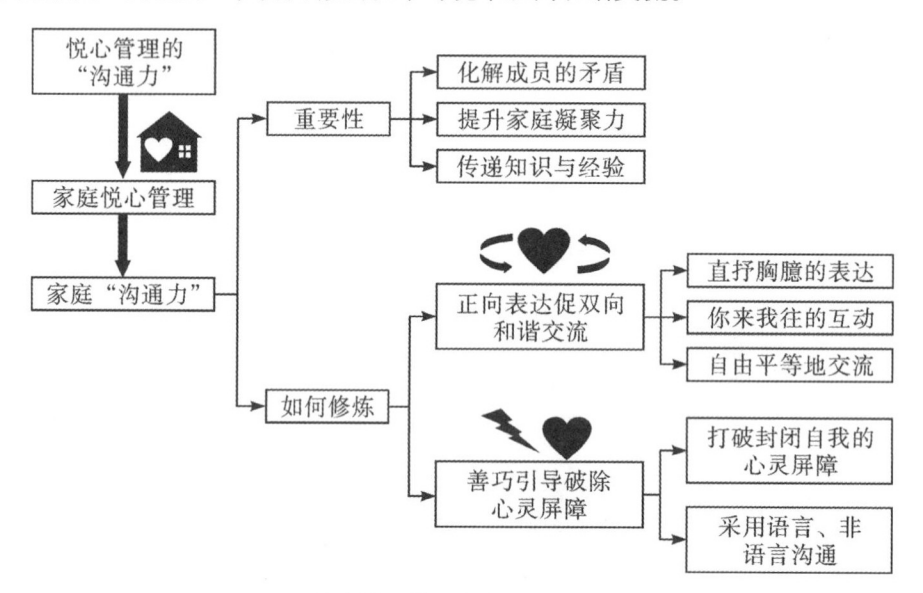

家庭悦心管理中的"沟通力"

一、家庭"沟通力"的重要性

家长(父母)要修炼家庭"沟通力",因为家庭"沟通力"既可以化解家庭成员的矛盾,又可以提升家庭的凝聚力,还可以在代与代之间传递相关知识和经验。

由于长辈和晚辈的生长环境、人生经历不同,他们的处事观念、行为方式难免会有差异,所以在一些问题上晚辈和长辈之间容易产生不同的看法。由于看法不同、处事方式迥异,家庭成员之间经常会发生矛盾,最好的解决方式就是加强内部沟通。

不少家庭成员之间之所以会发生严重的矛盾和危机,都是由于家人之间无法有效地沟通。因此,在家庭悦心管理中,学校管理者(校长)要引导家长(父母)加强修炼家庭"沟通力"，以促进家庭成员之间和谐相处。

我们先来看一看，邵雍是如何与儿子沟通交流的。

邵雍，北宋理学家、数学家、诗人。

一天中午，邵雍与12岁的儿子邵伯温正在院子里乘凉。这时，院墙外边突然伸出一个人头，朝院子扫视一圈，然后又缩回去。

邵雍想了一下，就问儿子："你说这个人在看什么？"

儿子说："他很可能是个小偷，想要偷点东西，看见有人就走了。"

邵雍笑着说："你的分析有些不妥当。如果他是小偷，他见到院子里有人，肯定会立刻缩回头去。但是，他还要扫视院子一圈，这说明了什么呢？"

儿子想了想，说："他恐怕是在找东西吧。"

邵雍又问："是的。但是他只瞅了一圈，那是找大东西还是找小东西？"

儿子笑说："肯定是找大东西。"

邵雍又追问："那么，什么大东西会跑到我们院子里来呢？那个人又是农民打扮，他会来找什么东西呢？"

儿子高兴地跳起来："他是来找牛的。"

邵雍满意地点头道："你说得对，他就是来找牛的。"

故事中，邵雍十分讲究亲子交流的方法，通过发问，与孩子进行和谐交流，还一步步启发儿子进行推理思考，自己寻找答案。

现实生活中，有一些家长（父母）不懂得如何与孩子交流，一天下来，家长（父母）只顾着忙自己的事情，而孩子也沉浸在自己的世界中，亲子之间经常出现"零沟通、零交流"的状况。

其实，家长（父母）可以多向孩子发问，问一些答案不唯一的开放性问题，鼓励孩子自己思考，自己回答，这样就可以轻松实现双向和谐交流。就像邵雍问儿子那样，一问一答，孩子就会快乐地、心悦诚服地与家长（父母）进行更多的交流。

在家庭悦心管理中，学校管理者（校长）要引导家长（父母）修炼"沟通力"，让长辈与晚辈双向和谐交流，把家庭营造成为温情的港湾。长辈和晚辈之间，在人格上是平等的，没有谁可以压制谁，更不能愤怒以对、暴力相向，家庭成员之间只有心平气和，才能实现良好沟通。

有些长辈往往凭着经验，对晚辈发号施令，告诉晚辈应该怎样做，不应该怎样做。有些晚辈不尊重长辈，对长辈指手画脚、出言不逊。这些沟通方式既不是双向的，也不是和谐的，代与代之间没有相互理解，而是互设了心灵屏障。

为了破除彼此的心灵屏障，家长（父母）可以与子女商量沟通方法，创新沟通手段，减少说教、放下心防、了解彼此，实现长辈与晚辈之间的双向和谐交流。

如有些家长工作太忙，经常早出晚归，可以开通家庭留言本，让孩子在上面给家长留言；有些家庭在周末停机一小时，让家庭成员远离手机、坐在一起好好交流与分享最近发生的一些趣事，营造和谐融洽的家庭气氛。

二、如何修炼家庭"沟通力"

家长（父母）要修炼家庭"沟通力"，可以从两方面着手：一是正向表达，促双向和谐交流；二是善巧引导，破除心灵屏障。

1. 正向表达，促双向和谐交流

正向表达，就是家长（父母）要直接（正面）阐述事实，直截了当地表达自己的想法、需求，不评价、不反驳、不拐弯抹角、不旁敲侧击、不夹杂着情绪。

具体来说，家长（父母）要明确告诉孩子自己的需要、需求，直接告诉孩子要怎么做、怎么配合。当然，孩子可能做不到，也无法配合，这就需要倾听孩子的反馈意见，进行双向和谐交流。

双向和谐交流，就是长辈与晚辈、父母与孩子之间，通过你来我往的双向互动式交流，自由平等地表达出各自的想法与意见。父母与孩子再根据这些交流的信息，调整自己的言行举止。在交流中，父母要多用正向表达，传递明确的需求，要学会将"一言堂"的单向交流，转化为"多言堂"的对话式交流。

我们来看一看，敬姜如何与儿子进行和谐交流。

敬姜是春秋时期的一位贵夫人，她的儿子公父文伯在鲁国为官，但是敬姜每天仍旧辛勤劳作，为家人织布匹，制作衣物。

一天，儿子公父文伯退朝回家，看见母亲正在纺织，便说出了自己内心的想法："儿子已经做了大官，母亲还在纺织，这会引起人们的不满，还以为是我不肯奉养母亲呢！"

敬姜听儿子这么说，感到很惊讶。敬姜想了一想，不禁叹息地说："莫非鲁国要灭亡了吗？怎么让你这样不懂事理的孩子做官呢！百姓勤劳，就会想到节俭；知道节俭，就会产生善心。而生活太安逸了，人就会放荡；放荡了就会失掉善心，失掉善心，就会产生邪念。生活在肥沃土地上的人们不成才，那是因为贪图安逸享乐的缘故；生活在贫瘠土地上的人能成才，没有一个是不走正道的，这都是因为勤劳的缘故啊！"

儿子听后丝毫不敢反驳，母亲敬姜又继续说："自古以来，上至天子，下至庶人，每天都要辛勤劳作。上位之人劳心，下位之人劳力。我从早到晚勤奋劳作，还怕忘却了祖先追求的事业。万万没有想到，你今天竟然要我享受安乐！"

公父文伯听从了母亲的教导，当即表示不忘祖业，坚持劳作。就这样，公父文伯每天退朝之后，一有时间就主动帮助母亲纺织。母子两人一边劳动，一边交流，母子的感情越来越好。

故事中，儿子叫母亲敬姜不要纺织了，可是母亲却要坚持纺织，还教导儿子要一起参加劳动，以劳动来培养勤劳、节俭的美德。这就是双向和谐交流的结果，交流需要"以理服人、以德服人"。

如有些孩子在学校犯了错误，父母被老师叫去学校协助教育。有些父母一接回孩子，不是打就是骂，不给孩子说话与分辩的机会。父母这样做，虽然把愤怒的情绪宣泄了出来，但孩子不会心服，甚至会重复犯错误。

其实，父母可以转移孩子的注意力，尝试给孩子请假一天，带孩子去玩，去做他感兴趣的事。然后在玩的过程中，父母抓住时机，问孩子在学校里为什么犯错误，自己应该怎么避免犯错误，让孩子自我反省，并告诉孩子如果以后再犯错误，就不能"请假出去玩了"。父母这样做，既能实现双向和谐交流，又能增进亲子感情。

2. 善巧引导，破除心灵屏障

破除心灵屏障，父母要善于引导孩子与父母及时沟通交流，破除父母自身或者孩子身上封闭的心灵屏障。

有些父母经常抱怨说，不懂得如何与孩子交流，不懂得如何引导孩子说话，不论父母怎么说教、怎么引导、怎么折腾，孩子总是"沉默是金"。这时，父母需要创新沟通方法，破除彼此之间的心灵屏障，找到孩子不愿交流、拒绝交流的原因，设法解决它，以便恢复正常的亲子交流。

沟通的形式，包括语言沟通和非语言沟通。语言沟通包括口头语言、书面语言、图片或者图形等。非语言沟通包括声音、表情、肢体语言等。

为了破除心灵屏障，家长（父母）要学会创新沟通的方式与渠道。如果父母发现口头语言沟通不奏效，可以尝试采用图片、漫画进行交流；如果父母发现语言沟通不奏效，可以尝试进行非语言沟通，如打哑语等。

我们来看一看，寇母"遗画教子"的创新沟通方式。

寇准小时候父亲就去世了，他家境清贫，全靠母亲纺纱织布度日。当时，寇母经常一边纺纱一边教寇准读书，两人一直忙到深夜才休息。

后来，寇准进京应考，考中了进士。当喜讯传到家里时，寇母已经身患重病。寇母知道自己将不久于人世，再也不能当面教育儿子了，于是她就开始画画。在临终时，寇母将亲手画的一幅画交给仆人刘妈说："寇准日后必定做官，如果他有错处，你就把这幅画给他看。"

后来，寇准做了宰相，为庆贺自己的生日，他就请来两台戏班，大摆筵席，准备宴请群僚。这时，家里的仆人刘妈认为时机已到，便把寇母的画交给他。

寇准展开一看，只见是一幅自己母亲画的《寒窗课子图》，画上面还写着一首诗："孤灯课读苦含辛，望尔修身为万民。勤俭家风慈母训，他年富贵莫忘贫。"寇准将画卷和诗歌看了一遍又一遍，想念自己去世的母亲，不觉间泪如泉涌。

　　随后，寇准立即撤去戏班、寿宴，退回所有寿礼，不再庆贺生日。此后，寇准专心料理政事，清廉公正，成了北宋有名政治家和诗人。

　　故事中，寇母通过图画和诗歌，与寇准进行了"隔代隔世"的交流，并收到了很好的效果。

　　在家庭悦心管理中，如果家长（父母）能够创新沟通方式，利用孩子喜闻乐见的沟通交流方式进行交流，善于引导孩子的兴趣，那么孩子就非常乐意参与交流，还能心悦诚服地接受父母的教导。

　　比如有一位父亲的语言表达能力较差，他与女儿交流时没说几句就会吵架，女儿每次放学回家就把自己锁到房间里。后来，该父亲发现女儿喜欢看漫画，于是他就偷偷报了漫画班，自己利用业余时间去学漫画，还把自己画的各种主题的教育漫画夹在女儿的漫画书里。该父亲通过漫画的方式与女儿进行了长期"交流"，让女儿顺利度过了"青春懵懂期"。

　　综上，悦心管理的"沟通力"应用到家庭管理中，就是要修炼家庭"沟通力"，努力做到长辈与晚辈双向和谐交流。家庭"沟通力"的重要意义不言而喻，它既可以化解家庭成员的矛盾，又可以提升家庭的凝聚力，还可以代际传递相关知识和经验。家长（父母）要修炼家庭"沟通力"，可以从两方面着手：一是正向表达，促双向和谐交流；二是善巧引导，破除心灵屏障。有些父母经常抱怨说，不懂得如何与孩子沟通交流，其实可以尝试进行一问一答的对话式交流、正向表达和非语言沟通等方式。

第七章
个人悦心管理：修己利他实现自我价值

  本章阐述如何应用悦心管理"一本三化五力"的相关知识进行个人悦心管理。管理自己是一件艰难的事情，学校管理者（校长）不仅要对自己进行个人悦心管理，也要引导教师、学生、家长做好个人悦心管理。

第一节　修身立德，完善人格，超越自我

悦心管理的"一本"，是以人为本，应用到个人悦心管理中，就是"以自己为本"，即要加强自身的道德修养、完善自己的人格。

古代先贤十分重视"修身"，《大学》有言："物格而后知至，知至而后意诚，意诚而后心正，心正而后身修，身修而后家齐，家齐而后国治，国治而后天下平。自天子以至于庶人，壹是皆以修身为本。"意思是，通过对万事万物的研究、认识后才能获得知识；获得知识后意念才能真诚；意念真诚后心思才能端正；心思端正后才能修养品性；品性修养后才能管理好家庭和家族；管理好家庭和家族后才能治理好国家；治理好国家后天下才能太平。上自天子，下至平民百姓，人人都要以修养品性为根本。

同理，学校管理者（校长）不论是对自己进行个人悦心管理，还是引导教师、学生、家长做好个人悦心管理，都需要做到"以自己为本"，以修养品性为根本。

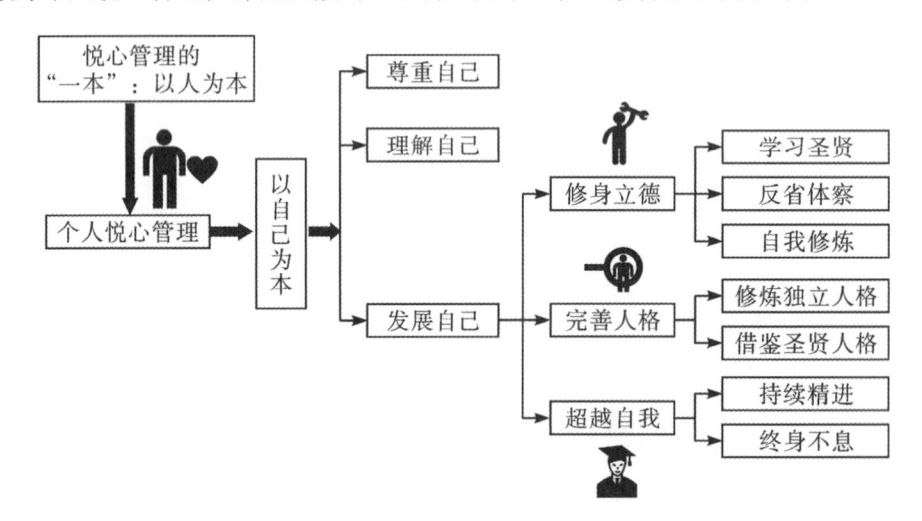

个人悦心管理要"以自己为本"

一、"以自己为本"

悦心管理的"一本"，是以人为本，要尊重人、理解人、发展人，应用在个人悦心管理中，就是"以自己为本"，要尊重自己（悦纳自己）、理解自己、发展自己。

我们先来看一看，司马光是如何理解自己、发展自己的。

司马光小时候读书十分刻苦勤奋，经常读书到深夜才睡觉。第二天清晨，他又要起来早读。由于晚上睡得晚，司马光常常睡过头，耽误了早晨的读书。

司马光一开始与母亲商量，让母亲早上准时叫醒自己。没想到，每天早上母亲见到司马光睡得正香，就不忍心叫醒他。司马光发现自己早上自然醒来的时间越来越迟，严重影响了自己的早读。可是，他不能怪罪母亲，因为他知道母亲是为他好。司马光只能自己想办法，自己解决。

一天，司马光看见后院有一段圆木头，就把圆木头擦干净，放在床上当枕头。他枕着圆木头睡，一翻身，圆木头就会滚动，把他惊醒。这样，司马光就不会睡过头了。

一天，母亲在床上发现了这根圆木头，正想扔掉。司马光连忙说："母亲，千万不要扔，这是我的'警枕'。有了它，我早上就不会睡过头了。"见司马光这般坚持，母亲只好同意保留"警枕"。

后来，司马光中了进士，官至龙图阁直学士，他主持编写了著名的编年史书《资治通鉴》，成了北宋著名的政治家、史学家、文学家。

故事中，司马光认识到自己睡到自然醒严重影响读书大业，于是他通过"警枕"来管理自己，借助"警枕"做到每天早上准时早起读书。司马光用"警枕"来自我管理，既修身立德，养成勤奋读书的好习惯，也成就了自我，实现了"著书立说、扬名后世"的梦想。

实施个人悦心管理，"以自己为本"，首先，要尊重自己，包括自尊、自重、自爱和悦纳自己，相信自己的价值，不要自我贬低，自觉维护自己的形象，爱惜自己的名誉，信守自己的承诺。

其次，要理解自己，知道自己要什么、有什么优缺点、有什么性格特点、目前是什么生活状态、怎么做才能改变现状等。

最后，要发展自己，要通过长期不懈地学习、锲而不舍地努力，大胆创造和创新，发挥自己的专业特长，挖掘自己的潜力，实现超越自我，达成高远梦想。

个人悦心管理，"以自己为本"，是尊重自己、理解自己、超越自我的过程。《吕氏春秋》有言："欲胜人者，必先自胜；欲论人者，必先自论；欲知人者，必先自知。"意思是，想要战胜对手必须先战胜自己，想要评价他人必须先正确评价自己，想要了解他人必须先了解自己。

二、如何发展自己

在个人悦心管理中，"以自己为本"最重要的是最后一个环节，即发展自己。学校管理者（校长）要发展自己，或者引导教师、学生、家长发展自己，都可以从三个方面着手：

一是修身立德，二是完善人格，三是超越自我。

1. 修身立德

人们身上的美德并非天生遗传，而是后天修养而来。至于修养美德的方法，子曰："君子食无求饱，居无求安，敏于事而慎于言，就有道而正焉，可谓好学也已。"意思是，君子在饮食方面不追求饱足，在居住方面不追求安逸，工作勤奋敏捷，说话小心谨慎，接近有道德、有学问的人并向他们学习，纠正自己的缺点，这样的人就可以称得上是好学了。可见，孔子认为接近有道德、有学问的人并向他们学习，可以修养美德。

修身立德，就是个人通过学习圣贤、反省体察、自我修炼、批评与自我批评等手段，不断提高自身的道德修养。

个人修身立德，到底要立什么德？

一般来说，个人道德修养包括诚实守信、爱岗敬业、办事公道、服务群众、奉献社会等。在不同社会、时代和阶级，道德修养的内容和修养方法也不尽相同。

春秋时期，孔子所倡导的道德修养的内容是仁德，最简单的做法就是要爱人。《韩非子·解老篇》有言："仁者，谓其中心欣然爱人也。"意思是，所谓仁，是指人从心底里快乐地爱人。《论语·卫灵公》有言："己所不欲，勿施于人。"意思是，自己不喜欢的，也不要强加给对方。个人要加强自己的道德修养，在思想与行动上都不要凌驾于他人之上。

现阶段，社会主义道德建设的主要内容是：坚持以为人民服务为核心，以集体主义为原则，以爱祖国、爱人民、爱劳动、爱科学、爱社会主义为基本要求，以社会公德、职业道德、家庭美德为着力点。

由此可见，现阶段个人修身立德的主要内容是，不仅要吸收中华传统文化中儒家"仁"的思想，还要努力实现社会主义道德建设的核心——为人民服务。

我们先来看一看，李士谦如何修身立德。

南北朝时期，赵郡平棘（今河北省赵县）有一个叫李士谦的人。

李士谦幼年丧父，以侍奉母亲有孝心而闻名，曾被提拔为开府参军事。虽然家里十分富有，但李士谦自己却很节俭，十分注重自身道德的修养，还经常想办法救济老百姓。

有一年上半年的春粮歉收，许多百姓家里都断了粮，李士谦就拿出一万石粮食分给乡里的缺粮户。没想到祸不单行，下半年的秋粮也歉收，那些借了粮食的百姓纷纷要求延期偿还。李士谦就安慰大家说："我借粮给你们是为了帮大家度荒，不是为求利。既然年成不好，借的粮食就不用还了。"为了打消老百姓的余虑，李士谦专门请来那些欠粮的人来一起吃饭，并在吃饭时当着大家的面烧毁了全部借据。第二年，粮食丰收了，许多百姓挑着粮食来归还，可是李士谦坚决不收，还粮的人只好又挑了回去。

隋朝开皇八年（588年），李士谦在家中离世，享年六十六岁。出殡当天，赵郡有一万多人为他送葬，哭声感天动地。

李士谦节俭、乐善好施的品德，也影响了他的妻子。李士谦的妻子出自范阳卢氏，十分贤良。她在丈夫死后，没有接受一点别人给她的赠品。她对父老乡亲说："士谦一生喜欢施恩予人，现在他人虽已去世，但我怎能违背他的志向呢？"于是，她又拿出五百石粮食赈救贫穷的人。

故事中，李士谦修身立德，对内侍奉母亲，修养孝心，对外救济百生，修养仁心，最终以乐善好施的美德流芳百世。因此，个人在修身立德中，既要加强自身修养，也要多干实事，才能获得人们的信任和拥戴。

2. 完善人格

完善的人格，具有吸引人、带动人的力量。《战国策·赵策一》有云："士为知己者死，女为悦己者容。"意思是，志士为理解自己的人而牺牲，女子为喜欢自己的人而打扮。这就是古人以自己的人格魅力征服别人的结果，赏识别人、栽培别人，从而让别人心悦诚服地付出一切。

完善人格，就是个人通过不断认识自我、提升自我，塑造适应环境的个人性格、气质和能力等。简而言之，完善人格，就是要实现人与社会和谐相处。

个人到底要如何完善人格，我们先来看一看《孟子》对四种圣贤人格的分析。

《孟子·万章下》："孟子曰：伯夷，圣之清者也；伊尹，圣之任者也；柳下惠，圣之和者也；孔子，圣之时者也。"意思是，伯夷是圣人里面最高洁的；伊尹是圣人里面最负责任的；柳下惠是圣人里面最随和的；孔子是圣人里面合乎时宜的。

孟子以四位名人为例阐述了四种人格。

第一种人格，高洁。伯夷是商末孤竹国君的长子，他人格高洁，因为不食周粟，最终饿死在首阳山。

第二种人格，负责任。伊尹是商朝政治家，先后辅佐成汤、外丙、仲壬、太甲、沃丁五代君主，辅政五十余年，为商朝兴盛富强立下汗马功劳。

第三种人格，不拘小节。柳下惠是春秋时期思想家，传说他"坐怀不乱"。在一个寒冷的夜晚，他用衣服裹住一位年轻的女子抱坐一夜，用自己的体温温暖了几乎冻僵的女子。

第四种人格，合时宜。孔子是春秋时期儒家学派的创始人，他是合于时宜的人。春秋时期，礼崩乐坏，孔子"求官施仁政"的愿望并没有实现。后来，孔子开始变通，他意识到"百年大计，教育为先"，于是静心修订"五经"（《诗经》《尚书》《礼记》《易经》《春秋》），将私学发扬光大，培养了一大批儒家弟子。

以上，孟子在分析圣贤人格时，向我们表达了这样的道理：时势造英雄，不同的环境造就不同人格，其中与社会和谐相处的人格才是最值得推崇的。

个人可以通过两种方法完善自己的人格。

一方面，个人可以修炼出独立的人格，形成自己的人格特点。要有独立自主的精神，不依赖于任何权威，也不依附于任何力量，为人处事具有独立判断能力。如《论语·子路》有言："君子和而不同，小人同而不和。"意思是，君子可以与他周围的人保持和谐融洽的关系，但他对待任何事情都必须经过自己大脑的独立思考，从来不愿人云亦云、盲目附和；小人则没有自己独立的见解，只求与别人完全一致，而不讲求原则，但他却不能与别人保持融洽友好的关系。

另一方面，个人可以借鉴古代四位圣贤的"人格"，在性格、气质、能力、道德品质等方面不断完善自己，品格高洁，担当责任，随和谦让，合于时宜，认清形势，了解时代潮流，这能样才能与周围的人保持和谐融洽的关系。

3. 超越自我

超越自我，是一个持续精进的过程，需要终身不息地修炼。正如《史记·滑稽列传》所言："此鸟（国中有大鸟，隐喻楚庄王）不飞则已，一飞冲天；不鸣则已，一鸣惊人。"意思是，这种鸟不飞则罢，一飞就直冲云天；不鸣叫则罢，一鸣叫就震惊世人。楚庄王原来只懂得吃喝玩乐，不思国事，在大臣冒死劝谏后暗示自己会"一飞冲天、一鸣惊人"。后来楚庄王开始励精图治、超越自我，成为"春秋五霸"之一。

超越自我，就是个人要尽自己的努力，不断完善自己、发展自己，让自己的学识更加丰富、生活更加充实、人生更加成功。

林则徐的成长过程，就是不断超越自我的过程。

林则徐是清代后期著名的政治家、文学家、思想家、民族英雄。

林则徐小时候天资聪慧，有一次，林则徐和同学们爬到海边山崖上。老师出题："我们站在山上看大海，请你们作一副对联，要求上下联中分别含有'海'字和'山'字。"

当时，少年林则徐立刻答道："海到无边天作岸，山登绝顶我为峰。"

这副对联表达了少年林则徐要超越自我，身体力行创造人生高峰的决心。

嘉庆十六年（1811 年），林则徐考中进士，官至江苏巡抚、湖广总督等职。道光十九年（1839 年），林则徐以钦差大臣的身份赴广东禁烟，他派人明察暗访，没收洋人用来毒害老百姓的鸦片，并将没收的鸦片于虎门公开集中销毁。因此，林则徐也被称为"中国禁毒第一人"。

第一次鸦片战争爆发不久，林则徐被构陷革职，发往新疆戍边。官场失意后，林则徐没有消沉，转而研究西方的文化、科技和贸易，主张学其优而用之。林则徐主持编译的《四洲志》，简要叙述了世界四大洲（亚洲、欧洲、非洲、美洲）三十多个国家的地理、历史、经济和政治状况，是近代中国第一部相对完整、比较系统的世界地理志书，林则徐也被称为"近代中国开眼看世界的第一人"。

故事中，林则徐一生为国为民，努力创造条件超越自我，"虎门销烟"是林则徐政绩的高峰，而编译《四洲志》则是林则徐认识世界的高峰。

超越自我，简而言之，就是要突破自我的极限，超预期实现自我的目标和愿景。

在个人悦心管理中，"以自己为本"、发展自己，意即要努力学习、创造条件、因势利导、发展自己、超越自我，在学习、工作和生活中敢于走前人没有走过的路，敢于思考别人没有思考过的方向，果敢创新，大胆实践，在某些领域努力"实现第一"。

纵观人的一生，时间和精力是十分有限的，个人只有利用有限的时间和资源迅速发展自己、超越自我，才能让自己的价值最大化。虽然很多人只能过普通的生活、从事普通的工作，财富与学识并没有实现多大的跃迁，也没有创造人生高峰的机会，但是个人可以尝试着把每一天过好、过得精彩，今天要努力过得比昨天更好一些，明天要过得比今天更好一些，这就是不断地突破自我极限，不断超越自我了。

> 综上，悦心管理的"一本"，以人为本，应用到个人悦心管理中，就是"以自己为本"，尊重自己（悦纳自己）、理解自己、发展自己。尊重自己，包括自尊、自重、自爱和悦纳自己。理解自己，知道自己要什么、有什么优缺点等。发展自己，进行创造和创新，实现自我超越、达成高远梦想。学校管理者（校长）要发展自己，或者引导教师、学生、家长发展自己，可以从三个方面着手：一是修身立德，二是完善人格，三是超越自我。个人所立的"德"，就是儒家倡导的"仁"，还有社会主义道德的核心——为人民服务。个人完善人格，既可以修炼独立的人格，也可以学习与借鉴四位圣贤的"人格"。超越自我，就是要突破自我的极限，超预期实现自我的目标和愿景，它是一个持续精进的过程，是一种终身不息的修行。

第二节　注重细节、精益求精，奠定成功根基

悦心管理"三化"的精细化，应用到个人悦心管理中，就是要做好个人"精细化"管理。《中庸》有言："故君子尊德性而道问学，致广大而尽精微，极高明而道中庸。"意思是，君子应当尊奉德行，善学好问，达到宽广博大境界的同时又深入到细微之处，达到极端高明的同时又遵循中庸之道。

可见，君子做学问也讲究精细化，善于探究细微之处。同理，学校管理者（校长）不论是对自己进行个人悦心管理，还是引导教师、学生、家长做好个人悦心管理，都要努力实现个人"精细化"管理。

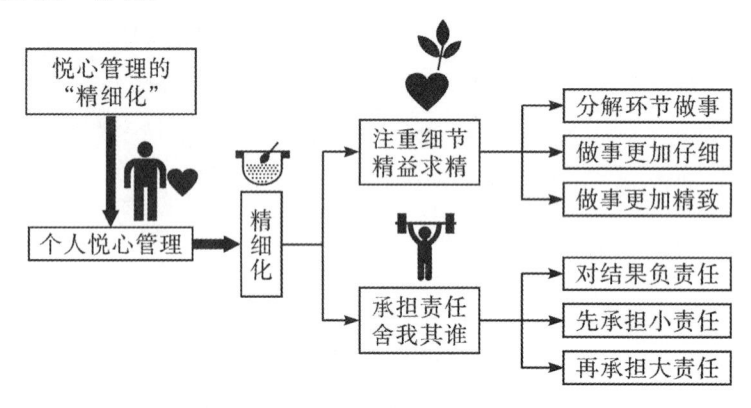

个人悦心管理的"精细化"

一、个人"精细化"管理

个人精细化管理，就是个人做每一件事情，都要注重细节、精益求精，在无数件小事中不断积累经验、锻炼能力、增长才干，为将来的大成功奠定良好根基。

我们先来看一看，顾恺之是如何关注细节的。

顾恺之是东晋著名画家，人称"画绝"，他给人家画画十分注意细节。

有一次，顾恺之给朝中大臣裴楷画像。之前，有很多画家都给裴楷画过肖像，裴楷都

不满意，认为他们都没有画出自己俊朗的气质。轮到顾恺之画的时候，他不着急动笔，而是先仔细观察。他发现裴楷脸颊上较为光滑，书生气太重了。于是，顾恺之在给裴楷画好了人物画后，增加了一处细节，在裴楷的脸颊上多画了三根毛，其实裴楷脸颊上并没有毛。

有人质疑他："裴楷脸颊上没有毛，你为什么要画上三根毛呢？"顾恺之解释说："裴楷他这个人有俊气，所以我在他颊上画上三根毛，用于表现了他这一特点。不信，你们仔细看一看，是不是因为有了这三根毛，他的俊气就清晰地显露出来了。"众人一看，果然因为多添加三根毫毛，让裴楷的人物画变得既生动又传神。

顾恺之精于人物画，而且十分注重细节，在画人物画时要表现人的性格和精神特点，因此他在绘画时"意存笔先，画尽意在；笔迹周密，紧劲连绵如春蚕吐丝"。顾恺之的笔迹如蚕丝，就是注重细节的效果。

故事中，顾恺之在绘画时注重细节、精益求精，通过一些细节的加工，勾画出人物的"精气神"，让人物画栩栩如生、跃然纸上，为自己的成功奠定了良好基础。

个人如果能长期进行"精细化"管理，为人处事的知识和经验就能积少成多、聚沙成塔，最终能够实现人生的大成功。李斯在《谏逐客书》中有言："泰山不让土壤，故能成其大；河海不择细流，故能就其深。" 意思是，泰山不拒绝泥土，所以变得如此高耸；江河湖海不舍弃细流，所以变得如此深广。无论是学校管理者（校长），还是教师、学生、家长，在学习、工作与生活中，如果能将每个细节做好、做实、做到位，就能在平凡的岗位上做出不平凡的成绩。

二、如何实现个人"精细化"管理

学校管理者（校长）不论是对自己进行精细化管理，还是引导教师、学生、家长做好个人精细化管理，都可以从两个方面来着手：一是注重细节，精益求精；二是承担责任，舍我其谁。

1. 注重细节，精益求精

注重细节，精益求精，就是把事情分解为多个环节，每个环节都用正确的方法，下细微的功夫，把事情做得更加仔细，更加精致。一般来说，一系列的细节决定了事情的成败。个人只有把一系列的细节做好、做精，才可以收获成功，就像链条一样，每一节都要发挥作用才能带动齿轮。

鲁班发明墨斗的故事，就是注重细节、精益求精的例子。

鲁班是中国木匠的鼻祖，他一生发明了很多工具。

有一次，鲁班看到母亲正在剪裁和缝制衣服，他察觉到了一个细节，母亲在剪裁衣服之前，先用一个小粉末袋和一根线打印出所要裁制的形状。

看到母亲先用线来绘制图形，再裁剪布料，鲁班受到了启发，切割木材也可以用这种方法！于是，他把这种做法转移到一个墨斗中，捏住一根被墨斗浸湿的线的两端放到即将制作的材料之上，印出所需的线条。有了墨线的指引，木头可以切割得更加平直，正如荀子在《劝学》中所说："木受绳则直。"

一开始使用墨斗时，需要两人来操作。鲁班和他母亲要分别握住线的两端，再用手来弹线把墨线印在木头上。但这种操作方式太麻烦了，需要精益求精,把墨斗改造得更加好用。

母亲建议说："你再做一个小钩系在墨线的一端，这样就可以单独一个人来操作了。"

鲁班喜出望外，马上对墨斗进行了升级改造，他在墨线的一端增加一个钩子，钩住木头的一端再弹线。这样，只要一个人就能够操作墨斗、弹墨线了，工作效率大大提高。后来，人们为了纪念鲁班的母亲，就把墨斗称为"班母"。

故事中，鲁班发明墨斗时，先是从母亲用线来绘图的细节中受到启发，等到墨斗发明出来后，鲁班又精益求精，不断创新优化，增加个钩子，由两人操作变成了单人操作，既省时间又省人力。

可见，人们在追求成功的路上，只有注重细节，才能发现问题、解决问题，让事情接近或者达到完美。

如有一位刚入行的数学教师向校长请教如何才能让自己的数学课精益求精。虽然校长是教语文而不是教数学的，但是基本的道理是相通的，于是校长就告诉数学老师，要将数学课分解成多个细小的环节，每个环节都用正确的方法、下细微的工夫，就能让自己的数学课越教越好，越教越精。

具体来说可以分为以下几个细节：一是备课环节，数学老师要钻研课程标准，吃透教材，了解教材的整体结构，掌握每个课时的教学目标、重点和难点。二是课堂教学环节，要以学生为本，通过生活中的数学问题创设问题情境，引导学生主动学习和应用书本的数学知识来分析问题、解决问题。三是课外扩展环节，要通过趣味化的引导，让学生应用所学的数学知识解决更多生活中的问题，如引导学生坐高铁时通过总路程除以乘坐时间算出高铁的平均速度，也可以引导学生研究与数学有关的科技小发明。

就这样，因为做好了备课、课堂教学和课外扩展等环节，原来平淡无奇的数学课变得生动起来，从知识走向生活应用，进而走向创新发明，让数学课实现了精益求精。

2. 承担责任，舍我其谁

承担责任，舍我其谁，就是要敢于担当，勇于对事情的结果承担属于自己的责任，善于抓住属于自己的机会，做到当仁不让、全力以赴，这样才能充分发挥个人的聪明才智，把事情做得尽善尽美。

人是社会关系的总和，人在不同的时间、地点扮演着不同的角色，所以人需要承担属于自己的责任，才能发挥人的主观能动性，发挥人的聪明才智，有条件就利用条件，没有条件就创造条件，把事情的每个细节做好、做精。

人只要敢于担当、勇于承担责任，就等于成功了一半。

曹操"割发代首"的故事，就是勇于承担责任的表现。

东汉末年，曹操带兵经过麦田时，曹操为了保护庄稼不受损，就命令官兵们不准踩踏麦地，否则要杀头。于是，官兵们都下马用手扶着麦秆，小心翼翼地过麦田。就这样，将士们一个接着一个走过麦地，没有一个敢踩踏麦子的。

附近劳作的老百姓看见了，无不称赞。

很快轮到曹操过麦田了，他骑着马小心翼翼地走在田间。忽然，麦田里飞起一只鸟儿，惊吓了他的马。他的马乱跑一通，踏坏了一大片麦田。

曹操叫来执法官为自己定罪，可是执法官知道，曹操是拥有实权的司空，如果对他治罪，军队就会群龙无首，于是拒绝执行。

曹操为了承担踩踏麦田的责任举刀就要自杀，结果被众人劝住。

曹操坚持要承担责任，见自杀是不可能的了，于是就用剑割断自己的头发说："那么，我就割掉头发代替我的头吧。"

曹操"割发代首"保护庄稼的故事，很快就传遍了全国各地，大家纷纷称赞曹操治军"军纪严明、秋毫无犯"。从此，曹操得到了当地老百姓的爱戴与拥护，为统一北方奠定了良好基础。

故事中，曹操的马踩踏坏了一大片麦田，理应被斩首，但是军中不能无主，于是他就割断头发代替割头，自我惩罚。可见，正是因为曹操勇于承担责任，才能立威整顿军心，保护庄稼，安抚民心，让别人心悦诚服。

在个人精细化管理中，个人只有敢于承担责任，负重而行，才能体会到学习、生活和工作的乐趣，知道自己的职责所在，做事情才会注重细节、力求完美。

在责任感的驱使下，不论是学校管理者（校长），还是教师、学生、家长都会自觉发挥潜能，发展自己、发展学校、发展国家，正所谓"家校兴衰，人人有责"，"天下兴亡，匹夫有责"。

当然，很多时候，个人并不需要像曹操那样"以命担责"。但是，校长、教师、学生、家长必须承担起属于自己的责任，努力完成好手上的学习计划和工作任务。如个人在家就努力做好一家之长的角色，养家糊口，养儿育女；在单位就努力做好员工或者领导的角色，认真工作，努力提高单位效益；在社会就要遵守社会公德，做个遵纪守法的好公民。个人只要勇于承担责任，发挥主观能动性，把影响事情发展走向的一系列细节做好、做精，就很容易走向成功，实现幸福人生。

综上，悦心管理"三化"中的精细化，应用到个人悦心管理中，就是要做好个人"精细化"管理。个人精细化管理，就是做每一件事情，都要注重细节、精益求精，在无数件小事中不断积累经验、锻炼能力、增长才干，为将来的大成功奠定良好根基。学校管理者（校长）不论是对自己进行精细化管理，还是引导教师、学生、家长做好个人精细化管理，都可以从两个方面来着手：一是注重细节，精益求精；二是承担责任，舍我其谁。个人在做事时，一方面要把事情分解为多个环节，每个环节都用正确的方法、下细微的功夫；另一方面要敢于担当，对事情的结果承担属于自己的责任，充分发挥个人的聪明才智把事情做得尽善尽美，正所谓"家校兴衰，人人有责"，"天下兴亡，匹夫有责"。

第三节 利他，修己的终极目标

悦心管理"三化"的目标化，应用到个人悦心管理中，就是努力实现人生的终极目标。宋代苏轼在《晁错论》中有言："古之立大事者，不惟有超世之才，亦必有坚忍不拔之志。"意思是，自古以来凡是做大事业的人，不仅有出类拔萃的才能，也一定有坚韧不拔的意志。这个"志"，指的就是人生的终极目标，个人不仅要有目标，还要有"咬定青山不放松"的强韧意念，这样才能实现目标。

学校管理者（校长）不论是对自己进行个人悦心管理，还是引导教师、学生、家长做好个人悦心管理，都要努力实现人生的终极目标。

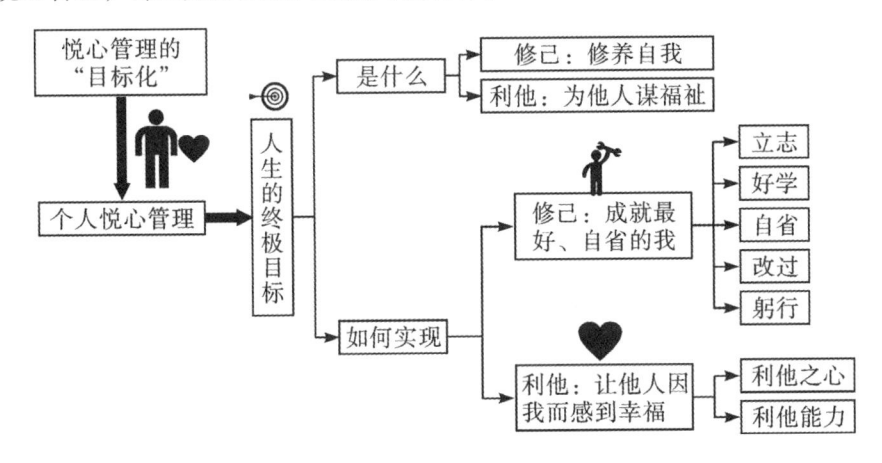

个人悦心管理的"目标化"

一、什么是人生的终极目标

人生的终极目标是修己、利他。

儒家提倡"修身齐家治国平天下"，以修己（修养自身）为出发点，以"平天下"为终极目标，这个"平天下"就是全面的"利他"，是塑造有利于百姓的、公平公正的、大公无私的"大同社会"。

著名实业家稻盛和夫说："利己则生，利他则久。"敬人者人恒敬之，爱人者人恒爱之，如此而已。单纯的利己虽然能解决一时之需，但是难免再次出现危机，只有坚持"利他"，做到"我为人人"，才能收获"人人为我"的良好结局。其实，利他是最高境界的利己，人们助人为乐、对他人善良，不单纯是为了利他，更是通过利他来实现人生的价值，获得美好的人生。

我们来看一看，老子如何阐释人生的目标的。

春秋时期，老子骑青牛路过函谷关，并在府衙里著有《道德经》。

当时，有一位年过百岁、鹤发童颜的老翁，特意来到府衙找他。

老翁见到老子后，说："我今年已经有一百零六岁了，从年少直到现在，一直是游手好闲地轻松度日。与我同龄的人已经纷纷作古，他们开垦了百亩沃田却没有一席之地，修建了万里驿道没有坐过高贵的马车，建设了大量的屋宇却落身于荒野郊外的孤坟。而我呢，虽一生不稼不穑，却还吃着五谷；虽没置办过片砖只瓦，却仍然居住在避风挡雨的房舍中。先生，我是不是可以嘲笑他们忙忙碌碌劳作一生，只换来一个早逝呢？"

老子听后，就拿过一块砖头和一块石头放在老翁面前说："如果只能择其一，仙翁您是要砖头还是要石头？"

老翁将砖头取过来，得意地说："我当然择要砖头。"

老子笑着问老翁："为什么呢？"

老翁指着石头说："这石头没棱没角，取它何用？而砖头却用得着呢。"

老子又问围观的众人："大家要石头还是要砖头？"

众人都纷纷说："要砖头！"

老子又问老翁："是石头寿命长呢，还是砖头寿命长？"

老翁说："当然是石头了。"

老子顺着他的话说："石头寿命长，人们却不选择它，砖头寿命短，人们却选择它，不过是有用和没用的区别罢了。天地万物莫不如此。寿虽短，于人于天有益，天人皆择之，皆念之，短亦不短；寿虽长，于人于天无用，天人皆摒弃，倏忽忘之，长亦是短啊。"

老翁突然感到很惭愧，同时十分佩服老子的智慧。

故事中，老子鼓励人们要做于人于天有用的"砖头"，而不做于人于天无用的"石头"。意即做人要有目标，要做一个对社会有用的人。人们不仅要做好自身修炼，还要做到有利于他人，这样自己的人生价值才得以体现。

在个人悦心管理中，个人要将悦心管理的"目标化"应用到个人的发展规划中，要给自己制定一个终极目标。

人生的目标化管理，就是给自己制定一个总体目标（包括短期目标、中长期目标、终极目标等），努力成就最好的自己，让他人因我而感到幸福。个人要为自己设定的目标做出相应的奋斗，敢于拼搏进取，在奋斗过程中不断总结，不断提升自己、成就自己。同时，个人要学会拥抱变化，融入时代潮流，在无数的挫折与困难面前，攻坚克难、积极进取，努力为社会贡献力量，以实现人生的自我价值与社会价值。

由于时代的变化，并不是所有人的终极目标都是儒家那种"平天下"的豪情壮志，但是普通人都可以追求"修己、利他"。

例如，学校以"修己利他"为校训，教育学生们学会如何做人、如何修己利他。简而言之，"成就最好的我"，是"修己"；"让他人因我而感到幸福"，是"利他"。"成就最好的我"中"成就"二字，意味着人由一个自然人转变成为一个社会人，需要付出无尽的努力和艰辛。

这与本根教育的教育感悟是一致的，即"教育的核心不仅仅是传授知识、培养能力，更重要的是教会孩子们如何做人，做一个将来能够独立适应社会的人，一个能够与身边的人和谐相处的人，一个能够给自己、给家庭、给社会带来幸福的人"。

二、如何实现人生的终极目标

学校管理者（校长）要实现人生的终极目标，或者引导教师、学生、家长实现人生的终极目标，可以从两个方面来着手：一是修己，成就最好的我；二是利他，让他人因我而感到幸福。

1. 修己：成就最好的我

古代盛赞志士仁人，所谓"志士"就是有远大目标和高尚节操的人；"仁人"就是有仁德、仁爱众生的人。子曰："志士仁人，无求生以害仁，有杀身以成仁。"《论语·卫灵公》意思是，志士仁人，不会为了求生损害仁德，却能牺牲生命去成就仁德。

志士仁人，非一夕可养成，需要不断地修己，长期地自我修养。

修己，就是提高自我修养，对内修养仁爱之心，对外培养各项技能，为人民服务，实现自我价值，成就最好的自我。

我们先来看一看，孔子阐述如何修养自己。

春秋时期，有一次，孔子的弟子子路曾经问孔子："什么叫君子？"

孔子说："修养自己，保持严肃恭敬的态度。"

子路说："这样就够了吗？"

孔子说："修养自己，使周围的人们安乐。"

子路说："这样就够了吗？"

孔子说："修养自己，使所有百姓都安乐。修养自己使所有百姓都安乐，尧舜还怕难于做到呢？"

可见，个人要想做一个有学问、有修养、品德高尚的人，必须不断修己，提高自身修养，才能"安人"，即实现让百姓安乐生活的目标。"安人"的范围从小到大，具体又包括安亲、安友、安君、安百姓等。

个人要想成就最好的我，要先修己、提高自我修养。个人提高自我修养的方法包括立志、好学、自省、改过、躬行等五个方面。

（1）立志

立志，即树立人生目标。王阳明在《教条示龙场诸生》中说："立志而圣则圣矣，立志而贤则贤矣。"意思是，立志成为圣人，就可以成为圣人；立志成为贤人，就可以成为贤人。可见，个人立志可以修己，可以明确人生的方向，产生原动力，可以做到"心想事成"。

（2）好学

好学，即爱好学习，不断完善自身的知识体系。孔子认为通过好学可以修己，可以改掉自己身上的多种毛病。《论语·阳货》有言："好仁不好学，其蔽也愚。好知不好学，其蔽也荡。好信不好学，其蔽也贼。好直不好学，其蔽也绞。好勇不好学，其蔽也乱。好刚不好学，其蔽也狂。"意思是，爱好仁德而不爱好学习，它的弊病是受人愚弄；爱好智慧而不爱学习，它的弊病是行为放荡不羁；爱好诚信而不爱好学习，它的弊病是容易被人利用而受伤害；爱好直率而不爱好学习，它的弊病是容易说话尖酸刻薄；爱好勇敢而不爱好学习，其弊病是容易乱闯祸；爱好刚强却不好学习，它的弊病是狂妄。

（3）自省

自省，即不断地反省自己的思想，约束自己的行为，不断"洗心革面"。儒学集大成者、宋代理学家朱熹在《四书集注·大学》中说："人之洗濯其心以去恶，如沐浴其身以去垢。"意思是，人们通过自省修养的方式改变其思想来除去恶念，如同洗澡时除去身上的污垢一样。

（4）改过

改过，即勇于改正自己所犯的错误。《论语·子罕》："子曰：法语之言，能无从乎？改之为贵。巽与之言，能无说乎？绎之为贵。说而不绎，从而不改，吾末如之何也已矣。"意思是，孔子说："合乎礼法原则的话，能够不听从吗？但只有按它来改正错误才是可贵的。恭顺赞许的话，听了能够不高兴吗？但只有认真分析鉴别它的真伪才可贵的。只顾高兴而不加以分析，表面听从而不加以改正，对于这样的人，我拿他实在是没有办法了。"可见，孔子以"改之为贵"，个人能抛弃成见，积极主动地改正自己错误，是一种难能可贵的品质。

（5）躬行

躬行，即付诸行动、参与实践，在实践中不断提高认知水平与道德修养。《论语·宪问》："子曰：君子耻其言而过其行。"意思是，孔子说："君子把说得多做得少视为可耻。"可见，个人修己、加强自身道德修养，需要做到言行一致。

我们先来看一看，明代地理学家、旅行家徐霞客如何修己，如何成就更好的"我"。

明代徐霞客出生于南直隶江阴县（今江苏省江阴市）。徐霞客从小十分"好学"，特别喜欢地经图志，少年即立志——"大丈夫当朝碧海而暮苍梧"。意思是，大丈夫应该要四处游历，增广见识。

不过，徐霞客在科举考试方面并无建树，他15岁时去参加童子试，结果没有考上。22岁的徐霞客开始"躬行"自己的旅行计划，开启了长达30多年的游历考察生活。

由于没有路费，徐霞客通常徒步跋涉，很少骑马乘船，几乎都是自己背着行李日夜赶路。他寻访的地方，有的是荒凉的穷乡僻壤，有的是人迹罕至的边疆地区。在野外旅行，徐霞客多次遇到生命危险，但是他凭借着顽强的意志与丰富的知识储备，每次总能化险为夷。

经过30多年的考察，徐霞客的足迹遍布大半个中国，并且撰写了地理名著《徐霞客游记》。徐霞客本人被称为"千古奇人"，而《徐霞客游记》开篇之日（5月19日）也被定为了"中国旅游日"。

故事中，徐霞客的科举之路走不通，于是他就另辟蹊径，边游历边著书，相当于现在的"旅游达人"或"自媒体大V"，他通过好学、立志与躬行，不断"修己"，最终成就了更好的自己。

2. 利他：让他人因我而幸福

在人类社会发展史上，利他是维系人类群体生存发展的重要纽带。"利他"在儒家思想中集中体现为"立人、达人"。《论语·雍也》："夫仁者，己欲立而立人，己欲达而达人。能近取譬，可谓仁之方也已。"意思是，仁爱的人，就是自己想要站稳，也让别人站稳；想要自己通达，也要使人通达，凡事能就自身打比方，推己及人、替别人着想，这就是求仁之道。可见，利他就是舍己为人，为他人谋福祉。

利他，就是自觉自愿给予他人方便和利益，目标是让他人因我而幸福。利他，既要有利他之心，也要有利他的能力，可以说，人生是否光明取决于有无利他之心，而人生价值的大小取决于"利他"能力的大小。

利他，从小范围来说，就是要做到有利于身边的人；从大范围来说，就是要做一些有利于天下人的事。

《孟子·梁惠王下》："乐以天下，忧以天下，然而不王者，未之有也。"意思是，以天下人的快乐为快乐，以天下人的忧愁为忧愁，这样还不能够使天下归服，是没有过的。范仲淹在《岳阳楼记》中有言："先天下之忧而忧，后天下之乐而乐。"这些都是大范围的、全面的"利他"精神。

如果个人做不了"忧国忧民、为民请命"这些利他的大事，可以从利他的小事做起，真正做一些为群众排忧解难的实事。

我们先来看一看，王羲之是如何做利他之事的。

东晋时期，王羲之成为全国闻名的书法家之后，不肯轻易给富贵人家写字，却经常帮助贫苦人民。

有一天，王羲之在街上闲逛，看到桥上有个老婆婆抱着一捆扇子在叫卖。

当时天气很热，老婆婆喊得满头大汗，也没有人来买她的扇子。

王羲之看她怪可怜的，就上前问道："老婆婆，这扇子多少文钱一把？"

老婆婆回答："十文钱一把，少给几文也行。"

王羲之想了想，就到附近的店家借来一支毛笔，走过来说："老婆婆，你把扇子全拿过来。"

老婆婆以为王羲之要全买了，高兴地把扇子抱过去。

只见，王羲之拿起扇子，就往扇子上面写字。

老婆婆一看，着急地说："你要买就买，不买就走，你干吗在这扇子上乱写乱画呢！"

王羲之笑着说："老婆婆，你只管放心，这扇子你拿到街上去卖，一百文钱一把，少一文也不卖。"

老婆婆半信半疑，抱着这些扇子到街上去叫卖。

有一个过路人，好奇地拿起扇子打开一看，就尖叫起来："天呀，这扇子有大书法家王羲之的亲笔题字呀。"

大家一听，马上围过来把扇子抢购一空。

老婆婆卖了许多钱，脸上挂满了幸福，十分感激王羲之。

故事中，王羲之为一个陌生人"题字卖扇"，运用自己书法才能解决了一个人甚至是一家人的生计问题，让他人因我而幸福，这就是利他的精神。

个人所做的事情不论大小，只要是"利他"的，让他人因我而幸福，那么他就是一个对社会有用、对他人有价值的人。在个人悦心管理中，个人对自己人生的管理，一定要有利他的目标，这样才能无愧于生我养我的父母，也无愧于赖以生存的社会。正如《孟子·尽心上》有言："穷则独善其身，达则兼济天下。" 意思是，一个人在不得志的时候，就要洁身自好，注重提高个人修养和品德；一个人在得志显达的时候，就要想着把善发扬光大，努力让天下人都能够得到好处。

> 综上，悦心管理的目标化，应用到个人悦心管理中，就是个人要努力实现人生的终极目标。由于时代的变化，并不是所有人的终极目标都是儒家那种"平天下"的豪情壮志，但是普通人也可以追求"修己、利他"。学校管理者（校长）要实现人生的终极目标，或者要引导教师、学生、家长实现人生的终极目标，可以从两个方面着手：一是修己，成就最好的我；二是利他，让他人因我而幸福。 修己，即提高自我修养，对内修养仁爱之心，对外培养各项技能。提高自我修养的方法，包括立志、好学、自省、改过、躬行等。利他，即自觉自愿给予他人方便和利益，目标是让他人因我而幸福。利他，既要有利他之心，也要有利他的能力，人生是否光明取决于有无利他之心，而人生价值的大小取决于"利他"能力的大小。

参考文献

[1] 郭秀艳. 基于传统文化背景下"悦心管理"的理念建构[J]. 中小学校长, 2020（12）：3.

[2] 郭秀艳. 以人性化管理引领教师主动发展[J]. 辽宁教育, 2012（7X）：1.

[3] 胡娟, 李立国, 胡莉芳. 中国传统教育思想历代文选[M]. 北京：中国人民大学出版社, 2012.

[4] 徐潜. 中国古代教育[M]. 长春：吉林文史出版社, 2013.

[5] 柯领. 追问教育的本质[M]. 北京：人民日报出版社, 2010.

[6] 黄峻菠. 回首那盏明灯：品味中国哲学经典[M]. 北京：中国长安出版社, 2007.

[7] 宋志明. 中国古代哲学通史[M]. 北京：中国青年出版社, 2016.

[8] 王晓峰, 王志. 图说诸子百家[M]. 长春：吉林人民出版社, 2009.

[9] 田小飞. 知道点中国哲学[M]. 北京：文化艺术出版社, 2009.

[10] 周月亮. 中国古代十大思想家[M]. 北京：中华工商联合出版社, 2015.

[11] 周桂钿. 中国传统哲学[M]. 福州：福建教育出版社, 2017.

[12] 徐九庆. 中国教育怎么了[M]. 桂林：广西师范大学出版社, 2009.

[13] 田秀芳. 简读中国教育[M]. 合肥：黄山书社, 2009.

[14] 赵广娜. 王阳明修心课[M]. 广州：花城出版社, 2014.

[15] 吕维智. 学校管理的理论与经典案例[M]. 北京：北京时代华文书局, 2017.

[16] 姚本先, 伍新春. 学生心理健康教育[M]. 北京：中国轻工业出版社, 2008.

[17] 余欣欣, 李山, 吴素梅. 中学心理健康教育[M]. 北京：科学出版社, 2017.

[18] 费克萨斯. 读心术[M]. 冯杨, 译. 太原：山西人民出版社, 2010.